世界本原文化研究院资助出版

原點

（第一辑）

『通世界本原之道』

『明天下普遍之理』

『立人类未来之基』

罗传芳　主编

天津出版传媒集团

天津人民出版社

图书在版编目（CIP）数据

原点. 第一辑 / 罗传芳主编. -- 天津：天津人民
出版社，2021.9
ISBN 978-7-201-17578-2

Ⅰ. ①原… Ⅱ. ①罗… Ⅲ. ①哲学—文集 Ⅳ.
①B-53

中国版本图书馆 CIP 数据核字(2021)第 170795 号

原点·第一辑
YUANDIAN DIYIJI

出　　版	天津人民出版社	
出 版 人	刘　庆	
地　　址	天津市和平区西康路35号康岳大厦	
邮政编码	300051	
邮购电话	(022)23332469	
电子信箱	reader@tjrmcbs.com	
责任编辑	林　雨	
装帧设计	汤　磊	
印　　刷	天津新华印务有限公司	
经　　销	新华书店	
开　　本	710毫米×1000毫米　1/16	
印　　张	19.5	
插　　页	2	
字　　数	250千字	
版次印次	2021年9月第1版　2021年9月第1次印刷	
定　　价	78.00元	

本书编委会

名誉主编：黄　藤　黄裕生

主　　编：罗传芳

副 主 编：杨春梅

主编寄语

—— 写在前面的话

罗传芳

《原点》面世了。它致力于世界各大本原文化在原点层面的交流和会通。

我们之所以提出"原点"和"本原文化"理念，是基于对人类文化本质和作用的认识，同时也是我们现实关怀的一部分。在对文化的理解上，雅斯贝尔斯提出的"轴心文明"概念，无疑比"四大文明古国"的说法更深刻地揭示了文化的深层含义，即以"理性的觉醒"和"哲学的突破"为标志确认历史和思想史的发展基轴；并以古典时代最具超越性和普遍性价值的"四大轴心文明"（希腊、希伯来、印度、华夏），为人类擎起塔灯。

基于上述理解，我们的世界本原文化研究，希冀在更哲学的层面探讨那些最早表达和自觉担当人类超越性、普遍性使命的民族，是如何在思想长河中展开其思维并影响人类历史进程的。特别是进入近代工业文明和全球化之后，代表西方文化的"两希"文明与东方文明的相遇及所造成的世界格局的变化，又是如何发生的，将向何处去？这是每一个身处古今之变境遇下的中国人都应该认真思考的。对于这一命运我们不应被动地承受，而应主动迎击，在回望原点、积极会通的基础上"分殊"这一世界普遍之"理"；这既是中华学人义不容辞的使命，也是一项全人类的工作。因为这不仅意味着华

1

夏传统文化向现代社会的转型,也意味着人类文明普遍性原则版本的提升。在这个意义上,不同本原文化的相遇及其会通,不是一种文化吞并或覆盖其他文化,而是在融会之后汇入更具世界性和普遍性的人类全新文化之中。我们《原点》的工作,也不应只是少数学人关起门来的自说自话,而是无论其所治何学、所在何方的所有学术同人长期共治的事业。我们希望有更多的学者关注这一事业并加入其中,一齐努力!

我们相信,世界本原文化的相遇与会通,是人类更新观念、继续打开未来的必由之路;它既是一项回望的工作,更是开新的努力。让我们与学界同人一起,以"通世界本原之道,明天下普遍之理,立人类未来之基"为愿景,在研究、借鉴、会通各大本原文化的基础上,寻求 21 世纪更具普遍性的精神价值和未来发展之路。

嘤其鸣矣,求其友声。无论这条精神寻根之旅多么艰难,《原点》都将与你同行!

2019 年 12 月 23 日

前言：返回原点是为了重新开始

黄裕生

《原点》成册了。

它是属于天下所有真正的学者同人的作品。因为真正的"原点"并非只是你、我、他的起点，而且也是世界的开端，是历史的源头，也是所有文化的故乡。而真正学者的一切努力实际上都与此原点相关。不管是物理学对宇宙起源的探究，还是历史学对历史渊源的追溯，亦或哲学对世界始基的沉思，实际上都是朝向原点的努力。

我们是一种有原点的存在者。我们不仅觉悟到自己是有来源的，而且也醒悟到我们生活于其中的世界是有原点的。在天地之间，唯有我们这种存在者才会有这种觉悟而在自己的存在世界里发现一个绝对的原点。正是这种觉悟，我们把自己带入了一种永远挥之不去的存在处境：不得不总带着一种源头意识去理解、迎候、展开自己以及这个世界，以致我们会进一步发现，我们能够且需要不断追寻与返回那个原点。因为我们所觉悟的那个原点既不是物理空间上的某个端点，也不是自然时间上的某种起始，这二者都不过是我们带着追寻原点的冲动与乡愁而不得不在这个世界给出的临时性标志，而不是真正的原点本身。

那么这个原点是什么？它在哪儿？

正如第一哲学所要追问的那个最高最后的东西不再是一"存在者"，因在这个意义上,返回原点,既是重新叙述过去,也是重新筹划现在,更是重新想象未来。人类每次这样的返回,原因各异,而每次本原文化的相遇都必定引发这样的返回运动。

两希本原文化的相遇把欧洲最早带入了人类第二次重返原点与重估历史的努力,并在经受千年的碰撞、激荡与会通的历程中开辟出了现代性世界。而现代性世界的诞生,也就意味着启动了四大本原文化全面碰撞与对质的进程。这是一个艰难而伟大的历史事件,而对于中国人来说,则是一个痛苦却又不得不面对的事业。

如果说不得不面对现代性转型是中国近代以来的一个存在处境,那么作为一个本原文化民族,摆脱这一被动的存在处境的唯一出路就是自觉承担起四大本原文化的相遇与撞击、对质与会通,直至完成更新人类普遍性原则的版本。这意味着,我们需要展开一次全方位的返回原点的运动。不只是要返回自己的经典,而且要返回其他本原文化的经典,因为原点既在所有本原文化的经典之中,却又超越于所有的文化经典之上。

在这个意义上,华夏学人在文化上真正要承担的既是一项民族使命——有效回应由两希文化开辟出来的现代性世界的挑战,也是一项世界使命——通过不得不经受四大本原文化的碰撞、对质与会通,为人类寻找并确立具有更高普遍性的原则体系。为了前者,我们需要完成以全面觉悟自由为根本的现代性转换;为了后者,我们需要在自己的文化世界里打开其他本原文化启开的维度与视野,以便在向人类呈现更真实、更丰富的世界与历史的同时,寻求足以把人类带向更具美德而能更友好共在的原则体系与未来可能中。显然,这两项使命是内在相关的,因为如果未能完成对自由的系统自觉,并基于这种自觉完成对自己传统的重估,那么我们也不可能真正在自己的文化世界里打开其他本原文化开启的维度与深度。

“世界本原文化研究院”就是基于对华夏文化使命的这一自觉而创办的。我们试图通过《原点》来表明,返回原点的努力就是深究世界本原文化经典的努力,也是在经受这些经典中觉悟自由、领悟绝对、开示普遍的努力,

前言：返回原点是为了重新开始

黄裕生

《原点》成册了。

它是属于天下所有真正的学者同人的作品。因为真正的"原点"并非只是你、我、他的起点，而且也是世界的开端，是历史的源头，也是所有文化的故乡。而真正学者的一切努力实际上都与此原点相关。不管是物理学对宇宙起源的探究，还是历史学对历史渊源的追溯，亦或哲学对世界始基的沉思，实际上都是朝向原点的努力。

我们是一种有原点的存在者。我们不仅觉悟到自己是有来源的，而且也醒悟到我们生活于其中的世界是有原点的。在天地之间，唯有我们这种存在者才会有这种觉悟而在自己的存在世界里发现一个绝对的原点。正是这种觉悟，我们把自己带入了一种永远挥之不去的存在处境：不得不总带着一种源头意识去理解、迎候、展开自己以及这个世界，以致我们会进一步发现，我们能够且需要不断追寻与返回那个原点。因为我们所觉悟的那个原点既不是物理空间上的某个端点，也不是自然时间上的某种起始，这二者都不过是我们带着追寻原点的冲动与乡愁而不得不在这个世界给出的临时性标志，而不是真正的原点本身。

那么这个原点是什么？它在哪儿？

正如第一哲学所要追问的那个最高最后的东西不再是一"存在者"，因而不再是某种"什么"一样,真正的原点也不是某种"什么"。换句话说,它不是可以被定义出来的东西,因而不是可以由概念规定出来的东西,否则它就不是真正的原点。因为如果它是可被定义出来的,那么也就有比它包含更多东西而比它更高的东西,而有一个比原点更高的东西存在本身就是对原点之为原点的否定。因此,对于真正的原点,我们不可以问"它是什么?"(Was ist es? /what is it?)这样的问题。既然它不可定义而不是什么,那么也就意味着,它永远只在主位上(Es ist…/It is…),而不可被宾位化,它的宾位永远是空的,或者更确切说,它的宾位永远是敞开的。对于这样的原点,我们不可用定义来规定、封闭它,但是它却总召唤着觉悟到它的个人或族群去叙述它、传说它、指示它。但是正如它隐藏于我们的心灵深处却又超越于我们之上一样,它既召唤着人们对它叙述、传说、指示,却又永远深藏于我们的叙述、传说、指示的边缘之外。因此,我们对它的一切叙述、传说或指示永远都是未完成的、非整全的。因为对它的任何叙述、传说既是一种揭示,也是一种片面化的掩盖,既是一种接近,也是一种远离。

这样的原点实际也就是那绝对的本原。虽然每个人、每个族群,都有源头意识而会去寻找自己的起源,但是并非每个人,每个族群都觉悟到这样的绝对本原。发现有限性事物,觉悟相对性起源,认识特殊性原则,是所有个人、所有族群都能做到的事情。在这个意义上,所有族群或民族都会有自己的文化与故事(历史)。但是只有那些觉悟到那个包含一切可能性于自身之中的绝对本原的民族或族群,才能有开辟长时段历史而具有世界史意义的文化体系。因为唯有达到对绝对本原的觉悟与发现,人们才能从功能物与有限物、相对物中解放出来,摆脱日常功用与欲求的束缚,从而获得一种自由的心灵与纯粹的眼光,并因而才能获得持续、多维的创造力。只有在这种能打开多维创造力的生命里,宗教、艺术、思想甚至技艺等领域才能向更具普遍性的高度与广度不断展开和提升;也只有觉悟到绝对本原的族群,才能找到可以从中获得绝对力量并与之永远共在的源泉。不管这个世界的万物多么飘摇不定,世间的成败、得失多么转瞬即逝,也不管族群的历史多么苦难深重,个人的生活多么艰辛不易,人们都因拥有这样的力量源泉而能战胜一切曲折与不幸,保持永久的盼望与忍耐。简要地说,对绝对本原的觉悟是人类在自己的生命里实现的一次存在跳跃:从有限者向无限者、从部分物到整体物、从这里到那里的跳跃;与此相伴随的,是从特殊性到普遍性、从相对性到绝对性的跳跃。实现了这些跳跃,历史才开始自觉地走进有普遍性原则的诉求与规定的轨道。而这也才是世界史的真正开端。

如果我们把那些以各自的方式最早觉悟到绝对本原的族群称为"本原文化民族",那么世界史就开始于这些本原文化民族,或者说就是由这些本原文化民族奠定其基轴的。世界史实际上就是由这些本原文化民族和融入并承担起本原文化的民族主导的历史。就古代而言,至少有四个这样的本原文化,这就是古希腊文化、希伯来文化、印度文化与华夏文化。

这样的本原文化民族是一个有自己文化经典的民族。这既是一种幸运,也是一种负担。因为这样的本原文化民族,负有一个额外的使命,那就是要不时返回"原点",特别是在人类面临重大困境之际,总是需要返回打开"原点"的那些经典,以便寻求启示与希望。

因此,这种返回不是为了倒退,不是为了复古,这种返回与对古代的爱好或向往毫无关系。相反,人们恰恰是为了克服包括古代在内的整个历史的展开所带来的片面性,以及由此带来偏离本原、远离整体的危险,才需要返回本原。以便在整体的原点处,在那些最初把人类带近原点的经典中,重新获得启示与力量,重新启开其他可能性。简单地说,返回原点,乃是为了能够重新开始,以便克服片面与危险。因为唯有能够返回到包含一切可能性于自身之中的开放性原点,人们才能松动历史经验的板结,解构历史的积淀,并中断或扭转历史的某种惯性,从而化解片面性所带来的困境。如果说人类遭遇的所有危险都是出于自己招致的片面性,那么化解危险便与克服片面性相关,而这意味着我们返回原点的努力也是这样一项事业:寻找能够把更多维度、更多面相包含在自身之中的普遍性原则体系,并依据这种更高的普遍性原则体系重估历史与传统,重构当前与未来。

在这个意义上,返回原点,既是重新叙述过去,也是重新筹划现在,更是重新想象未来。人类每次这样的返回,原因各异,而每次本原文化的相遇都必定引发这样的返回运动。

两希本原文化的相遇把欧洲最早带入了人类第二次重返原点与重估历史的努力,并在经受千年的碰撞、激荡与会通的历程中开辟出了现代性世界。而现代性世界的诞生,也就意味着启动了四大本原文化全面碰撞与对质的进程。这是一个艰难而伟大的历史事件,而对于中国人来说,则是一个痛苦却又不得不面对的事业。

如果说不得不面对现代性转型是中国近代以来的一个存在处境,那么作为一个本原文化民族,摆脱这一被动的存在处境的唯一出路就是自觉承担起四大本原文化的相遇与撞击、对质与会通,直至完成更新人类普遍性原则的版本。这意味着,我们需要展开一次全方位的返回原点的运动。不只是要返回自己的经典,而且要返回其他本原文化的经典,因为原点既在所有本原文化的经典之中,却又超越于所有的文化经典之上。

在这个意义上,华夏学人在文化上真正要承担的既是一项民族使命——有效回应由两希文化开辟出来的现代性世界的挑战,也是一项世界使命——通过不得不经受四大本原文化的碰撞、对质与会通,为人类寻找并确立具有更高普遍性的原则体系。为了前者,我们需要完成以全面觉悟自由为根本的现代性转换;为了后者,我们需要在自己的文化世界里打开其他本原文化启开的维度与视野,以便在向人类呈现更真实、更丰富的世界与历史的同时,寻求足以把人类带向更具美德而能更友好共在的原则体系与未来可能中。显然,这两项使命是内在相关的,因为如果未能完成对自由的系统自觉,并基于这种自觉完成对自己传统的重估,那么我们也不可能真正在自己的文化世界里打开其他本原文化开启的维度与深度。

"世界本原文化研究院"就是基于对华夏文化使命的这一自觉而创办的。我们试图通过《原点》来表明,返回原点的努力就是深究世界本原文化经典的努力,也是在经受这些经典中觉悟自由、领悟绝对、开示普遍的努力,

目　录

论华夏文化的本原性及其普遍主义精神

黄裕生

【提　要】对"绝对者"的觉悟与对普遍性原则的自觉、自任是一种文化成为本原性文化的标志性事件。殷商对"上帝"的崇而不祭,表明殷人崇拜的"上帝"已超越了自然神而为一至高神;周人的"天"则进一步纯粹化为"无亲"而"与善人"的公义之天。诸子之"人文思想"的兴起不仅不是削弱殷、周对"绝对者"的这种觉悟与确信,相反,实乃加持了这种突破性的宗教信仰。孔子仁学的确立与仁爱法则的发现,则完成了对"绝对者"的信仰与对普遍性原则的自觉之间的贯通,从此把华夏民族带上了担当普遍性原则的"世界史"之路。就古代而言,华夏文化与希腊文化、希伯来文化、印度文化共同构成了四大本原文化。本原文化民族之间的相遇是普遍性升级的必经之路。

[关键词]本原文化　绝对者　普遍性

如何给历史上的中国文化定位? 这一直是一个问题。最一般的定位是,它属于"四大文明古国",但它显然又与另外三个文明古国不一样,因为其中有两个都早已灰飞烟灭,另一个则时断时续(印度)。①

　　作为一个文化实体,中国穿越了至少逾三千年的历史。在这三千余年里,不仅在社会治理、文化教育、思想理念、经济生活、技术发明等诸多领域取得了伟大成就,常常居于世界同时代的领先地位,而且驯服并教化了在它历史上出现过的几乎所有的强力实体,经受住了一系列不幸与苦难的重压。即便在遭受"三千年未有之大变局"的近代,作为政治实体的中国可谓风雨飘摇,一败再败,但是作为文化实体的中国,却仍坚信能走出这从未有过的困境,仍以坚定的决心追寻着走出危机的希望,并且仍渴望着承担世界的未来。

　　因此,相比之下,其他文明古国并不具有这种穿越历史的生命力。以"四大文明古国"来定位中国文化并不准确,无法真正确定中国文化在世界史中的准确位置。

　　对中国文化还有第二种定位,那就是雅斯贝尔斯的"轴心文明"说。他在《历史的起源与目标》一书里把中国文明与希腊文明、犹太文明、印度文明并列为四大"轴心文明"。他很敏锐地发现,这四个文明在公元前800年到公元前300年之间,实现了对人类初始文明的突破:一方面发现了人类在这个世界的独立性,另一方面也发现了人类在这个世界上的有限性。由于发现了自己的独立性,因而可以质疑、不满传统和一切现成的事物,走上了以反思寻求突破与解放的可能。发现自己的独立性与发现自己的有限性是相关的。独立性的发现,才使人类发现自己不是混同于万物,不可以与万物随便转换,而是独立却有限的存在者。对自己的有限性的发现,进一步使人类提出并回应了"终极"的问题,走上了自觉追寻超越性存在之路。从此,也才真正开始了历史,世界史就开始于人类的这种自我发现。

　　正是基于自我发现的这种突破,使这四个文明中的每一个文明实体不

---

　　① 这里对文明与文化未作严格区分。不过,在本文的理解里,文明包括文化,而文化之为文化,就在于它以文字语言为其标志与核心。因此,文化的高度通常就标明一种文明的高度。

仅能够长时段延续下去,而且对周边世界具有辐射力,造就了一个以这一文明为轴心的文明世界。整个人类在历史进程中一旦遇到重大关头或重大转折,都会重新回过头来审视轴心文明的智慧,以求获得解决困境的参考。

雅斯贝尔斯对中国文化的这个定位要比"文明古国"的定位更准确。在这个定位中,更为客观地揭示了中国文化的世界性意义,也找到了与中国文化更具有同等性意义的其他文化。相比"文明古国说",雅斯贝尔斯的"轴心说"提高了对中国文化的历史定位。

不过,雅斯贝尔斯的这个"轴心"概念更多的是说明一种文明或文化突破的结果,而并未说明这种突破何以能够使人类发现自己与"整个宇宙"相关,因为它未能发现这种突破与人对自己的本原时间性存在的自觉,以及由此带来的对本原问题的突破性理解相关。实际上,雅斯贝尔斯的这个概念更像是一个社会学概念与历史学概念,而不是一个哲学的概念。

这里,我们要从更纯粹的哲学层面上来解决中国文化的定位问题。

一

在历史上,能穿越千年历史而延续不断的文化系统,不仅要能承受住种种苦难、不幸、曲折的重压,也要能经受住各种腐化、堕落、暴虐的诱惑。人性有非常软弱、脆弱的一面,不管是作为个体存在,还是作为群体存在,人性常常是经不起考验的:既经不起不幸、挫折的打击,也经不起享受、堕落的引诱。如果没有从人性中开发出额外的力量,也即人性中的另一面,那么不管是个体还是群体,都行之难远而无法成就伟大、艰难的事业。当然,也就无法开辟出长远的历史。

那么人性中这另一面究竟是什么呢? 又为什么说它是"额外的力量"呢? 如果说把人性中软弱而易变的一面视为在日常生活世界呈现出来的世俗性,比如趋利避害,喜欢快乐、享受,厌恶痛苦、劳作等等,那么我们可以把人性中的另一面视为超出世俗性的超越性。这种超越性有时也被称为人性

3

中的神性。

人的世俗性是在生存活动中与各种功能事物打交道时展开来的,因此,只要生存着,人就会展现出世俗性这一面人性。人活着,首先与通常是要吃、要喝、要安全。这是一种直接性的生存。为了这种直接性的生存,人首先且通常要与各种功能性事物打交道,并且也以功能性角色相互合作。

但是人性中的超越性方面恰恰只有"跳出"直接性的生存与在场性功能事物,才能被展开来。就人有超越性的神性而言,人也总会跳出直接性的生存与功能性世界。哲学上把这种跳出称为"存在的跳跃"。但是什么时候跳出,以及跳得多高,则取决于很多偶然的因素。不过,什么时候跳出,也就标志着什么时候有真正的文化;跳得多高,则标志着文化的层次有多深。因为人类正是通过创造文化来实现从直接的生存世界中跳跃出来,并且也是通过提高文化的深度来实现跳跃的升级。

也就是说,我们人类是通过创造文化(文明)来开发我们身上的超越性一面。在这个意义上,我们也可以说,人类是靠文化来开辟与维护历史的。因为人类正是通过开发身上的超越性一面,来获得承受在生存中遭遇的各种艰难的力量,获得持续相互信守共在的团结,从而克服自己身上的软弱与脆弱。

不过,虽然所有的族群体都有文化(文明),因而都在一定程度上开发出了超越性的一面,但是并非所有文化都达到了同样的高度与深度。因此,并非所有族群都达到了同样高度的超越性,否则,世界所有古老的族群及其文化都会延续下来。而实际上,大多数族群的文化都消失了或消融在其他文化里了。

如果就打开超越性人性的高度对所有文化进行划分,那么我们可以把文化区分为"本原文化"与"非本原文化"。就古代而言,也许就只有四个"本原文化",正好与雅斯贝尔斯所说的四大"轴心文明"重叠。这就是中国文化、希伯来文化、希腊文化与印度文化。

那么何谓"本原文化"?这首先不只是一个历史学问题,而是哲学问题。

我们知道"本原"乃是哲学最早追问的问题,也一直是哲学最根本的问题。然而,追问本原问题,并不意味着达到了对本原本身的发现与觉悟。当且仅当哲学自觉到本原的绝对性与唯一性,哲学才走上了成为哲学自己的轨道。不过,这并不意味着本原文化一定要通过哲学或思想来达到对本原本身的发现,也可以通过宗教的方式来达到。

因此,一种文化之为一种本原文化,有两个基本标志:首先一个就是觉悟"绝对"而追寻与"绝对"共在,另一个是觉悟人自身的普遍性存在而自觉承担普遍性原则。这两个觉悟是人类在历史上实现的两个最重要的"存在的跳跃"或"存在的跃动"。

就人类的生活世界而言,发现相对性事物是很自然的事情,因为我的生活首先并通常就与各种具本而相对的功能性事物打交道。如果我们停留在这样的相对性事物的世界里,我们就不可能有"本原文化"。虽然世界上有很多民族,很多文化,但是并非所有民族都能有幸作为本原民族出现,因为并非所有民族都创造出了本原文化。严格说来,唯有这样的族群才创造出"本原文化":在这种族群里,出现了能够打开并维护一种超越性视野的伟大心灵,通过这种超越性视野,这个群体能洞见并感受到,自己生活于其中的世界不仅仅只有可以满足我们生存的各种相对性事物,而且有绝对者与绝对性。简单说,借助于伟大心灵发现了这个世界竟然有绝对者及其绝对性,并因而发现了自己的存在是有绝对性的存在。

实际上,人类也只是在发现了绝对性存在,从而迈进了"本原文化"之后,也才开始追寻与维护人类自身的绝对性的努力。因为在这之前,人与人之间主要就是功能性的关系,相互提供功能性的合作,因此每个人都是以功能性的角色出现在对方世界里。这种功能性角色实质上就是工具性的角色。但是作为工具性角色存在,不管是对于个人还是族群来说,每个人就都只是相对性的存在,而不具有不可替代的价值。人类对自己的生活世界有绝对者与绝对性的发现,在逻辑上包含着对自身绝对性的发现。因为这个绝对者的发现者不仅不可避免地要去追寻绝对者与世界万物的关系,而且也不可避免地要去追问自己与这个绝对者的关系;但是这种追问与绝对者的关系,也就是追问与绝对本原(绝对源头)的关系,而寻求与绝对本原的关系,实际上既是确立自己与绝对者之间紧密的共在关系,同时也是理解与获取自己身份的努力。换句话说,我们是在确立与绝对者的共在关系中,理解并获取自己的绝对身份,从而获得存在的力量与绝对性。

发现人自身的绝对性,可以看作发现世界的绝对者这一存在跳跃里隐含着的一个存在跃动。在历史上,这个被隐含着的跃动可能要经历很长时段才会展现出来。

这种存在的跳跃除了带来了人对自身的理解的变化,同时还带来了人的存在秩序的变化:人开始从各种自然神崇拜、图腾崇拜以及各种神话中逐渐解放出来,在人与绝对者之间打开了一个开阔的天地。在这里,既给绝对者腾出了一个绝无仅有的位置,也给人自身留下了更广阔的自主空间。对绝对者的发现,切断了人与其他事物之间的关系链,把人从与他人、他物的关系中解放出来,而使人首先进入与这个绝对者的关系中。

这种存在的跳跃并不是一劳永逸的,也并不是可一次完成的事件。这种存在的跃动只是提供了一个示范,一个路径,以便可以不断引导着人们从单纯的功能世界里解放出来,重新审视生活世界,重获生活信念与生存力量,直至重建生活秩序。历史就在这种不断的重新开始中绵延成一个具有同一性的历史。

对绝对者这种存在跳跃的发现,实际上是由能觉悟到本原时间的伟大心灵实现的。对那些未能打开超越性视野的民族或个人来说,在根本上意味着未能打开本原时间,未能经验到内在的本原时间,而只停留在非本原的时间里。

所谓非本原时间,也就是借助于外在事物(比如天体运动)来标明与识别的时间。我们这种存在者首先且通常就存在于非本原的时间之中,因为我们首先与通常也是要吃要喝的存在者,因而不得不与功能性事物、有限性事物或部分性事物打交道。因此,我们的存在首先且通常是以与功能性事物、部分性事物打交道的存在活动"到时",也即根据与我们的生存活动相关的事物或事件来排定我们的时间:现在是出猎之机,因为野兽现身了;现在是采集之时,因为野果成熟了;昨夜秋风起,今日云天高……这种时间之为非本原的时间,就在于,我们就是在这种时间的到时中,发现与遇见有限物或部分物,而不是绝对的本原;同时,我们自己也只是作为各种角色出现,而不是作为完整的本相自身存在。也就是说,在这种时间里,既没有真正的本原,也没有本真的自身。

与非本原时间的过去、现在与未来可以相互分割不同,本原时间是一种把过去、现在与未来作为不可分割的可能性整体包含在自身之中的整体时间。在这种本原时间里,过去、现在与未来都是作为可能性而存在,或者说,它把过去、现在与未来作为可能性包含在自身之中。这种本原时间不仅是我们这种特殊存在者的存在方式,而且直接就是我们这种存在者的存在。我们正是作为这种本原时间到时,或者说,我们作为这种包含着过去、现在与未来的一切可能性于自身之中的本原时间存在,才发现或觉悟到这个世界有"绝对者"在,有一个包含一切可能性事物于自身之中的"整体者"在,而竟然不仅仅有众多的有限物,不仅仅有诸多变幻不定的功能物与部分物。

简单说,我们只有在作为"整体"的时间中,才撞见了作为绝对的"整体者",尽管我们可能对此撞见的前提一无所觉。因为绝对的整体者必定是包含着过去、现在与未来的一切可能性于自身之中,因此我们只有打开整体的本原时间而置身于这种包含着过去、现在与未来于自身的可能性整体之中,我们才能跳出各种有限的部分性事物而遇见作为绝对的整体者。

在这里,打开本原时间,就是打开一个把过去、现在与未来作为可能性包含在自身之中的超越性视野。这种视野之所以为一种超越性视野,就在于它是一种整体性的视野。打开这种整体性视野,一方面意味着我们存在于可能性之中而不是一个现成的东西,因而人是可塑造、可教化、可救赎的;另一方面则意味着我们有了一种整体性的眼光,开始了努力从整体的角度理解、追问自己与世界的存在,并因而进入了与"整体"共在的存在。因此,打开本原时间,既是对非本原时间的突破,也是对有限物、功能物与部分物的突破。从此,人类才开始从一个"整体"来理解、审视与引导自己的生活。

世界史就开始于这种由非本原时间进入本原时间的突破。因为只是这种突破,才意味着开始把人类带进自觉地从"绝对整体"来理解、审视、看待自己的生活,也即从作为"可能性"被包含在"绝对整体"中的"过去""现在"与"未来"来理解、看待自己的存在。从此,人类的不同才是基于一个"整体"的不同,基于一个"大同"的不同,因而是一种"普遍的"不同,"普遍的"差异,而不再是基于眼下偶然事物(环境、天气、习性等等)的"偶然的"不同。人类因此进入了普遍性的历程而进入了"世界"的历史。

如果没有对这种作为整体的绝对者的深切觉悟,也就不会有真正的"我们"。因为没有对绝对者的深切觉悟,也就不可能通过与那个既超越一切利益,也超越一切苦难与幸福的绝对者共在,来获得真正的团结与伟大的力量。

什么样的团结才是真正的团结?能够经受住直逼人性边缘的苦难重压的团结。什么样的力量是伟大的力量?能够穿越使一切希望变得黯淡的时艰与变局的力量。没有这种基于与绝对者共在的团结与力量,都不过是些乌合之众,最终都将失去"我们"的身份而消失在真正的"我们"之中。因为任何一种没有以与绝对者共在为基础的团结都是临时的,哪怕有血缘之亲,也都随时面临解体与离散而经受不起苦难的重压,经受不起幸福的侵蚀。

就绝对的一即是绝对的源头而言,真正的"我们"实乃绝对本原的守护者与承担者,因此,"我们"展开的历史才是有所守护、有所担当而有道统的历史。借此道统,"我们"的历史不仅保持着自我同一性,而且具有了世界史意义。这样的"我们"在哲学上才被称为"本原民族",也才可以被称为"本原民族","我们"的文化才成为本原文化①。

上面我们讨论了本原文化之为本原文化的第一个标志,现在我们要讨论它的第二个标志,也即对普遍性关系与普遍性原则的自觉和承担。

在我们的日常生活世界里,对我们人自身之间的关系,我们首先发现的,是各种差异性存在以及基于这种差异性存在的各种差异性关系。人与人之间的关系首先就建立在相互发现的差异性存在之上。因此,人类社会首先是一个由各种差异性关系构成的等级体系。如果人类停留在这样的等级体系里,那么这样的等级体系必将被逐渐强化,并被引向世袭与封闭。在相当长的历史时期里,的确就是如此。

在孔子之前,管仲在齐国的改革可谓大刀阔斧,但是他却通过把等级体系与分工体系相结合而使等级体系进一步固化:他一方面把士、农、工、商四民视为国家的柱石,另一方面却把他们严格分开,不使他们相互混居,以便"少而习焉,其心安焉,不见异物而思迁焉",也就是要使不同行业、不同等级的人各安其职,各守其业而世代相袭。在古希腊、罗马,典型的奴隶等级制甚至沿袭了千年之久(这显然与希腊文化在追寻普遍性原则的努力上,在自然领域有突破,而在人伦领域却无进展相关)。对于这种封闭的等级体系,柏拉图甚至还以理论论证的方式阐明其理由。因此,在这方面的突破,显示了中国文化的领先性。后面我们将再仔细分析。

本原文化实施的第二个突破就在于,它跳出了我们生活世界的等级体系,在人的差异性身份、差异性存在之外或之上,看到了人的普遍性存在与普遍性身份,并发现了贯穿于所有人之间的普遍性原则,从而自觉到要去承担与维护这普遍性的原则。所以本原文化多了一个使命,那就是承担人类

---

① 人们可能很容易把这里的"本原文化"与雅斯贝尔斯的"轴心文明"这一概念联想起来,但是,我们之所以不用这个概念,乃是因为这个概念更多的只是说明一种文明突破的结果,而并未说明这种突破何以能够使人类发现自己与"整个宇宙"相关,因为它未能发现这种突破与人的本原时间性存在的关联。实际上,雅斯贝尔斯的这个概念更像是一个社会学概念与历史学概念,而不是一个哲学的概念。

的普遍原则,这也就是平常所说的普遍道德,包括普遍公义、普遍仁爱。因此,本原文化虽然总是产生于某一民族或群体,但是这个本原文化民族在获得一种高度的文化主体性的同时,也意味着它要承担起额外的使命,那就是维护与坚守人间的普遍原则、普遍道义。对于一个本原文化民族来说,本原文化既是一种幸运,也是一种命运。

二

根据本原文化的两个要义标志,我们可以发现,希腊文化、希伯来文化、华夏文化与印度文化有理由被视为四个古代本原文化。今天,我们只讨论中国的华夏文化。

为什么说华夏文化是一种本原文化? 因为它在公元前 1000 年到公元前 300 年之间,完成了两个存在的跃动。

首先是,在公元前一千多年前,华夏文化就发现我们生活于其中的世界有超越的"绝对者"在,而正是这个绝对者使我们生活于其中的世界具有整体性,是一个整体的世界,而不再是一个零碎的、散乱的环境。因此,在这个万物飘忽不定的世界里竟然有"绝对性"与"整体性",在这个变动不居的世界里竟然有可绝对地信靠且不得不加以信靠的力量,有我们必须心怀虔诚与敬畏的异在者,也即绝对他者。这个绝对他者在殷商被视为"上帝"或"帝"。根据卜辞与金文传达出来的信息,在商朝人的崇拜体系里,上帝已不再是自然神,而是超越于自然神的至高神。这体现为三方面:

第一,上帝是超越于诸如风、雨、雷、雹以及四方神这些自然神之上的至高神。上帝虽然决定了风、雨、雷、雹等自然现象的来去,但是他本身并不是风神或雨神、雷神这些自然神,相反,这些自然神完全服从于上帝,它们只是上帝用以实施其意志的便捷工具。

第二,上帝不仅最终决定着自然现象的兴灭,而且左右着城邑的安危、人事的顺逆、国家的祸福、君王的吉凶。因此,《尚书》这样记录了殷人心目中的上帝："唯上帝不常,作善降之百祥,作不善降之百殃"①。就此而言,上帝的权能是全方位的,远在自然神之上。

第三,商人心目中的上帝虽然具有至上的权能,"但卜辞表明,商人却从来不向上帝祈求,从来不对上帝进行祭祀"②。殷人不祭上帝,当然不是因为他们不信上帝,相反,从卜辞中可以看到,殷人与君王总是怀着战战兢兢的敬畏心理试图窥探、测知上帝的意图。不祭的原因也不会是像一些学者以为的那样,是因为殷人与上帝没有血缘关系。因为殷人与风神、雨神等自然神也没有血缘关系,但殷人却祭祀它们。

那么殷人为什么不祭祀上帝呢? 实际上,宗教信仰作为人类基于其自由本性而必然会有的一种存在方式③,与其他可能的存在方式一样,有其内在的层次之分与深浅之别。这种内在的层次之分在历史中就展现为深化、提升的历程。就宗教信仰这种存在方式而言,从从事人 - 神交易的自然神崇拜或偶像崇拜,到切断人 - 神交易的至上神崇拜,就是一个信仰深度提升的历程。殷人之所以对上帝崇而不祭,是因为殷人的宗教信仰达到了一个新的高度,在这个高度上的上帝信仰里,上帝已跳出了与人的交易关系。因此,人与神(上帝)之间不再允许进行任何交易活动。于是,在殷人的上帝信仰里,上帝的意志有了自己绝对的尺度与纯粹的原则,不会因人的世俗愿望或世俗行为(如讨好或献媚)而改变。正因为上帝的意志具有了绝对性与纯粹性,商王每次在占卜上帝的意旨时,才总怀着诚惶诚恐之情。因此,殷人信而不祭的上帝崇拜,实乃表明在殷人的宗教信仰里已达到了对上帝意志之绝对性和纯粹性的自觉。正是这种绝对的纯粹性使殷人的上帝区别并超越于一切自然神崇拜、多神崇拜与图腾崇拜中的神;而对这种绝对纯粹性的

---

① 《尚书·伊训》。

② 常玉芝:《商代宗教祭祀》,载宋镇豪主编《商代史·卷八》。关于殷人信仰上帝,却不祭祀上帝的现象,陈梦家在其《殷虚卜辞综述》中已有指陈。但他与有关学者认为不祭的原因是殷人与上帝没有血缘关系,这一观点表明他们对宗教信仰的深度层次缺乏思考,否则就不会停留在明显不通的解释上。

③ 关于宗教如何是人不可避免的一种存在方式,可参见作者的《论国家与宗教》等专论。

发现则使殷人的上帝信仰在根本上不同于这些崇拜,因为在后面这些崇拜活动中,奉献人间美物的祭祀活动始终是其核心内容。

如果说以奉献人间美物为主要内容的人－神交易活动是一种迷信,那么超越人神交易的上帝崇拜则是一种纯然的信仰。迷信虽然也是宗教信仰,却属于低级的、不纯粹的宗教信仰,因为基于人神交易的崇拜活动在根本上隐含着这两个核心观念:①神或上帝可被人间美物所诱惑、驱动,因而可被人类所腐蚀与败坏。②人可以动用自己占有的世间美物来向神求得所需要或所期待的好处,包括消灾除业,因此,谁拥有更多财富,谁就更有机会从神那里获得额外的福利;不仅如此,一个罪孽深重的人,只要拥有足够的财富便可以想方设法从神那里获得赦免。这两个相关的观念实质上可以归结为一个观念:人间美物或财富可以影响乃至左右神的意志。这等于说,可信靠的终归是人间美物或财富。这显然是宗教意识的一种迷误。因为宗教意识本身原本乃指向现场物之外的非现场者,乃诉诸在我们之上而无法由我们左右的超越者。但是一切基于人神交易的崇拜活动在实质上恰恰退回到了现场物与可由我们把控的现成物。这是宗教意识在初级阶段的一种迷误与退化。宗教意识的真正展开(发展)、深化必是越来越自觉地朝向非现场者,越来越信靠异在的他者,而脱离人神交易活动。

上述的分析表明,殷人的上帝信仰或天神崇拜乃是一种至上神的崇拜,达到了对绝对性与纯粹性的发现和觉悟。因此,我们可以说,华夏文化至晚在殷商即已完成了向"绝对"与"整体"的突破,而跨进了"本原文化"的门槛。

正如耶和华曾带有犹太人家族神的色彩,所以提到上帝时,会经常说"亚伯拉罕的上帝""以撒的上帝""以色列的上帝",殷人的"上帝"也带有家族神的色彩,因为根据卜辞传出来的信息,商人的先公先王能够"宾于帝"①。

---

① 《商代宗教祭祀》,常玉芝著(载宋镇豪主编《商代史·卷八》),中国社科出版社2010年,第547页。

但是到了周,当上帝被转换为"天"或与"道"结合而为"天道"时,这个绝对者则进一步成了普遍的绝对者,成了更具超越性的一,是以有"皇天无亲,唯德是辅"之说出。① 在这里,"皇天"的纯粹性与绝对性通过"唯德是辅"得到了进一步的突显。人们既不能凭借奉献更多的财富、美物,也不能凭靠出身、地位、权力,来获得上天的眷顾,唯有通过虔诚以及基于虔诚的德行来寻得上天的辅佑与共在。

因比,毫无疑问,三代时期诸如"上帝""皇天""上天"这些指引性原初词表达的都是一种绝对而纯粹的宗教觉悟,或者说,它们表达了"绝对的一"在宗教意识里的自觉。在这里,"绝对者"是以宗教信仰的方式被觉悟与被发现。在这个意义上,三代文化在根本上乃是一种宗教性文化,甚至我们可以说,是一种典范的宗教性文化。我们可以从三方面来说明这一点:

第一,被觉悟、被确信为一的绝对者是一个有意志且公正而美善的最高存在,他拒绝因财施爱,而唯德是辅,常与善人。

第二,对这种绝对者的觉悟与确信,在根本上也包含着对绝对公义的确信与诉求:虽然现实的人世间总是存在着不公与不义,却一直有一个绝对他者的眼光审视着这个不义不公的人世间,并且总是通过亲近"善人"与辅佑"德者"来校正世间的不公不义,因此,历史终究是有公义的。换言之,我们的历史是有绝对公义贯穿其中的历史,因而是有"道统"的历史。在中国人心目中,修史之所以一直是一件沉甸甸的事件,而非只是一份史学工作,就因为它首先是一项承祖绍脉、成就大统的事业。只是这里所要承绍的非亲亲之祖、血缘之脉,而是超越于血缘亲情的"太祖与天命";所要成就的"统"并非血统,而首先是"道统"。修史的根本意义在于述明道统以引正政统。② 实际上,这里隐含着一个基本信念:在华夏大地展开的历史是行进在天道运行的道统之中,故有其"神圣性的正义"在,也即有来自上帝或上天的合法性

---

① 《尚书·蔡仲之命》汉孔安国传。这一说法在《史记》里被改写为"天道无亲,常与善人"。
② 实际上,在中国古代,经、史之义皆在于此。

然则奚以为治法而可？故曰莫若法天。天之行广而无私，其施厚而不德，其明久而不衰，故圣王法之。既以天为法，动作有为必度于天。天之所欲则为之，天所不欲则止……天必欲人之相爱相利，而不欲人之相恶相贼。①"在这里，墨子非常明确地表达了三层意思：第一，治国或治天下需要有绝对可靠的"正当（确）性理由"；第二，这种绝对的"正当性理由"不来自我们人类自身，而只能来自天，因为天才能真正无私无偏而是周全普遍的；第三，天给出的最高原则就是"人人相爱相利"，只有基于这原则，治国才获得了"正当性的理由"，正如百工治业获得了"正确的标准"一样。

在墨子这里，"人人相爱相利"的原则也就是"仁义"原则，它虽明于人心，却来自上天。因为在墨子看来，仁义必定导向"善政"，而"善政""必自贵且知（智）者出也"，谁为最贵且知？"天唯贵、天为知而已矣。"②是以知仁义必出自天。这里，天不仅是最高贵的，且是最智慧的，它是我们在这个世界的一切正当性、合法性的唯一来源。墨子在这里一方面道出了每个人，不管是作为父母，还是作为君王，都不可能作为这个世界的绝对原则的来源；另一方面则在分析论证中引出了一个超越于所有人（包括天子或圣人在内）的至高至善至明的天，它构成了这个世界的绝对法度（原则）的源头。这里，人人关系乃是以天人关系为基础，为政之道要以上天之道为根据。这意味着，墨家要为政治与道德提供一个"形而上"的理由。这个理由在天上。在这个意义上，合法的政，公义的政，实乃一种"天政"，而"天政"即是"神权政治"。在这点上，儒墨道没有两样。

这里需要同时指出的是，虽然墨子以大为至高至贵至智者，但人也有其贵与智，那就是人可以明"天则"而行之。人虽然不是绝对法则之来源，却可以通过知绝对法则而行之来获得自己存在的绝对性——"天性"。能明仁心而行义者，为"天人"。这里，人身上的绝对性来自天，而天的绝对性则见证

---

① 《墨子·法仪》。
② 《墨子·天志》。

于人身上的绝对性。这一点上,诸子也无二致。因为这是一切"理性神学"的基本路径。

墨家作为名学的源头,在先秦诸子中因最重逻辑分析而最具"理性主义"色彩,因此,它对天作为最高绝对者的自觉、保留与维护,最具代表性地表明,被视为"人文思想"的先秦诸子,其兴起如何同时也是宗教信仰精神的深化与加强,而不是对宗教信仰的削弱。

这次思想觉醒之所以也可以被视为一次"人文觉醒",是因为它是通过更深入地追问、揭示人性本身来理解与朝向绝对整体者的。也就是说,这次觉醒是通过探究人自身的内在存在来通达超越于人的绝对者,通过发现与肯定人自身存在的绝对性来肯定与见证整体者的绝对性。在这个意义上,这种"人文觉醒"可视为一次"人文的宗教觉醒"。因此,先秦诸子既是一种人文思想,也是一种"神学"。

这次觉醒之所以被视为更具系统性,就在于它包含了这三方面的大觉醒:

第一,它不仅只是发现、承认与确信有一个绝对者,而且自觉地以更多的环节、事件来叙述、言说、展示绝对者,甚至以更多的概念与分析来指示绝对者。在近代学人的研究中,通常会罗列出"天"或"道"的多种含义,比如根据儒道法墨文献中有关"天"的论述而把天分解为神圣的主宰之天、义理(伦理)之天、命运之天、自然之天等,并以此论说人文觉醒的去神化乃至无神化。而实际上,在先秦的这些人文论说中,天的多重含义恰恰是被用来申述天的绝对性的不同环节:不管是义理之天,还是命运之天、自然之天,甚至所谓物质之天(如果有的话),都可被归到作为神圣绝对者的"上天"之下,绝对之天据此获得更丰富、更具体的内容。因此,在这里的天并不因被分解、分层而失去了绝对性与统一性,倒是因获得了更丰富的统一性而获得了更生动与具体的绝对性。

第二,在重新确认与确信绝对者之为万事万物与一切美善之源头,因而是一切正当性之根基的同时,发现并确立了人在与绝对者关系中的特殊地位。在诸如"人能弘道""人能修德以配天""真人"能无待而任"自然"等这类论说里,都隐含着从人与绝对者的相互性关系角度来理解绝对者,理解人本身在这个世界上的特殊地位及人本身的绝对性存在。在这个意义上,这次人文觉醒既是对绝对者的觉悟,也是对人自身的觉悟。我们甚至可以说,这次人文觉醒之为人文觉醒,就在于它在宗教启示下通过自觉到绝对者而发现、肯定了人自身存在的绝对性。

第三,发现并申述了绝对者以某种人类能够认识并加以遵循的原则来体现、实施他在人类现实生活中的意志或意旨,因此人类的现实生活并不只是一种世俗的生活,同时也是一种神圣的生活。不管是对于个体,还是对于群体(国家),生活并不仅仅只是满足各种自然欲望,更不是只按自然欲望行事而为所欲为,而是首先要遵循与担当一些来自上天启示给我们的原则,比如通过圣人作则而垂示给我们的规范,或者通过上智者之先觉而显明给我们的仁爱法则。因此,人类的生活并不只是活着,不只是享受各种感性欲望的满足,而首先是要贯彻、实施某种神圣原则,成就某种神圣事业。

因此,周代人文思想的兴起实质上深化了对绝对者的觉悟与论说。在这个意义上,正如柏拉图的理念论与亚里士多德的第一哲学都是某种意义上的神学一样,周代诸子百家的人文思想也是一种神学——神圣学。如果说之前的宗教觉悟启示了人文思想,那么后者则深化并增强了前者关于绝对者的觉悟与信念。就此而言,周代人文思想的兴起不仅不是如近代学人推断的那样削弱甚至取代了对天或神的绝对性的信仰,相反,倒是加强了、深化了这种信仰。[①]

---

① 近代学人的宗教观给他们带来的先见使他们推断人文思想的兴起必然削弱宗教信仰,并依这种推断去选择和叙述先秦材料,所以几乎是众口一词地得出了惊人一致的结论:从春秋到战国,由于人文思想的兴起,人们对天或至高神的信仰已逐渐衰落而走向解体,对天命出现了普遍的怀疑云云。但这种论断并不合文献事实。参见《先秦道家天命鬼神思想研究》(张海英著,湖南大学出版社2014年),该书作者的宗教观与近代学人无异,却整理、呈现了大量材料以说明近代学人的上述结论之非。

三

上面的讨论只涉及华夏文化之所以有资格被规定为本原文化的第一个根据。第二个根据则是它对普遍性原则的觉醒与承担。实际上,对绝对整体的深度觉悟必定会走向对普遍原则的自觉与自任,这是另一个超越性的突破。这个突破不仅是前一个突破的延伸,而且是对第一个突破的落实与贯彻。

如果说前一个突破是从有限物、相对物、部分物到绝对整体者的跨越,那么后一个突破则是从局部性、特殊性、差异性到普遍性的跨越。这首先体现为独立立说之自觉,以及以此确立绝对价值之自任。在这一事业上,儒家在诸子中最具代表性,且在历史上影响最大。所以,我们这里仅以儒家来论说。

《学而》篇之所以被当作《论语》的开篇之作,并非随意的,因为它的三句话既表达了为学的三个境界,更表明了为学本身的独立诉求与独立价值。

"学而时习之,不亦说乎?"是为学进入的第一层次。不管是学艺,还是学经,在反复的实践、练习中,体验并发现其中果然有"理",心中油然而生喜悦之情。此乃在自己的生活习用中证悟"道理"而喜悦,并因这喜悦而为学不止。

穷经达艺的为学过程,必定也是在生活与行事中验证和澄明更多"道"与"理"的历程。今日明一理,明日更明一理;为学不止,则明理日多。日积月累,理理相通,终至"周而不比"之境,则心中有道而事有是非,身任定则而行显万理。是以,风范远、邻,而有闻风者来。来者之为"朋",之为"友",而不是来看热闹的一般人,是因为来者也是一"学道"之人,"为学"之人。那么,来者何为? 问道也! 求道也! 证道也! 而非为名,非为利,非为势! 总之,只为"学"而来,非为"学"之外而来。人生有众乐,大多与功名利禄相关,而"有朋自远方来"之为一乐,则与此无关。这里,乐之所乐,唯在与来者的问道、求道中与之共同见证横贯天地、人间的"道理"。这种共同见证天道常理，不仅是共同发现与共同验证"真理"，而且是共在于"真理"。是以，信然而乐焉：吾道不孤也！

虽然学无止境，但是为学至此，也可谓学而有成。就人世间的一般情况而言，一个人学富德芳，总会被周邻所知，甚至会闻达于天下。因此，总会有一些功用、福报随学而来，包括有知己者自远方来。但是为学之目的却与此功用、福报无关。因为即使福禄在为学之中，为学本身也自有目的，而并不为福禄，不为闻达。那么为学之目的是什么呢？孔子为了申明其立学的根本宗旨，特意设置了一个处境来讨论：如果一个人身有贯天下之学，却不为天下人所知，不闻达于诸侯，那么，当如何自处呢？自艾自怜吗？怨天尤人吗？孔子给出了否定性的回答：不埋怨上天不给自己好运气，不怨恨别人不了解自己、不推崇自己，不责备社会不给自己应得的好处或福报。因为在孔子心目中，为学的根本目的不在其他，乃在达道而明理，简单说，乃为"道理"本身。明心见道，成就君子，乃是孔子立学的根本目标，它独立于闻达与否，独立于一切功用与福报。这在根本上意味着，明道而成就君子本身就具有独立的绝对价值。

在《学而》篇里，孔子既表达了他所立之学的独立性，也申明了其立学所要成就的目标本身具有绝对之价值。在孔子之前，已有悠久的官学，"私立"之学想必也已流行。但是直到孔子，立学之独立性，以及所要成就的目标的绝对性，才得到了明确的自觉与实践。

正是对这种独立性与绝对性的自觉，孔子确立起来的"新儒学"才完成了对特殊性、差异性与局限性的突破，而走向对普遍性原则的发现与担当。

在日常生活世界里，人们首先看到的是事物之间的差异，因为这些差异对应着我们生活中不同的功能需要。而在所有事物当中，同一物种的成员个体之间，以及群体之间，呈现出最大差异的，莫过于人类。因此，对于人类自身，我们首先看到与关注的是各种千差万别的差异：人们之间因种种差异而承担不同功能、占据不同地位，进而享有不同待遇。差异因此首先把人类带进了等级关系与不平等对待。

实际上,在很长的历史时段里,人类竟没有一个"普遍的人",因而没有一种普遍的相互对待方式。在这个漫长的时段里,每个人都是特殊的:特殊的能力、特殊的功能、特殊的地位与特殊的待遇。这里只有一种否定的"普遍性":不管是个体,还是群体,都是以等级差序的身份相互理解与相互对待;这里存在的普遍性就是对人类自身的普遍性的否定。

在这种缺乏肯定的普遍性的等级体系中,人类个体的存在永远只是"器"的存在,也即只具有工具性意义的存在,而没有工具之外的目的性意义,因为在否定普遍性的等级分工里,每个人都只是作为发挥特殊功能的角色而被承认与被接受。这里既没有普遍的人类尊严,也没有具有绝对价值的个体存在。

在孔子确立仁学之前,中国的历史实际上就仍徘徊在这样的缺乏普遍性的历史边缘。在孔子时代,规定着人间一切关系的礼主要基于三个方面:血缘亲情、等级关系与宗教传说。礼崩乐坏虽然有各种原因,但礼乐体系本身缺乏内在统一性与普遍性是其分崩离析的根本原因。孔子说自己"信而好古,述而不作",好像他只是整理、传承文献,而实际上他完成了一件应时的伟大工作。在礼乐普遍失效、心灵与行为普遍失序的溃败时代,还有什么理由要求人们"复礼"?我们又应当"复"什么样的"礼"?孔子的伟大就在于,他在回应这些人类需要一再面对的问题时确立起了仁学,发现了普遍的仁爱,并借此既为重估与重构一切现有的礼乐提供了一个普遍而绝对的标准,也为一切可能的普遍礼乐奠定了内在而超越的根基。简单地说,对仁的发现、仁学的确立,为"损益"礼乐、"删定(重估)诗书"确立了普遍的标准与依据。

那么如何理解孔子的"仁"?尽管孔子在不同场合对仁有不同的解说,后人更有种种解读,但是他对樊迟、子贡、颜回、仲弓等学生问仁的回答应是最根本的回答。樊迟问仁,"子曰:爱人。"①仁,就是爱所有的人。对于一个人,不管亲疏远近,不管出身、地位、等级,都应当爱他。那么,如何爱所有人呢?"己所不欲,勿施于人。"②这被孔子视为每个人终身要奉行与坚守的绝对法则:不要把不愿意发生在自己身上的事情,施加到任何人身上。这就是仁爱法则,它要求如此这般对待每个他人。这一法则实际上包含着两条基本原则:

①要把任何他人都当作与"自己"一样的存在者:承认每个他人为与自己一样却又独立自己的另一个自己;②尊重并维护每个他人为另一个独立的自己,因此,不允许也不忍心以自己不愿意被对待的方式对待他人,而只能以自己也愿意被对待的方式对待他人。③

这两条递进的原则是孔子所说的仁爱的根本内涵。它实际上表达了一个绝对的命令:把自己与任何他人都当作"同样的一个人"或"同样的一个自己"来对待!在这个命令里,我们每个人都应当让他人在一种普遍的对待方式里,或者在一种普遍的态度里来与我们相遇照面。于是,这里终于出现了一个以一种普遍的方式、普遍的态度被对待的人。实际上也可以说,这里出现了一个要求相互被同等对待的人,因而出现了一个存在于每个个体身上的普遍之人。因此,在仁爱里,每个人都首先是一个"一样的人",一个"普遍的人",而不再是等级体系里的身份者,不再是血缘关系里的亲疏者,也不再是职业分工里的角色者。

孔子对仁之发现与觉悟,在根本上意味着对普遍之人的发现与觉悟,而在更深层次上则指向了对普遍的个体之人的自觉。而就时代言,孔子仁学之确立,仁爱原则之奠定,则彻底突破了三代文化的特殊性诉求与特殊性局

---

① 《论语·颜渊》。
② 这是孔子回答颜回、子贡与仲弓这三个孔子最看重的学生问仁的一个共同回答。这足以表明,这个回答对于理解"仁"的重要性。
③ 耶稣把这一条表达为:"在一切事情上,你们要别人怎样待你,你就要怎么样待人。"(《圣经·马太福音》7:12。)

限:他以普遍的仁爱突破了人类沉迷了千年之久的血缘亲情、等级关系、种族区隔与神话传说,借此克服了由种族、血缘、地域、等级与传统造成的分别和局限,为人间的一切正当关系确立了普遍性的基础。如果说孔子奠定仁学的工作就是确立普遍性原则的工作,那么我们也可以说,他的工作就是一项解放事业:把人类从血缘亲情、等级关系、种族区隔、地域亲疏等等特殊性状态中解放出来,从而将人类带入了普遍性的关系生活,开辟了自觉承担普遍性原则的历史。

孔子仁学之确立,一方面完成了对"绝对者"的确信与对普遍性原则的自觉、自任之间的贯通,使华夏文化完成了由局限于特殊性原则向自觉承担起普遍性原则的突破。简单说,孔子仁学的奠定,完成了使华夏文化成为本原文化的突破。另一方面,仁学的确立为始于三代而兴于周的"民本"政治理念奠定了远高于这一理念本身的本原基础。从此,"天下主义"的"王道理想"才成了穿越无数黑暗与暴虐的绝对希望,并获得了穿越千年历史的不竭动力。

孔子的仁爱原则就其超越了一切诸如血缘亲情、传统习俗、等级关系、地域差别及其他一切特殊性而言,仁爱原则乃独立于这一切特殊性因素,因此仁爱原则本身就具有独立的绝对价值。它就是最高的"道理",是为"天理"。仁爱原则的这种独立性与绝对性后来被荀子以令人动容的辞句表达为:"仁之所在无贫穷,仁之所亡无富贵;天下知之,则欲与天下同苦乐之;天下不知之,则傀然独立天地之间而不畏!"①在有仁爱的地方,必定存有无价的温良、无价的公义,它比再多的财富都更加宝贵。而在没有仁爱的地方,即便财富如山,也与贫穷无异。有了仁爱,不管闻达与否,都无损其价值。因为我们一旦在心灵里明觉了仁爱,那么它将使我们真正地顶天立地而不畏:不畏贫穷,不畏威逼,不畏生死。

实际上,正因为孔子以其仁学确立起了具有普遍性与独立性的仁爱原

---

① 《荀子·性恶篇》。

则,启动了追寻、担当普遍性的自觉努力,才使墨家与法家的相继登场成为可能。如果儒家是从传统的亲亲出发来追寻和承担普遍仁爱,那么墨家则是从陌生人一端的兼爱出发来追寻和承担普遍仁爱。同时,也只有基于普遍性精神,才会走向"法无例外"的法家理念。因此,从表面看起来,虽然法墨与儒家有根本差异,但是它们却都与儒家开启的普遍主义精神密切相关。

四

正如开头所说,就古代而言,世界上只有四个本原民族:希腊人与希伯来人,还有就是华夏与印度。他们是人类最早发现绝对本原并自觉以自己的历史承担起绝对性与普遍性的民族。就其作为发现者而言,他们是绝对性的最早见证者而确立了人类普遍史的基轴,以致史学的任何世界史叙述都无法离开他们的历史。而就其作为历史承担者而言,他们则是绝对者的古老"选民"而展开着绝对者的不同面向。

因此,本原民族之间的共同,是绝对者的唯一性的表达;他们之间的相异,则是绝对者的(诸)可能性的表达。因此,本原民族或本原文化之间的相遇,不仅是人间的事件,也是绝对者的事件:这种相遇是见证者身份的相互印证,也是绝对者的多种可能性面向的呈现。见证者在相互印证的同时,也见证着绝对者的多种可能性面向。人类通过本原民族的相互印证而走向更高的普遍性,也因见证绝对者的更多可能性面向而更接近真理,更确信历史与未来都有普遍的公正在。

不管是走向更高普遍性,还是更接近真理,更确信公正,于我们而言,都意味着更走向成熟,更走向自由,因而更成就了自身。对于人这种特殊存在者而言,不管是作为类还是作为个体,自由之外无自身,自由之外无自己。在这个意义上,唯有走向自由,才能真正成为自己,而要真正走向自己,成就自身,则唯有走向自由。真正的自己不在别处,只在自由里。

因此,本原民族的相遇是人类走向自由而成就自身的必经之途。在人类历史上,这种相遇首先发生在两希文明之间,也即发生在以思想为其标志的希腊文明与以一神教信仰为其核心的希伯来文明之间。这种相遇在相互改变、提升了对方的同时,把自觉承担起这种相遇的民族与个人提高到了他们前所未有的高度与深度,直至他们能够以前所未有的普遍性捍卫人类的尊严与道德,以前所未有的广度改变人类与世界,以前所未有的力量开辟新的世界史。设若没有两希文明的相遇给宗教与哲学(包括科学)带来的深度变化,我们无法想象以深度觉识自由为其根本的启蒙运动会首先在欧洲大陆上展开。

如果说人类是通过近代自然科学实现了对自然的跨越式认识,那么,人类正是通过启蒙运动把对人自身的认识提高到了一个跨越性的高度,实现了对自由的一次深度自觉,并据此确立了现代社会的普遍原则而开辟了一个全新的世界性时代——不同于古代的"现代"。

一个现代社会之为现代的社会,而不是古代的社会,不是旧社会,并不在于它所在的物理时间获得校准,也不在于它拥有了多少新的科技要素,而在于它是否奠定在一系列基于自由的那些更具普遍性的原则之上。

在这个意义上,两希文明的相遇为现代社会做了遥远的准备,而现代社会则把人类带向更具普遍性的普遍性。近代欧洲哲学作为两个本原文明相遇的主角(不管是作为参与者,还是作为效果者,它都是主角),它同时也是奠定现代社会的主角。因此,如果说走向更具普遍性的普遍性,也即走向包含更多可能性、更多特殊性于自身的普遍性,因而也即更走向成熟与自由,是人类的目标与希望——因为否认这一点,人类将停留于各种特殊主义而固守在没有希望、没有出口的自我封闭里,那么告别古代,进入另一个时代,也即走进现代性社会,则是人类必须面对与完成的一个任务。而这在根本上意味着,近代欧洲哲学是人类自觉走向现代性社会的一个关口,是人类自觉进入现代性社会的一个桥梁。因为唯有自觉到现代性社会奠定其上的那些普遍原则,才有可能承担起这些原则而自觉进入现代社会。

进入现代性社会有各种方式,比如日本以及菲律宾这样的东亚国家,只需通过学习技术性制度就可以进入现代社会。这是一种被卷入式或被带入式的进入。但是对于本原文化民族的我们，则无法单纯以这种被卷入式的方式进入现代性社会，因为这是一种对现代性价值原则无所自觉、无所承担的方式。而作为本原文化民族，我们从来都不可能对自己能够并愿意生活于其中的社会的价值原则无所自觉、无所承担，相反，我们从来就以自觉担当起其价值原则的方式生活于奠定在这些价值原则基础上的社会里。对于我们而言，要么坚守着古代原则而尴尬地生活着，要么自觉地承担起现代原则而更自由地生活着。

因此，于我们而言，面对两希文化，研究西学，就不只是专业的事情，而首先是一个本原文化民族继续以自觉的方式去承担起时代原则的事业。如果说中国传统社会是在逼迫中朝向现代社会，那么中国要完全从这种逼迫中解放出来，要完成从朝向现代社会到进入现代社会，直至承担与改善现代社会，则唯有首先自觉并承担起现代社会的普遍原则。

就近现代西方文化世界是两希文明相遇的结果而言，作为另一个本原文化民族，作为第三方，我们研究、理解西方文化，并非只是出于我们自身的需要，也并非只为了我们自身的需要，它同时也是我们这个本原民族继续为人类打开、见证和担当更高普遍性的使命。如果说西方人承担了两个本原文明的相遇，那么中国人则不得不承担着多个本原文明的遭遇。正如承担了两希文明相遇的欧洲人打开了前所未有的普遍性一样，我们命定要在承担多种本原文明的相遇中去自觉和打开人类从未有过的普遍性。换言之，我们面对西方文化，研究西方哲学，不仅将把我们自己，也将把西方哲学与现代世界带进新的普遍性，并据此改善现代社会。我们将不再是原来的我们，但我们将更成为我们自己，西方哲学将不再是西方的哲学，但哲学将更成为哲学。

普遍性的升级，一方面意味着我们进一步突破自身的局限，另一方面意味着绝对者的更多可能性面向的开显，意味着真理的更多维度的显现。因此，我们不仅通过升级普遍性来解放自己——把自己从特殊性、地域性、时代性中解放出来,从而升级我们的自由而升级我们的"自身",而且通过升级普遍性来追求真理,更接近真理。

因此,我们通过研究、消化作为两个本原文化相遇之产物的西方文化,以升级人类的普遍性,既是为了追求真理的需要,也是为了成就"我们自身"的需要。我们无需像一些人所担心的那样,深入西方文化世界,将会失去"我们自己",相反,作为一个本原文化民族,我们倒将在其他本原文化的深处发现我们自己而提升我们自己。

(作者为清华大学人文学院哲学系教授)

守护存在之家:本原伦理之起兴

邓安庆

[提　要]伦理学的研究对象是善,但善一旦作为伦理和道德被机制化、制度化、规则化之后,往往出现的决非"恶的平庸性",反而是"善的平庸性":历史上的文明民族总是被"蛮族入侵"而摧枯拉朽般地衰亡,善人总被恶人欺负而缺乏制约和战胜恶人的制度。虽然伦理的善如何获得实体的力量以保证其规范效力,这是从柏拉图开始的希腊伦理学就已经开始了的工作,但是当亚里士多德把伦理学学科化之后,作为"实践哲学"的伦理学却慢慢失去了其实体性的力量,在希腊化罗马时代越来越变成一种心灵治疗的技术,修身克己、顺从天命成为苦行规训下的根本德性,乃至到基督教哲学中认为人根本缺乏自我救赎的能力,唯有仰赖信、望、爱三圣德在上帝的恩典中获得拯救。古代伦理学的这一历史,就已经明确表现出伦理学史是一部遗忘伦理本原的历史。

"伦理"本来是作为万物存在之道,即本原存在(谢林所谓的Ursein)之原初关系:能在(Seinskönnen"能是")、应在(Seinssollen"应是")、"必在"(Seinsmüssen"必是")中所呈现出来的实存力量(从"能在"到"应在"到"必在"/从"能是什么"到"应是什么"再到"必是什么")。只有这种本原的实存力量才是康德"仰望星空"所

悟得的"先天立法"的伦理之规范力量,内心的"道德律"只有获得
这种力量才能真正地是德性的力量。可是伦理学从亚里士多德把
德性本质上阐释为"中道"以来,其德性的善就变成了"属人的善",
在康德那里变成了善良意志和良心,再到当代更是变成了各种"主
义"话语中的"行为"规范或"行为的正当性理由",其越来越远离
"存在",远离伦理之本原,其结果就是善的实体力量的丧失。海德
格尔深刻地感受到了伦理学遗忘存在的这一后果,所以他坚决不
做伦理学,即不愿把哲学之思耗费在"人生指南"之类的与存在无
关的学问上,但他的"存在"却没有得到伦理的辩护便强调"此在"
"在此"之意义,被列维纳斯斥之为"存在之暴力"。列维纳斯因此
力主证明"存在的正当性"才是第一哲学的主题,而这一主题乃是
伦理学的本务。因此,伦理学不是第一哲学之应用,而是第一哲学
本身。本文从西方哲学在 20 世纪所达到的这个最高峰上,审视西
方道德哲学之遗忘存在的历史,以返回"存在"的本原伦理力量为
己任,探寻以本原的伦理力量克服伦理学史上导致的"善的平庸
性"之可能的维度。

[关键词] 本原伦理　存在　伦理实存主义　第一哲学

人人都想追求善,过上好(善)生活,照此来讲,善应该比恶具有更大的
认同性与实存力量才对。但是现实生活中给人的印象总是相反,善人被人
欺,恶能摧毁善并时常置善人于死地,而善人对此却无能为力,既战胜不了
恶,也无法阻止恶与善相伴随,使得恶是人类生存不得不一直提心吊胆、谨
慎面对的难题。特别是人类经历了 20 世纪两次世界大战、纳粹"极权主义"
统治、原子弹的爆炸、"大革命"等历史进程,人性的恶被极端激发出来,善人
与恶人的界限也不断模糊,被群众欢呼的"领袖"可能一夜之间就转换成为
十恶不赦的"恶魔","善人"与"善人"相互监督、揭发和互害,人因种族、政
见、思想和意识形态的不同,就会被视为"敌人"而被无辜地被关押、拘捕、囚

29

确,抵制智者派的"伦理相对主义"对"伦理"的毁坏。

按照我们通常地对智者派的界定①,智者在"时间上"确实比苏格拉底更早地在讨论伦理和德性等问题,黑格尔甚至认为,希腊人之所以具有"自由思想的教养",得"感谢智者们"②,因为智者们"唤醒了思想的要求",破除了"固定不变的东西","教人向对他们有权威的东西运用思想","凡是自由思想所能获得的,都必须来自自由思想本身,都必须是自己的信念"。但是"智者"的思想还不足以达到"哲学"在本原问题,即存在者之存在的真相问题上的"辩证法",而只能使用通常的表象和实用的理智教人在城邦生活中如何成功与取胜的"技能",因此,本来需要"辩证的""智能"在他们那里变成了"诡辩"。诡辩之为诡辩,就在于思想破除了任何确定性的原则,"以任意的方式,凭借虚假的根据,或者将一个真的道理否定了,弄得动摇了,或者将一个虚假的道理弄得非常动听,好像真的一样"③。

真正的伦理学必将"善"扎根在真正的"道理",即真理上,这"真–道–理"虽然需要人在自己的生活中通过自身"德性力量"的根源之思来领悟,但它决不能按照智者派的以"人是万物的尺度,既是存在者存在的尺度,也是不存在者不存在的尺度"认定。"人的尺度"的可怕倒不在于它的不确定性,更可怕的在于人会借"实体的力量"假"善"为"恶",继而让人以"恶"为"善"。因此,每个民族都有宗教告诉人们,"善"是超越人而具有天力的神的力量,这也是希腊宗教告诉人们的习俗的道理。但希腊的"神"实在太多了,而且神人同形同性,有善有恶,喜怒无常,这样从"天神"寻求的善的根基也并不如我们儒家先哲敬仰的"天道"更牢靠,因为人们该信哪个神呢? 从苏

---

① 我们这里之所以说"按照通常地对智者派的界定",是因为对"智者派"在伦理学史上地位的认定是极为不同甚至相反的,例如与柏拉图极端地贬低"智者"不同,尼采就曾相反地认为,"有个时期很特别,智者们触及到了最基本的道德批判,触及到了最基本的道德'透视'",甚至说,"知识和道德的所有进步都在'重复'智者……如今的思想界,充其量讲不过是赫拉克利特式的,德谟克利特式的,普罗泰戈拉式的"。转引自吉尔伯特·罗梅耶–德尔贝:《论智者》,李成季译,人民出版社2013年,第15页,脚注①。

② 黑格尔:《哲学史讲演录》(第二卷),商务印书馆2013年,第9–11页。

③ 同上,第6–7页。

格拉底开始，他把哲学引导到寻求善的"知识"根基上来，这根基显然并不在"神"，因为"神"对苏格拉底的诫命是"认识你自己"；也并不在"头顶的星空"，因为"仰望星空"的人，总不免为忽视脚底下的"六便士"而掉进大坑遭人嘲笑。但苏格拉底作为伦理学之父，他所开创的伦理学究竟是如何寻求善的稳固根基和确立对善的理性信念的，几乎没有多少教科书对此做出清晰透彻的解说，这都是忽视了希腊哲学从苏格拉底开始的一个新的转向，因而需要一个新的本原哲学造成的。

早期自然哲学寻求"本原"，大家都很清楚，是寻求"世界"，尤其是"自然界"的原始开端。因此，早期哲学家一般把物质性的"水""火""气"等视为"本原"。但苏格拉底开始了哲学的伦理学转向，把哲学从"天上"（宇宙、世界、天体、神话）拉到"人间"，探究人的生活世界，即伦理世界的开端。这当然是一个新的开端，它需要一个新的本原。不是说早期自然哲学一点也没有思考过"伦理问题"，但他们思考的"本原"却不是"伦理世界"的本原。苏格拉底如何确立我们每个人生活于其中的伦理世界的本原呢？

苏格拉底从德尔斐的神谕"认识你自己"开始。"认识你自己"不在于要认清"你自己"的身份和地位、权势和关系，也不在于认清"你自己"的特殊品性和能力，它不是关涉"你自己"的个人特性、激情、优势和弱点的所谓人性知识，而是关涉人性之存在的普遍东西："你自己"作为"人性的存在者"究竟如何存在才能"成为你自己的"，这就暗示出，"认识你自己"的知识，不是对你个人的知识，而是对你作为一个人的伦理世界之实存的知识。因此，黑格尔评论说，这就是要深入到"实体性的东西"，即深入到伦理"实体"之存在中去的要求："因此，德尔斐的阿波罗向希腊人发出的认识你自己的要求，并没有某个异己力量从外面向人类精神提出的一个诫命的意义；相反地，那敦促着认识自己的神无非是精神自己的绝对的法则。所以，精神的一切行动只是对于它自身的一种把握，而最真实的科学的目的只是：精神在一切天上和地上的事物中认识它自身。"①

伦理世界的本原要从人本身的生活出发去认识，而这样的认识又绝不是像智者那样把"人作为万物的尺度"，而是把"人"的伦理存在的真相（知识）作为伦理学的基础。所以伦理学的基础，不需要从"外面"、从"神"、从"自然"来寻求"本原"，从"外面"而来的一切"本原"都不是真的本原。本原之为本原就是事物之生命的原点或始点，这个"始点"（arche）在之后被称作"原则"而被遗忘了其"本原"的意蕴。始点、本原或原则都是事物内在使命的最初开端。后来亚里士多德把本原与对"本质"的"知识"之关系说得非常清楚：一切本原、本质都是"由其自身"（per se）而是的东西。这个"由其自身"而"是"（存在）即"本原存在"，也被视为"灵魂"或"精神"，它是万物之所以成为它自身的"绝对主宰"，所以黑格尔说"认识自己的神无非就是精神自己的绝对的法则"。对这种"由其自身"而"是"（存在）的精神自己的绝对法则的本原性知识，即"你自己"作为人之为人的存在论知识，才是"伦理世界"之为"伦理世界"的根本。

我们一直不能正确理解西方本原哲学在"自然本原"和"伦理本原"上的正确关系，即自然本原和伦理本原究竟哪一个才是"第一哲学"？实际上这是我们人类缺乏真正"哲学思辨"的表现。黑格尔在哲学史上的一个最大贡献，就是区分了"时间上的在先"和"逻辑上的在先"。就"时间上的在先"而言，"自然"先于"人"而存在，"自然"的本原当然是绝对第一的；但就"逻辑上的在先"而言，"伦理地存在"，即作为事物内在生命之主宰的"和谐有序的关系存在"，即"由自身而是"的灵魂或精神，才是绝对在先的。任何事物——包含自然事物，如果缺乏内在生命的和谐有序关系，都不可能存在。因此，黑格尔说："对我们来说，精神以自然为它的前提，而精神则是自然的真相/真理，因而是自然的绝对第一性的东西。"②实际上，把精神这些伦理性

---

① 黑格尔：《哲学科学百科全书 III：精神哲学》，杨祖陶译，人民出版社 2015 年，第 2 页。
② 同上，第 9 页。

的东西作为本原,在亚里士多德关于"努斯"的规定中就说得很清楚:"[思辨的]知识是普遍必然的,结论是要证明的,是从第一原理(即始点 arche)得来的,因为知识总是推理(logos)的。但第一原理却不是从知识得来的,也不是从技艺和实践智慧得来的……如果我们要从变动和不变动的东西得到真理而不犯错误……惟一只有从努斯(Nous)才能认识第一原理了。"①

苏格拉底把伦理建立在"认识你自己"的"知识"上,这种"知识"是以"努斯"来认识自己的伦理存在的真相,才使得伦理学回返到人的伦理存在来把握"认识第一原理"的本原知识。也只有回到了伦理的"第一原理",我们才能深入理解苏格拉底"德性即知识"的含义。因为"'德性即知识'中的'知识'主要是指要能认识人自己的本性(physis)"②,而之前的自然哲学家的本原学说是要认识外部世界的 physis,要认识伦理世界,就要从认识人自己的 physis 开始,这当然是让伦理学回到本原知识的开端。他因此不像智者那样,把礼法伦理(nomos)与自然(physis)对立起来,而是要认识一种新的本原:人自己的 physis。人自己的 physis 形式上与"外部自然一样","由其自身"而"是其所是"——"自然而然";但人的"德性"的 physis 与"外部自然"不一样的地方在于,将自己的"本质"(所是)作为"目标/目的"(telos)、作为"天命"承担下来,让自己的生命行为得以最佳地实现自身的人之为人的所是,才是人的德性/德行。这样的"德行"是"德性"之"自我成就"、完满造就,因而是人的天命所引导的"本原行动"。苏格拉底说"德性即知识",指的就是这种人的生命"率性之谓道"的本原道行之知。

这样的德性之知,当然不是"智者"那样的教师"可教的"。苏格拉底与智者派一直探讨的"德性是可教的吗",实际上是两种德性之知的斗争:前者从人本身的本原道行之知,言谈德性之知,后者是从习俗的伦理规范之知谈论德性之知。不区分这两种德性之知,我们就完全弄不清楚,苏格拉底在此

---

① 参见亚里士多德《尼各马可伦理学》(卷六),1140b31-1141a8;同时参阅汪子嵩等著《希腊哲学史》下(3),人民出版社,第998页。

② 汪子嵩等著《希腊哲学史》(2),人民出版社1993年,第435页。

问题上究竟是何种立场。普罗泰戈拉把德性当作知识去兜售,他所指的德性之知,是具体的、现实的、伦理规条的知识,对于这种"知"他当然可以不假思索地认定"德性是可教的"。面对智者派的这一观点,苏格拉底原来坚持德性不是知识,是不可教的①,他是在反抗大众道德的对德性之知的这种肤浅理解。这样理解的德性之知,成就不了任何德性。真正的德性之知,是用人的生命活出来的,这如何可能通过功利化的教育而"可教"? 这种德性之知,显然不是像医生或教练员那样的专门知识,而是普遍的知识,人之为人何以以自身的德造化自身的知,它以"善"为目标、为使命。以善为目的铸造自己因其自身而是的德行,构成人的灵魂以实现自己之最佳,有了这种德性之知,人当然就不会存心做恶事。因为没有任何人存心让自己变坏,存心让自己成为一个与自己相反的怪物。后来从小苏格拉底派产生出来的犬儒主义者以及他们的怪异行为,实际上就是要证明苏格拉底的这种本原伦理的思想:人的"伦理存在"并非按照习俗的伦常去生活,而是"把存在归结为同自己本身的融洽相处(Zurechtkommen mit sich selbst),拒绝虚假,把虚伪作为不堪忍受的过多(Zuviel)"②。

因此,这种本原的伦理之知,一直在同智者的习俗伦理之知进行顽强地战斗。"你只要来跟我学,我保证你走时一定比你来时更好!"智者把"德性"变成如此立竿见影可教的东西,它对真正德性之知的危害,实际上我们在现实生活中远远没有意识到。为了坚决对抗智者对德性之知的误解,对抗智者在伦理和德性问题上的相对主义和功利主义,苏格拉底一出场就宣称自己对德性是什么,对美善是什么,对真理是什么,他都"一无所知"。这种"无知之知",并不是一种刻意的"伪装",而恰恰是一种道德上的真诚。世上谁也不能垄断真善美的解释权,谁都没有资格把自己打扮成一个具有关于真善美的现成知识的"先知"和"圣贤",你只需要来听我的"教导",你就马上

---

① 参见《普罗泰戈拉》,319b3 – d7.

② Luciano De Crescenzo:*Geschichte der griechischen Philosophie von Sokrates bis Plotin*,Diogenes-Verlag,Zürich1990,S. 54 – 55.

具备真善美而变得"更好"。如果谁遇到这样的"老师"，肯定就是遇到了骗子，那不是老师，可能就是"魔鬼"。如果谁遇到了这样的"道德教育"，那就该知道，这彻头彻尾是虚假的道德教育，它所教育的一定不是善，而是恶。这是苏格拉底作为伦理学之父的形象给予我们的一个最为重要的启示。

伦理学之所以要回到人的伦理存在之本原，不去进行任何确定的道德教条的灌输，是因为道德的真理只能在学习"审视自己伦理生活是否值得过"的思想中存在。在此思想中，才能把握住事物因其自身而是的"第一原理"。这个"第一原理"不是表面上的伦理规范，而是思索这些伦理规范之所以"是伦理"的条件，即"存在"自行完成"存在的天命"的德性原理。对于每个人而言，作为人的存在天命的无疑就是"成为一个人"。"成为一个人"就成为"认识你自己"作为人而应该具有的"灵魂"或"精神"，是人要活出来的"一口气"，这口气作为"灵魂"或"精神"主宰着人去寻求人的存在的真相，寻求有人性之存在的家园。于是，只有它才是伦理生活的第一原理/本原，正是这一本原才表达了伦理存在的真正实体：因其自身而"是其所是"的"自由"。伦理和德性只能在这种存在论的自由中才是真知。习俗的、功用的德性之知，必然是对它的遮蔽、损害和摧毁。因此，后人都看得很清楚："不管怎样，诡辩派在对传统的批判上，还是走得太远了，因为他们声称：所有行为规范都应该建立在'对自己有利'的基础上。诡辩学派把'善'与'有利可图'等同起来了，他们不接受有一成不变的绝对标准。他们代表的是相对主义的观点。"①

因此，对于伦理学而言，相对主义是它的天然敌人。因为如果关于善恶都只是相对的，那么就不会有什么在伦理和道德上是绝对必须履行的东西，伦理义务、道德良知就都失去了规范效力，况且对于人类而言，"人人都多多少少有冲破伦理秩序并毁灭它的自然倾向。这种倾向在大多数人那里始终

---

① 马丁·摩根史特恩、罗伯特·齐默尔：《哲学史思路——穿越两千年的欧洲思想史》，唐陈译，中国人民大学出版社2006年，第37页。

存在,他们缺乏把握辩护理由的能力,从而也缺乏把握自己的能力。"①因此,"为了把我们引向'是否有可能从根基处开始来为伦理考虑提供辩护'",以使伦理问题获得稳固基础和自身的权威效力,苏格拉底开始确定了哲学的一个新开端:"认识你自己",这是一个自由思想的开端,自由思想不是任意的胡思乱想,而是让思想从"功用的算计"回到每个人的立身之本,因而这是从存在之"根基处"而来的思想:何以"伦理地存在"以过上真正值得过的生活的"本原伦理"的开端。

二

苏格拉底的"本原伦理"思想在与习俗伦理的斗争中,在思想上应该说是取胜了,后世公认他才是西方伦理学之父,他的思想奠定了西方伦理思想影响至今的基础。但在现实上无疑可以说是"失败了",因为他的这套思想最终被世俗礼法以"不敬神"和"败坏青年"之罪而判处死刑,他的《申辩》虽然震撼人心,却在判官面前依然无效。最终苏格拉底在喝下毒酒前说的最后一句话,依然惊世骇俗地为两种伦理的生死对立立下了存照:"我去死,你们活着,哪一个更好,只有神知道。"②

善如何具有抗拒世俗之恶的力量,通过苏格拉底的死鲜明地向思想提出了要求。柏拉图亲身经历了老师被处死、自己三次带着实现政治抱负的理想远赴叙古拉而差点被卖为奴的悲惨遭遇之后,深刻感受到恶之所以能置善人于死地,不是因为恶本身有什么力量,而是恶借助了实体性的力量:政治城邦的权力。因此,伦理学不能仅仅满足于获得"伦理地存在"的善知识,而且必须为善的存在寻找到一个强有力的城邦实体,否则伦理学追求的本原知识之善就无法抵御现实的恶的侵袭而陷入无能。

---

① B. 威廉斯:《伦理学与哲学的限度》,陈嘉映译,商务印书馆 2017 年,第 36 页。
② 参阅柏拉图:《斐多》,最后一句。

这样一来，柏拉图就将本原伦理的探寻推进到了一个新的阶段。一方面继承了苏格拉底从伦理善的本原知识出发的理性主义路径，几乎在所有对话中，他都是在追求确定性的伦理知识，从"存在者"的实体-本质去寻求伦理的规范性来源，一直追寻到善的理念作为最高的存在；另一方面，他一直在为最高的善寻求一个在世存在的实体或扎根于大地的家园，《理想国》为此一直在为伦理寻求"最佳城邦政体"，而《法义》则更是通过"法"的"制度化"为善的存在寻求实存的力量。但十分可惜的是，通常对柏拉图伦理思想所进行的政治哲学解读，恰恰忽视了柏拉图这一"伦理实存论"的初衷，而把柏拉图伦理思想从本原伦理之"存在"滑向了政治治理之"技艺"，本原哲学家的柏拉图被误读成为政治学家的柏拉图。

从文本的角度看，柏拉图是最早将"伦理"作为"存在"的原则，而不是作为德性规范来探讨的哲人。也许正是因为这一点，一般并不太把柏拉图视为一个伦理学家，而仅仅把他视为一个形而上学家或政治哲学家，但实际上，柏拉图确实是最早从"存在论"来讨论"政治"和伦理的哲学家，不过这样表达出来的伦理思想，依然像苏格拉底的一样是与通俗伦理学处在尖锐对抗中的。

从"存在论"讨论本原的"政治"和"伦理"，在《普罗泰戈拉》（320d1 - 323a4）中表现得最为直接，柏拉图以智者派首领普罗泰戈拉讲的一个关于原初神造万物及其人类起源的神话告诉了我们：

"从前有个时候，已经有了诸神，会死的族类（sterbliche Geschlechter）却还没有。后来，创造它们这一命定的时刻到了，诸神就在大地内部掺和土与火以及由土与火混合起来的东西塑造它们。而到了神们应该让它们见光的时候，神们委托普罗米修斯和厄庇米修斯（Epimetheus）来替每个会死的族类配备和分配相适应的[生存]能力。但厄庇米修斯恳求普罗米修斯让他来分配：'我来配备'，他说，'你来督察吧。'这样说服普罗米修斯后，他就分配了。他赋予有些族类以强健，却没敏捷，而给柔弱者则配上敏捷；给一些族类配上武装，而另一些则无防卫的（wehrlose）天性，不过也给它们设计了一些别的能力来拯救自己。譬如,对那些没什么掩护的,他就给它们配上翅膀可逃,或寓居地下;对那些块头大的,就让它们以这大块头来保护自己。厄庀米修斯设计这些时预先就防备了(aus Vorsorge)不让某一族类灭绝。

为会死的族类配备了避免相互毁灭的本领之后,厄庀米修斯又设计出抵御来自宙斯季节变化的东西,给有些配上密匝的毛和厚厚的皮,即可御冬又耐夏热……由于厄庀米修斯不太有智慧,他没注意到,他把所有这些能力全用在了那些没有理性的动物身上,人类却还没有配备任何能力。而厄庀米修斯却对他需要做的事束手无策。正在他出于这种束手无策状态时,普罗米修斯走来检查他的分配情况……①

普罗米修斯一来就发现了他这位兄弟在配置生存能力时犯下的一个极大错误,没有给人配备任何生存能力,既无厚厚的皮毛以抵御严寒与酷暑,也无坚硬的蹄瓜以抗击外敌;既不敏捷也不强健。用我们的语言讲,既没有鹰的眼睛,也没有狗的嗅觉;既没有小鸟的翅膀,也没有大象般笨重的大块头。人,靠什么能在大地上生存呢?普罗米修斯马上显露出对人类的悲悯情操,不顾自己将会受到神的惩罚,也要从掌管技艺的两位神——赫菲斯托斯(Hephaistos)和雅典娜——的共同居所里"盗"来火和别的技艺,以使人类具有了活命的可能。但人类因此不仅仅是学会了火的使用和别的什么技艺,重要的是人分有了这两位技艺之神的命分,与神沾亲带故,便有了信神敬神之心,着手建祭坛和为神塑像(技艺进步得真快!);凭靠这些技艺人类很快有了语言,发明了居所(这对人类而言是最为重要的发明)、衣物、鞋子、床被以及出自大地的食物,于是人类靠"技艺"(techne)取得了衣食住行这些生活必须的配备。但是,人类靠这些就能生存吗?显然不能。因为有了这些之后,人类如果单独地生存,其"技能"依然不如其他动物,"在所有方面都比野兽孱弱,会被野兽消灭干净"。那么人类要在大地上存活下去,要靠什

---

① *Platon Werke, Band I.*; Phaidros – Lysis – Protagoras – Laches, In der übersetzung von Friedrich Daniel Ernst Schleiermacher, Akademie – Verlag Berlin, 1984, S. 178 – 180.

么"技艺"呢？靠合乎人性的生存。什么是合乎人类的生存呢？前提是在所有"自然"方面人类都远比野兽孱弱，因此，人不能独自存活，独自生存肯定不合乎人性；人类为了生存，"于是他们寻求聚居并靠建立城邦来拯救自己（Sie versuchte also sich zu sammeln, und sich zu erretten durch Erbauung der Städte, 322b）。这确实涉及人之为人的特性：聚居型动物，靠城邦生活以弥补人天然的不足和有限。但问题接着就来了，人类把自己关在"城邦"里，固然可以避免与野兽的搏斗而免于被灭绝的命运，但如何避免人类之间的相害呢？如果没有避免人类互害的"技艺"，"聚居"本性是实现不了的，人类还是会自己冲出城邦，回归自然以谋求活命，最终还是会被灭绝。还是主神宙斯最为智慧，他洞悉了这一点并为人类会被灭绝而担忧，于是吩咐赫耳墨斯（Hermes）这位神人之间的信使，把羞耻（Scham）与正义（Recht）作为"礼物"送给人类。

神话讲到这里，很耐人寻味。"正义"作为人类过聚居的城邦生活的"技艺"或美德或伦理，我们基本上都能懂，但为什么要与"羞耻"一起？"羞耻"是人类的生存的首要之德吗？在柏拉图自己的德性讨论中，似乎不这样认为，至少在古希腊的四主德中，没有"羞耻"。在研究德性最为详尽的亚里士多德哲学中，几乎是给了它一个否定的定性："害羞（或羞耻）不是真正的德性"；"害羞不能说是一种德性，宁可说它是一种情绪而不是一种品质。"①当然，亚里士多德也在极其有限的前提下肯定了羞耻感的积极意义："如果人真的做了某种可耻的事情，他就感到羞耻。但这与德性全然无关。"（1128b31）因为亚里士多德认为德性品质是稳固的原则、一以贯之的卓越，而羞耻只是在做了可耻事情之后的害羞，因此只是一时的情绪，而不是稳定的品质。

当然，对讲有利可图之"技艺"的普罗泰戈拉而言，这里把羞耻与正义并

① 亚里士多德：《尼各马可伦理学》1128b10－11；邓安庆译注导读本，人民出版社2010年，第160页。

列,是否意味着某种更深的意蕴:没有羞耻感的人,也就意识不到人类自身的孱弱,从而会忘记人类只能聚居、与他人"共存"自己才能生存这一人类最为焦虑、同时也为神所焦虑的生存处境。我认为这是应该承认的,因为只要读到这里的人,都会意识到这一点,而且是非常重要的。如果没有这种生存性焦虑,羞耻就不会与正义并列,这也意味着,没有羞耻之德,正义之德也是不可能的。因此,接下来的神话也非常值得深思:赫耳墨斯(而不再是厄庇米修斯了)接受了送此礼物给人类的任务后,问宙斯应当以怎样的方式把正义和羞耻分配给人类,是不是像分配其他技艺那样,这个人有医术,那个人有战术?宙斯非常明确地回答,应该让所有人都要有正义和羞耻,每人一份!而且要把没有能力分有正义和羞耻的人杀掉,因为他们必将是城邦的祸害,使得人类不再有城邦(322b)。

讲到这里,柏拉图的伦理思想已经非常清晰了:"伦理"首先是存在者之存在的生存原理,野兽靠它们各自天性配备的能力而生存,人类不具备野兽的生存能力,只有建筑城邦作为生存的家园,但物质性的"城邦"虽然能庇护人类免遭野兽的侵害和毁灭,却不能免遭人类无耻无德之徒的祸害,因此,只有"伦理"之德(正义和羞耻)才是真正庇护人类生存之家园的城邦,有了伦理,城邦才具有保存人类的功能。在此意义上讲,伦理是使人类共聚共存得以可能的第一条件。因而说,人类存在或合乎人性的存在,即伦理地存在/伦理存在,是存在得以实存的先天条件。这种伦理存在,就是人类的共在。伦理的善是生存性的,它需要一个坚强的实体——城邦来保存,反过来,城邦又以伦理为实体,没有伦理的实体,城邦就不能存在。这些思想在柏拉图这里被清楚地表达了出来。伦理的道德性,取决于它的相生性。没有分有这种相生性伦理之德的人,必定就是祸害。

当然,不论是苏格拉底还是柏拉图,他们的本原伦理实存论依然隐含在其本质论的形而上学之中,具有其内在不可克服的困难。这种困难主要表现在,柏拉图的形而上学将伦理内在生命的"因其自身"而"是其所是"的自由禁锢在了本质主义框架内,表现在其城邦生活中就是各个存在者因其自身灵魂的固有品质而被固化在城邦等级制度中,人由于在被造时其灵魂"本质"被分别添加了"黄金""白银"和"铜铁",因而他们在城邦政治生活中理应分别处在"统治者""卫国者"和"生产者"三个等级中,只有他们"各正其位,各司其职",城邦的灵魂才是"正义"的,这样的"正义"城邦才能保证善的生活不被恶所侵害。但是恰恰在这样的"正义城邦"设计中,蕴含着伦理实体的巨大矛盾。黑格尔正确而敏锐地指出:"柏拉图的理想国本身,被视为某种空洞理想的谚语,本质上无非是对希腊伦理本性做出的解释,那么在渗透到伦理本性里的更深原则的意识中,这个原则在伦理本性上直接地还只能作为一种尚未得到满足的渴望,从而只能作为一种腐败的东西表现出来,柏拉图正是出于这种渴望不得不寻求援助来对抗这种腐败,但必须从高处而来的援助,首先只能到希腊伦理的一种外部的特殊形式中去寻找,它心想借助这种形式就可以克服那种腐败,殊不知经他这样做,恰恰把伦理性的更深层的冲动,即自由的无限人格,损害得最深。"①这确实是伦理中最为深刻的矛盾:一方面,伦理既是一种"共存"秩序,只有在这种共存秩序中,"人之为人"的类本质——政治性或社会性——才能实现出来,人性的善即人的德性的总善——正义——才有实体性保障;另一方面,伦理的内在生命实体——因其自身而是其所是的"自由"存在——又先天地要求各自"率性为道",这是一种"自由的无限人格"的本真性要求。柏拉图的政治城邦解决了伦理的"共存秩序"要求,却使得这种政治城邦对于自由的无限人格的本真性成为"外部特殊性",一个带有习俗的从家庭—家族—乡社演变而来的族群共同体。因为按照本真性要求而言,每一个个人都有其"因其自身而是其所是的"自由",这种自身的"自性"是内在本己的,而柏拉图又借助于"神话",说每个人被造时被分别添加了黄金、白银和铜铁的不同,这种不同就不是"属差"上的不同而是"种差"上的不同了。于是,金银铜铁的等级秩序的固化,就完全违背了各自德性善的"成为一个人"的卓越的自由之德。可见,

---

① 黑格尔:《法哲学原理》,邓安庆译,人民出版社2016年,第11页。

城邦政治伦理的共存性正义与个人卓越实存的本真性自由的冲突,被柏拉图哲学呈现了出来。不解决这一矛盾冲突,共存伦理和本真自由伦理就会像本原伦理和世俗伦理在苏格拉底那里一样,变成互害的生死冲突。因此,在柏拉图之后,伦理学需要有一个实存主义的实践哲学突围,才有可能解救被共存伦理损害得最深的本真自由伦理。

三

亚里士多德的本原哲学为这种本真自由伦理的实存突围带来了光明。这种本体论是对作为"本原"的"实体"做出了更为合理的阐释带来的。什么是"实体"(substance)呢? 亚里士多德在《范畴篇》给了我们这一解说:

"实体是那最主要、第一位、最重要被陈述者,它既不陈述任何一个主体也不在任何一个主体之中,例如这一个人或这一匹马。第二实体指那些首要的被叫作实体的所归属于其中的种的东西和这些种的属;例如这一个人属于人这个种,而这个种的属是动物,因此,它们便被叫作第二实体,例如人和动物。"①

这段话的革新意义,首先是区分了"第一实体"和"第二实体",前者是在个体意义上,后者是在种属意义上。我国一些著名古希腊哲学专家这样评价其革命意义:《范畴篇》表明亚里士多德已经从他早年接受的柏拉图主义思想中解脱出来,迈出建构他自己的哲学体系的重要一步,这也就是希腊哲学思维的一大飞跃。以往的希腊哲学家探索世界的本原,将它或是归结为某种或某些物质性元素,或是归结为某种抽象的原理,如数、'是(存在—引者)即一'和分离的'相'(理念—引者),这些学说都难以真实解释现实世界。亚里士多德尊重经验事实,他认为哲学的任务是要说明和解释现实的世界,所以应该从现实的具体事物出发,不能从抽象的原理出发,因此他明

---

① 亚里士多德:《范畴篇 解释篇》2a13 – 19,聂敏里译注,商务印书馆2017年,第7页。

确认为具体的个别事物才是第一本体(实体—引者)，抽象的'种'和'属'只能是第二本体(实体—引者)。"①把"个别事物"作为"第一实体"(个别事物)，显然就真实地回到了本真实存的自由本原：个别事物遵循其自身内在的生命"因其自身"地"是其所是"，它才既不陈述任何一个主体也不在任何一个主体之中，它就在它自身之中自由自在地实存。这就是一个绝对独立的本真的实体。"它不陈述任何一个主体"，因为它是自我显示的，它的自身之"体"才是"实体"，"实"就"实"在它"不依存于"任何一个"主体"，从而"也不在任何一个主体之中"。就像"芝兰生于幽谷，不以无人而不芳"。一株兰花之"芳香"是其"实体"本身即"芳香"，不因"有人"(主体)"闻见"才"芳香"，也不因为人对芳香的感受而存在。在此意义上，苏格拉底、柏拉图也说，一朵花之美，不在于你是否认为它是美的，而在于它分有了"美自身"，"美自身"才是"实体"，一朵花之形与象(感性之体)是可变可灭的。但亚里士多德的"实体"，不是抽象的"物自身"，而是"这一个自身"，之所以如此，陈康先生解释说，"所谓某某自身仅一空泛名词，此词之构成乃由于系'自身'一词于另一词下"②，如"美自身""善自身""物自身"等等。在亚里士多德看来，"某某自身"就因其"抽象、空洞"而非"实体"。他对柏拉图的"理念论"如此批评道：

"有人不禁要问，一个具体概念加上'本身'这个补充语，究竟是要用它来表达什么，由于把'人'这个概念补充为'人本身'(Mensch an sich)还是回到同一个本质指称上，即人。只要它们都是'人'，在'人'和'人本身'之间就没有区别。这也适用于'善'和'善本善'。'善本身'并不因其永恒为善就是很高程度的善，就像长期存在的白并不因此就比只存在一天的白更白些一样。"③

---

① 汪子嵩、范明生、陈村富、姚介厚：《希腊哲学史》(上)3，人民出版社2003年，第152－153页。
② 陈康：《论希腊哲学》，商务印书馆2011年，第4页。
③ 亚里士多德：《尼各马可伦理学》1096a35－1096b5. 邓安庆译注导读本，人民出版社2010年，第49页。

　　虽然如此,"本原伦理"不能机械地将"第一实体"和"第二实体"分离开来,如果固执于以个别人作为第一实体,那么只能从中发展出单一个人之本原的本真实存,如苏格拉底"因其自身"而"是其所是",一个农民因其扎根农村老实种粮而成为一个好农民,但他是否因此就"是一个人"了呢? 经验告诉我们,一个好农民绝对不能和是一个人划等号,否则就不会有历代的农民起义和农民革命了。黑格尔后来告诉我们,"这一个"实际上是最为抽象的,恰恰不是人的真实实存,真实的实存,依然是柏拉图所说的人的伦理共存,也即亚里士多德自己说的人是政治的动物,要过城邦生活。因此,"第一实体"在亚里士多德的伦理学中,主要是解决个体人的德性上的自由与本真实存,把人从其伦理生活中抽象出来单就其个体从潜能到实现的德性行为而言的。但真正的自由与本真实存,在"伦理"上还需要与其"第二实体"——抽象的"种属"伦理关系——结合起来。就是说,个别的人其"种"是"人",那么他虽然是个别的农民、个别的卫士、个别的国王,但他的伦理实存,必须因其是人而活出人的本性。让人活得像个神或让人活得像个野兽的伦理,都是恶,而不是善。所以当亚里士多德说,人非神非兽,在神与兽之间,这是就第二实体而言的。从第二实体出发才能正确地讨论人的本性——政治动物或社会动物。人作为政治的动物,作为人之为人的本性,那么其首要的德性,是正义,因为只有正义才能让人的共在——城邦(政治)生活——成为可能。所以,也正是在共存/共在之伦理的意义上,亚里士多德把正义作为"总德"和"首德"。说其是"总德"是因为人有"正义"之德,人才是有德的,人无正义之德,人就无德;说其是"首德"是因为正义之德是使其他"殊德"成为德的首要条件,即使勇敢、节制、智慧等等真正成为"善德"。因为无正义之德人的勇敢,显然是凶恶的;无正义之德人的智慧,也是作恶的工具,等等。这样,就把苏格拉底与智者派争论不休的德性是一还是多的问题解决了。

　　按照第一实体和第二实体的区分,在亚里士多德的伦理学中,实际上已经隐含了德性与伦理的区分。即分而论之:伦理解决的是共存问题,即人只有在参与公共政治生活中才完成自身为人的本性,这一伦理即人类共存的总德性、每个不是城邦祸害的人就必须有的正义;德性阐释的是个体的本真实存问题,每一个人因其自身而是其所是,其德性为其自由地完成伦理德性和理智德性,这些德性都是在单个人自身之"功能上"由其潜能到实现为卓越。当然,亚里士多德伦理学最有价值的地方,不在于这种隐含的区分,而在于由于他强调的本原是个别事物为本体,那么在伦理上,虽然他是以城邦共存为最高的善,因为那是一个伦理的世界之现实化,但作为伦理基础的却是个别实体的德性实现——每个实体因其自身而是其所是。这样,城邦共存的伦理就建立在个体实存之自由基础上了,从而解决了柏拉图那里的共存秩序把个体无限的自由人格损害得最深的困境。伦理共存和德性本真实存的矛盾在这种本原伦理中化解了。

这是只有从本原伦理才能读出的意义:伦理学所要建筑的存在之家既非习俗的亲情之家,也非人为的城邦国家,而是以个体自由实存聚合而成(自然)的伦理世界,这也是亚里士多德伦理学影响至今、被历代所复兴的根本原因。

(作者为复旦大学哲学学院教授)

"在场"与λόγος[道]

——知识学与约翰神学的联姻

李文堂

[提　要]费希特知识学是对思想"原点"的不断追问,他在柏林时期的《知识学》中,用绝对的创世(Genesis)代替早期的"本原行动",建立了有之真理论与在场现象学,紧接着在《极乐生活指南》的演讲中用这一知识学原理诠释《约翰福音》中的"太初有道""道化肉身"等神学思想。本文试图通过文本分析,指出费希特对λόγος在场的解释实现了知识学与约翰神学的联姻,使"知识学"变成了"生命论",他在浪漫主义时代,重建了启蒙思想与古希腊、基督教思想传统之间的历史关联,从而使本真生活再一次照亮现代世界。

[关键词]知识学　太初有道　道化肉身　在场　爱　本真生活

费希特的知识学,是一种"识论",有万象唯识的味道,不过它是用 Ist 这个西方语言工具去分析的。正是在这一点上,费希特讲的"在场",与λόγος有着密切关系。也因为这样,知识学的精神,是通往基督教的,而不是通往佛教的。

　　《知识学》像是一部天书，既是关于真理的洞悟、沉思，也是关于上帝创世的思辨，语言抽象晦涩，充满原发性的意识流，无限的沉思、回旋、反复，容易让人失去解读的坐标，需要跟着反复体悟和直观，而这正是费希特对听众和读者的要求。费希特也没有太多的哲学史的修养，在他的知识学中，除了忽隐忽现的康德思想的痕迹，就难以辨认别的历史语言了。不过，费希特并不认为自己的知识学是什么新的创造。他特别提到的有两个人，一个是柏拉图，一个是约翰。① 特别是对约翰，费希特似乎情有独钟，多次表达思想上的认同和亲缘关系。

　　在《知识学》中，费希特将知识学的全部结论归结为一点，即"真正的在场(Dasein)，顾名思义，从最低级的到最高级的，即绝对之知的在场，其根据不在它们本身，而是在一个绝对的目的当中，而这个目的应当存在"②。费希特认为，只有通过这个目的，一切才能得到本真的规定，才能获得价值。他认为，这一学说虽然在我们的时代好像闻所未闻，其实是一个古老的基督教学说。他说："正如我多次表达过，基督教，就其本质而言要比我们所知的更古老，其源泉与我们完成的哲学是完全一致的。在基督教那里，特别是在我认为至纯的原始文献中，人在自己当中，从自己出发，达到永生，获得这种生活、开心与极乐，这是终极目的。"③费希特在《极乐生活指南》第六讲中同样表达了这个意思。④ 在这一讲当中，费希特用知识学的"在场现象学"，特别解读了约翰的逻各斯(λόγος)神学。

　　费希特在1804年的"知识学"讲演中确立了有之真理论和在场现象学

---

　　① 费希特在《极乐生活指南》中针对同时代人对自己学说的指责，说："情况并不是好像我们的学说是新的，矛盾的。在古希腊人当中，柏拉图走过这条道路。《约翰福音》中基督所说的道理，完全和我们教导和证明的一样，他甚至用我们这里使用的同样的名称来讲这个道理。"［《费希特全集》(第Ⅰ辑，第9卷)，第73页。］

　　② Fichte, Die Wissenschaftslehre(zweiter Vortrag im Jahre 1804 vom 16. April bis 8. Juni), hrsg. v. Reinhard Lauth und Joachim Widmann, Felix Meiner Verlag, Hamburg, 1975, S. 254.

　　③ Ibid., S. 255.

　　④ 参见《费希特全集》(第Ⅰ辑，第9卷)，第115页。

是约翰本人的理解。约翰自己也说过，如果有人履行那个派我来的人的意志，他就会知道这个学说是来自上帝的。① 不过，费希特之所以如此重视这一前言，是因为他认为，约翰用 λόγος 学说否定和取代了犹太《圣经》创世说。

《创世记》开篇说："太初上帝创造天地。"②然而，《约翰福音》开篇则说："太初有道。"③费希特认为，约翰这里用同样的语言开头，并且在同一个位置上用正确的内容代替了这句话错误的第二部分，以显示针锋相对。"约翰说，不，在太初(Anfang)，在那里所说的同一个太初，即在原初(ursprünglich)，在有一切时间之前，上帝并没有创造世界，他不需要任何创造，而是已经在(War)；他就是道，万物是借着道才造的。"④怎么来理解费希特的这种解读？我们还得回到约翰的原文去看。

约翰的这那句原文是：Ἐν ἀρχῇ ἦν ὁ λόγος. 我们可以看到，中文通译的"道"就是古希腊哲学中享有很高地位的 λόγος，而所谓的"太初"，就是古希腊哲人不断追问的 ἀρχή。ἀρχή 是"始基""本原""根据""原则"等意思。这两个希腊词的特别意义，约翰不可能不晓得，《约翰福音》与菲洛的新柏拉图主义之间的亲缘关系是人所共知的。《创世记》的希腊文译名是 γένεσις，但约翰开篇一句并没有用这个词表达。在 ἀρχή 这种本源状态，也就是费希特所理解的原初(ursprünglich)状态，约翰并没有报道上帝创世这个行动，而只报道了"有道"这个原始事实。为什么这样说呢？原来约翰在这里不但只提到 λόγος，即我们所谓的"道"，而且只说"有"这个 λόγος。这里的"有"原文是 ἦν，这又是一个与古希腊形而上学密切相关的语词。《约翰福音》开篇短短的一句，就显得扑朔迷离，几乎每一个词的词义都是一个谜团。在这些谜团中，ἦν 最隐秘，最难以解读。ἦν 是希腊文"是"动词 εἰμί 变来的第三人称未完成过去时。这个时态在这里的独特意义是值得注意的，它具有虽然过去

① 参见《约翰福音》第七章，第十七节。
② 《创世记》第一章，第一节。
③ 《约翰福音》第一章，第一节。
④ 《费希特全集》(第Ⅰ辑，第9卷)，第118页。

但一直在进行的意义。一般的德语只能翻译为过去时的 war，这个意思还是不够。费希特在上面那段话的解释中是译成 War① 的。不过，从费希特的解释看，他显然并没有受语言的束缚。那么费希特究竟把这个 ἦν 解释成什么意思了呢？费希特说，es War schon，es war das Wort，意思是说上帝在创造之前，在有时间之前，在太初，他已经在了，他就是那个 λόγος，费希特这里的文字虽然没有提及上帝现在是否"在"，但也没有否定。费希特进一步的解读，显然对这个意义上的"在"给予了肯定。

费希特实际上是通过在场现象学的思辨去把握 ἦν 的这一含义的。按照费希特的意思，《约翰福音》开篇一句只表达了上帝的在场（Dasein），这个在场，就是 λόγος。费希特认为，λόγος 是约翰所陈述的主词，按照他的陈述，开始两节就是：λόγος 在太初，λόγος 与上帝同在，λόγος 就是上帝本身，λόγος 在太初与上帝同在。根据费希特的思路，我们可以说，这里以"在""是"形式出现的 ἦν，都是以 λόγος 为主词出现的在场，而这个在场，根本是归属于上帝的，在场就是上帝的在场，是上帝本身。在费希特看来，上帝不仅仅是内在地隐蔽在自身中，而且也在场，表现自己（Gott Ist nicht nur, innerlich und in sich verborgen, sondern er ist auch Da, äußert sich.）②，而他的在场，只有通过我们才区别于他的绝对之有，就其内在本质而言，在没有时间之前，是与他的绝对之有同在的，不可分离的，甚至就是绝对之有。费希特说："在上帝中没有什么变化，从上帝中也没有什么产生，在上帝中永远只有 Ist［是］，并且应当在场的东西，必定原初就与上帝同在，必定是他自己。"③从这样的观点出发，费希特理所当然地相信，约翰一开始报道的那个 λόγος，就是上帝的在场，因为 λόγος 的在场（ἦν），根本就是上帝的在场（Ist – da）。

在场，费希特叫 Ist – da 或者 Dasein，具有永远"现在"的意义，费希特显

---

① I. H. 费希特编的《费希特全集》是小写的 war，而 R. 劳特编的《费希特全集》则是大写的 War，这里并不清楚费希特有没有赋予这个词特别含义。

② 参见《费希特全集》（第 I 辑，第 9 卷），第 94 页。

③ 同上，第 119 页。

然通过 λόγος 将上帝带入"现在"了。然而，用 Ist－da 直接取代 ἦν，就像用 war 去翻译一样，也可能掩盖这个词特别的时间性意义。为什么这样说？λόγος 在太初，他与上帝同在，他就是上帝本身，这是时间性已经发生的，但是他的"在"并没有完成，而是仍然现在。约翰显然通过 ἦν 指明了 λόγος 与 ἀρχή、与上帝之间割不断的亲邻关系，指明了 λόγος 对上帝的一种时间性的归属关系。太初（ἀρχή），是一个涌出、绽放的时间之"源"（Ursprung），在这个"源"上，我们才可以理解 λόγος 的在场。在场，即这个 λόγος，它出离自己而居在旁看，海德格尔叫 Er－äugnis，它与上帝同在（Dabei－sein），现在也没有完全离开，而只是在旁翘首而望。因此，ἦν 并不是简单的 War 或 Ist－da，而是两者兼有，是时间性出离自己的在场。λόγος，他的过去在太初（ἀρχή），未来在太初（ἀρχή），而现在，仍然居在旁，并没有离去。正因为这样，太初（ἀρχή）才不但具有希腊意义，而且获得比希腊意义更高的神圣意义，因为这个 ἀρχή 就是上帝。因此，约翰紧接着就进一步道明了 λόγος 与上帝同在，甚至同一的关系。λόγος 是约翰陈述的主词，因为他是在场显现的，约翰是见证他的，而上帝是隐的，因为没有人见过他，他是通过化成肉身的 λόγος 才报道出来的。① 在约翰的陈述和见证中，正是通过 ἦν 将"显"的 λόγος 引向 ἀρχή，进而引向"隐"的上帝那里去的。所以 ἦν 一词的特殊意义不可忽视。然而，费希特并没有对 ἦν 一词本身的意义作出分析，而是从他的在场现象学出发，直接将目光瞄向了 λόγος 的在场。费希特对时间性现象是陌生的，所以不能真正解读 ἦν 与 ἀρχή 在这里的特别意义。在他看来，这一切都与时间现象无关，因为世界时间还没有开始，时间仅仅是通过概念或 λόγος 发生的，而 λόγος 本身又是落入时间中的。②

现在，在肯定了 λόγος 的在场意义之后，费希特说，约翰接下去的一节就

① 《约翰福音》第一章，第十八节。
② 费希特并没有深究过"我在"的时间意义，"我"是在论证性思维中直观到自己落入时间的（fallen in die Zeit）。

一点晦涩也没有了。"万物是借着道造的,凡被造的没有一样不是借着他造的。"①这气是什么意思呢？费希特认为,这个命题具有与知识学命题同样的有效性,即世界万物是仅仅在概念中、在约翰的道(λόγος)中被理解和被意识到的,是作为上帝的自我表达而在场的,并且,概念和道是整个世界唯一的创造者,由于其本质中包含分裂而成为世间万有的创造者。② 这里说的"道",即λόγος,费希特认为本来可以翻译成理性或智慧,但是翻译成"词"(Wort)最恰当,这个译名也出现在属于约翰派的古老的拉丁译文中。按照这个译法,费希特就把λόγος与概念相提并论了,使它成为世界之为世界的条件和原型。这里,费希特将约翰的世界(κόσμος)概念完全柏拉图化了。费希特说,那种持续的现存存在,就是我们称之为世界的特征,而这样的世界,是我们通过概念反思才变成一种静止的、可以客观观照的对象的,因为概念反思具有一种图像化的"作为"(Als)形式,它将绝对的纯粹在场变成僵死的 Ist－da 这种外在的在场。这个思想,我们在讨论他的在场现象学时实际已经明白了。需要指出的是,费希特并不是概念实在论者,恰恰相反,在他的眼里,概念不过是我们把握世界的一种必然方式,就像λόγος是上帝创造世界而在场显现不可或缺的中介一样。在绝对之"光"的创造图中,概念就是第二个再创造的 Von,它为了真理之"光"而设定自己,也必然为真理之"光"消灭自己,好让"光"穿过自己。只有真理之"光"才是永恒的生命。因此,"世界是神圣生命在概念中的必然显现,它仅仅是为了概念,并且在概念中存在的;但是在概念的彼岸,本真的、自在的,无非是活生生的上帝的存在"③。

以这样的眼光继续看约翰下面的两节经文,于是,费希特的解释视界就和"光"的形而上学传统完全合流了。"生命在他里头,这生命就是人的光。光照在黑暗里,黑暗却不接受光。"④费希特从这里完全辨析出了他的"光"的

① 《约翰福音》第一章,第三节。
② 参见《费希特全集》(第Ⅰ辑,第9卷),第119页。
③ 同上,第97页。
④ 《约翰福音》第一章,第四、五节。

在场现象学。他说，在这种直接的上帝的在场中，生命是一切活生生的、实质性的在场的最深刻的根据，这种在场隐而不露，是我们的目光永远无法洞见的。这个生命就是现实中的人的"光"，即意识到的反思；这种单一的永恒的原光，永远照在层次较低而不明朗的精神生活中，承受黑暗而不被看到，保持它的在场，却不被接受。这里，我们仿佛看到了柏拉图洞喻中光明与黑暗、理念与尘世之间的搏斗，而费希特自己则是通过本真生活和假象生活之间的对立来描述"光"的现世遭遇的。但是费希特相信，这道真光是绝对在场的，具有自我把握的力量，正如我们前面讨论过的那样，绝对之光是原创性的（genetisch）。

借助于 λόγος 与"光"这两种有之真理（Seinswahrheit）的在场显现方式，费希特相信，约翰神学否定了犹太教的子虚乌有的创造谬说，一种假形而上学，即让有限事物任意地、而不是可思议地从无限的上帝手中产生。费希特认为，犹太教的创造理论缺乏内在的真理性；基督教之所以成为真正的宗教，就是因为这种内在的真理性，而基督教的这个真理，是由约翰说出来的，因此基督教的伟大导师是约翰，而不是保罗，后者仍然是半个犹太人，因为他力图调和《旧约》和《新约》之间的这种矛盾。费希特把前者看成内在真理的化身，而把后者视作文字、概念的象征，并且凸显了两者之间的对立。这种对立，费希特认为，进一步表现在他们对拿撒勒的耶稣及其言行的基本解释上。

二、道化肉身

费希特从《约翰福音》短短的几节所谓的教义入门中，处处读到了《知识学》的影子，但费希特并不是为了给知识学的真理性寻求一种外在的证明，因为支持知识学和约翰的学说的是内在的真理。柏拉图发现了它，约翰认识了它，而知识学又再一次证明了它。在费希特看来，这个真理虽然只有被少数人发现、认识和接受，但它仍然是普遍有效的。费希特称之为形而上学命题,因为它揭示了绝对真实、普遍有效的东西。与此相关的,费希特认为约翰学说还包含着一个历史命题,一个仅仅对基督教创立的时代、对耶稣及其门徒有效的命题,即上帝那种绝对直接的在场,永恒的知识或道（λóγος）,纯净得像自己一样,而不掺杂任何暧昧和黑暗,没有任何个体的限制,在拿撒勒的耶稣身上表现为一种个人的感性和人性的在场,并且在他身上,正如福音书作者所表明的那样,变成了肉身。[①] 费希特认为,形而上学命题与历史命题是性质完全不同的命题,只有前者内在的,才能给人以极乐,而后者是外在的,只能帮助理解。那么这两个性质完全不同的命题在约翰那里,是怎么结合在一起的呢?

费希特说,实际上约翰和他见证的耶稣并不否认,永恒之道在任何时代,在任何洞悟到与上帝合一的人身上,都可以以耶稣基督那样的方式,完好无损地变成肉身,变成感性的在场。但是,这只是一种可能性。在耶稣之前,或之后的很长时间里,都没有人洞见人的在场和上帝在场的绝对同一性,而耶稣则绝对由于自己的纯粹在场,由于自己对真理的洞见,而成了永恒之道完满的体现者、表达者。因此,在约翰那里,拿撒勒的耶稣,以一种特有的优待方式成为道（λóγος）的化身、上帝的独生子,成为基督、预言中的救世主,而别的人,只有在他永恒的本质当中,转变成他的本质,才能成为上帝间接的孩子。费希特认为,在《约翰福音》中,这个道化肉身的耶稣,具有纯净的、最高的真理意义,绝不像在保罗和其他人那里那样,掺杂着犹太人关于大卫之子及旧约解除者、新约订立者的想象,因此,只有从内在真理出发,才能将时间中表达的东西还原为纯粹的绝对真理,才能真正理解《约翰福音》中耶稣的言说。

在费希特看来,约翰对耶稣的见证,就像关于λóγος的陈述一样,完全表达了作为绝对之有的上帝与在场之间的那种内在和外在的关系。《约翰福音》第一章第十八节说:"从来没有人见过上帝,只有在父怀里的独生子将他

---

① 参见《费希特全集》（第 I 辑,第 9 卷）,第 120 页。

报道出来。"为什么这样说呢？因为神性的本质作为绝对之有隐蔽在自身中,他只有通过人性化的在场才能报道(Verkündigung)出来,在知识形式中才会出场;而另一方面,他的在场,完全像自己一样,而且只有在自己生命中,他在场显现的独生子才有生命的意义,所以第五章第十九节说:"子凭着自己是不能做什么的,只有看到父做的,他才能做;父所做的,子也照着做。"从耶稣的自我理解当中,费希特再次解读出上帝与在场之间的关系。耶稣在耶路撒冷修殿节,回答犹太人对自己身份的追问时说:"我赐给我的羊以永生,没有人能把它们从我手中夺走。我父把羊赐给我,他比万有都大,谁也不能从我父手里把它们夺走。我与父原为一。"①耶稣的这一自我表白,显然给费希特的在场现象学提供了有力证据:上帝作为绝对之有与他的在场是绝对同一的。耶稣将自己和上帝都看成是"羊"的庇护者,因为自己与父原本为一。费希特解释说,他们的生命是同一的,他们的所为也是同一的;而耶稣之所以能给他的"羊"、他的门徒赐以永生的力量,是因为他和父有同样的生命,正如约翰的福音书说:"父像在自身内有生命一样,也赐给他儿子同样在自身内具有生命。"②

这个生命是什么呢？我们这里要对《约翰福音》中的"生命"概念作出分析③,因为只有明白这个"生命"的本质意义,才能理解约翰关于真理观与生死观相统一的拯赎观,也才能理解约翰神学与费希特的知识学之间的关系。对这个"生命",约翰给出了解释:"生命在他里头,这生命就是人的光。"④这里的"他"就是与上帝同在、万物藉之而造的"道"(λόγος),因此,这句话的意思是说,这个"道"里头有一个"生命",这生命就是人的"光"。约翰并没

---

① 《约翰福音》第十章,第二十八、二十九、三十节。

② 《约翰福音》第五章,第二十六节。

③ 这里不打算涉及父子同质(homousia)与否这样古老而棘手的神学问题,费希特也没有陷入这类问题的分析中去。他甚至对约翰本文的分析也常常寥寥数语带过,因为在《极乐生活指南》这一通俗讲稿中有关《约翰福音》的讨论只限于一讲加一个附录。所以我们下面的分析必须援引讲稿的其他部分来补充理解费希特对《约翰福音》的解读。

④ 《约翰福音》第一章,第四节。

有将λόγος理解为空洞的概念或语词,而是有"生命"、有内容、有"光"的。λόγος秉承着"生命"或"光",他们就是上帝的在场或真理。约翰说:"那光是真光,照亮一切生在世上的人。"①那么"生命"呢？约翰同样也说,"生命"也不是一般的生命,而是真生命。因为这个生命不是从血气生的,不是从情欲生的,也不是从人意生的,而是从上帝生的。我们可以说他全然是天命之性,而非气质之性。他就是化成肉身的"道",是"道"（λόγος）的化身,是一个真生命。"道成了肉身,住在我们中间,充充满满的有恩典有真理。"②约翰不说"道"的纯粹性受到肉体的污染和遮蔽,像柏拉图那里一样,反说这个生命充充满满、有恩典、有真理。约翰通过"光"和"道"再三强调了这个"生命"的真理性意义。终于,约翰见证了耶稣亲口说出自己生命的本质,耶稣说:"我就是道路、真理、生命。若不借着我,没有人能到父那里去。"③

那么耶稣为什么要把他父赐给他的生命,也赐给他的"羊"？因为这生命就是永生的真理,没有他,世上的人虽生犹死。在《约翰福音》第三章中,耶稣对法利赛人尼哥底母说出了一个令人吃惊的消息,世人必须经历一次生死的洗礼:"我实实在在告诉你,人若不重生,就不能见上帝的国。"④这样一个消息,尼哥底母显然不能理解,人老了又如何能重生呢？耶稣说:"我实实在在告诉你,人若不是从水和圣灵生的,就不能进上帝的国。从肉身生的就是肉身,从灵生的,就是灵,我说你们必须重生,你不要以为稀奇。风随着意思吹,你听见风的响声,却不晓得从哪里来,往哪里去。凡从圣灵生的也是如此。"⑤耶稣明明白白地启示世人,他们之所以必须脱胎换骨,是因为他们只是肉生的,没有圣灵的光芒,行走在黑暗里,生活在假象里。然而被尘世的假象所蒙蔽了眼睛的世人,对耶稣说的重生,怎能不觉得稀奇,又如

---

① 《约翰福音》第一章,第九节。
② 《约翰福音》第一章,第十四节。
③ 《约翰福音》第十四章,第六节。
④ 《约翰福音》第三章,第三节。
⑤ 《约翰福音》第三章,第五、六、七、八节。

何能明白呢？"光照在黑暗里，黑暗却不接受光。"①"那光是真光，照亮一切生在世上的人。他在世界里，世界也是借着他造的，世界却不认识他。"②现在，耶稣说的话，对尼哥底母来说，就像是禅语，他在地上的见证，也不被相信。然而，耶稣很明白真理与迷误之间的界线，他说："我对你们说地上的事，你们尚且不信，若说天上的事，如何能信呢？"③耶稣恪守着这一界线，而只向世人指出重生的希望。这个希望，就是信仰，"凡信他的人都得永生"④。

对费希特而言，耶稣关于"重生"的言说，才真正触及了极乐生活的真谛。只有通过死亡，一切有限的、可逝的东西，才能走向新生，走向永恒，重新获得在场。重生的过程，也就是真理打开的过程。费希特说，不可能有纯粹的死亡，也不可能有纯粹的不幸，有的是假象和不完满的生活。生活只有本真和假象之别，就像耶稣说属灵的与属肉的之别⑤一样。生活（Leben）的核心就是爱（Liebe），"正是这种爱构成了你的生活，构成了你的生活的根基、驻地、与核心。而你的其他一切冲动，只有当它们指向这个唯一的核心时，才是生活"⑥。本真生活爱永恒的上帝，而假象生活爱可逝的世界。后者的问题是，一个行将消失的世界并不能给人带来极乐，这里也不可能有他的家园，因为可逝世界的在场仅仅是一个假象，而承载它、保持它在场的，就是那道永恒的真光。费希特和同时代的浪漫主义者一样，将生活的本质理解为一种永恒之爱，一种"对永恒的渴求"（die Sehnsucht nach dem Ewigen）。费希特说："这种要与不可消失的东西相合、相融的冲动，是一切有限在场的最深切的根基。"⑦只有植根于这一不可逝的、永恒的东西，生活才是本真的，才有极乐可言。因此，"生活、爱与极乐是绝对同一的"⑧。

---

① 《约翰福音》第一章，第五节。
② 《约翰福音》第一章，第九、十节。
③ 《约翰福音》第三章，第十二节。
④ 《约翰福音》第三章，第十五节。
⑤ 参见《约翰福音》第三章，第六节。
⑥ 参见《费希特全集》（第Ⅰ辑，第9卷），第57页。
⑦ 同上，第59—60页。
⑧ 同上，第56页。

　　在这里,浪漫主义的无限渴念与基督教的信仰相遇了。费希特并不把他通过知识学发现的极乐论当成精神王国的新指南,因为基督教的信仰学说比他的古老得多。他说:"基督教就把信仰当作本真生活和极乐的独一无二的条件,并将一切不是派生于这一信仰的东西都毫无例外地斥为虚无和死亡。"①信仰是永生的希望,是极乐生活的源泉。我们之所以信仰,是因为他是唯一的真理,来自上帝的真理,我们之所以必须信仰,是因为我们自己的双眼已被感官世界所蒙蔽,只有信仰才可以得救。信仰是希望,是爱,是禀受真理的光芒。耶稣对真生命的自我表白,给世人指出了永生的希望,但也提出了信仰的要求。只有去倾听来自上帝的永恒之"道"——世上唯一的真理,才能获得重生与永生。耶稣说:"谁听我的道,谁就有永生,谁就是起死复生了。"②["时候将到,现在死人就要听见上帝儿子的声音了。听见的人就要活了。"③]这里的死人是末日来临时将躺在坟墓里的人吗? 不,费希特说,这是从肉而不是从灵出发做出的粗浅解释,死人不是肉体意义上的,而是心灵意义上的,时候到了,那些还没有听到上帝之子的声音并因此尚未觉醒的人,就是死人。费希特认为,在耶稣这里,复活并不像犹太人所理解的那样,是世界末日来临时的人将复活,复活是因为信仰而重生,也因为信仰而永生。复活的希望和命运都在耶稣身上,只要信他的人,都将超越时间而永生。耶稣说:"复活在我,生命也在我。信我的人,虽然死了也必复活,凡活着的信我的人,必永远不死。"④因此,人只要信仰真道,就与真理为一,与上帝为一,每时每刻,他都可以拥有全部永恒。正如耶稣所说:"若有人遵守我的道,他就永远不见死。"⑤

　　在基督教真理中,"道"化成肉身,化成耶稣这样一种个体化的在场,却

---

① 《费希特全集》(第Ⅰ辑,第9卷),第63页。
② 《约翰福音》第五章,第二十四节。
③ 《约翰福音》第五章,第二十五节。
④ 《约翰福音》第十一章,第二十五节。
⑤ 《约翰福音》第八章,第五十一节。

丝毫没有减弱"道"的普遍意义。因为,耶稣的门徒,那些信他的名的"羊",不仅可以分享他的"道",甚至可以分享他的真身,由此得以永生。耶稣说:"你们若不吃人子的肉,不饮人子的血,就没有生命在你们里面。谁吃我的肉,饮我的血,谁就有永生。我的肉是真正可吃的,我的血是真正可饮的。"①"谁吃我的肉,饮我的血,谁就常在我里面,我也常在他里面。"②费希特认为,这些最不可思议、最令人不快又绝对明晰的语言,恰恰是耶稣关于门徒分享神圣生命方式的最恰当的表达。费希特说,吃他的肉,喝他的血,就意味着,完全成为他本人,毫无毁损或毫无保留地转变成他个人,仅仅再现他的人格,正如他就是化成肉与血的永恒之道一样,也与他化为一体,成为他的肉和血;或者说,变成那个化为肉和血的永恒之道本身,即完全像他那样去生活,仿佛他自己在生活,而不再是我们。③ 费希特相信,人必须完全化成耶稣自己,完整地再现他的特征,这是耶稣关于永生提出的绝对条件。

从约翰所见证的耶稣身上,从耶稣关于自己同上帝、同门徒之间关系的言说中,费希特认识到,拿撒勒的耶稣并不是一个高不可攀的形象,但他对人性和神性的同一性有着深刻的、最高的洞见,而他获得这种洞见并非通过哲学思辨,或者外来的报道,而完全是由于自己单纯的在场。正因为这样,耶稣才是约翰所见证的那个永恒之道。整部福音书都是关于真道的见证:太初在场的"道"与化成肉身的"道"。约翰说:"太初在场的,我们听过、亲眼看过、注视过、亲手摸过的,都关乎生命之道。"④

这"道"(λόγος)是真理,是生命之光,也是生命,是本真生命。我们也许可以说,因为前者,所以有"太初有道"的真理论,因为后者,所以有"道化肉身"的生命论。当然,约翰并非要立说,而是要见证。不过,当费希特从知识论走向生活论时,知识学就与这个意义上的"约翰神学"相遇了。这一相

① 《约翰福音》第六章,第五十三、五十四、五十五节。
② 《约翰福音》第六章,第五十六节。
③ 参见《费希特全集》(第Ⅰ辑,第9卷),第125页。
④ 《约翰一书》第一章。

遇,使费希特从耶稣的言行与约翰的见证中看到了基督教义的伟大真理,即"每个人在自己的人格中,都能够并且应当达到与上帝的同一,变成上帝本身的在场或那个永恒之道"①。知识学独立地发现了这一真理,但现在,显然也要融入这一真理。因为,费希特清楚地意识到,"基督教已经以多彩的方式进入了我们的教化。我们,连同我们的整个时代,与我们所有的哲学研究,都已落脚在基督教的领地上,都是从基督教出发的。如果过去没有这一强有力的原则,我们的一切就什么也不是"②。融入历史,并不意味着简单地秉承历史、接受历史。知识学从它诞生起就超越了意识事实,打开了那个绝对自明的先验源泉,历史也只有从这里出发才可以被理解与接纳。知识学回到这一教化背景,是宗教真理与哲学真理在费希特身上长期冲突的结果。直观与概念、"光"与λόγος这两种有之真理(Seinswahrheit)的打开方式之间的抵牾,使知识学的最高原则的表达一直难以完成。1804年,费希特终于找到了最高的结合。当他完成的时候,知识论(Wissenslehre)也就是生活论(Lebenslehre)了。这一结合,在费希特那里,无疑就是自由时代对古希腊传统与基督教传统的结合,因此,柏拉图与约翰被他看成是自己的同路人,也就毫不奇怪了。

——本文节选自凤凰文库·纯粹哲学系列之《真理之光——费希特与海德格尔论 Sein》,江苏人民出版社,2008 年。

(作者为中央党校文史部教授)

---

① 《费希特全集》(第Ⅰ辑,第9卷),第127页。
② 同上,第122页。

佛教的历史哲学

王　颂

[提　要]佛教的历史哲学因为在经典中缺乏明确表述,很少引起学者的关注。本文通过对佛传等文本的分析,系统梳理了佛教的历史哲学,批评了认为佛教缺乏历史观念的错误见解,指出历史观作为一条隐含的线索,对佛教哲学产生了重要影响。如对佛陀本质的探讨、大小乘涅槃学说的转变、大乘佛教入世精神的提倡等,都有历史哲学在背后发挥作用。本文还通过佛教历史哲学与基督宗教历史哲学的比较研究,揭示了佛教历史哲学的特色及其价值和意义。

[关键词]历史哲学　时间　人　意义

一、历史:人与时间

探讨佛教的历史哲学这样一个宏观、抽象的问题,让我们先从佛陀(释迦牟尼)在世时所说的"十四无记"这样一个微观、具体的历史事件说起。在这个事件中,佛陀对十四个抽象的形而上学问题予以了悬搁①,其原因正如《箭喻经》等经典所揭示的:原始佛教的旨趣在于引导人们尽快获得解脱,而形而上学的争论并非当务之急。然而"譬喻"只是一种手段,是为了说明某个观点、阐明某种立场的权宜之计,佛陀悬搁这些问题,并不意味着这些问题就是假问题,恰恰相反,当佛教以解脱道为基础构建其完整的教义体系或者说哲学体系时,这些问题反而占据了讨论的中心。② 在这些问题中,一个最核心的问题涉及了历史哲学。在我们对此问题予以分析之前,有必要先界定本文所使用的历史和历史哲学的内涵。

历史是这样两类相互关联而又有所差异的事物:一是指在时间维度上发生过的事件、现象的部分和或者总和;二是指我们对这些事件、现象的回忆和看法,它们通过记录、复述、解释的方式呈现出来。历史哲学指对历史进行的哲学反思。由于佛教是一种古老而历史悠久的宗教,其对历史问题的看法也并非一成不变,其中一些提法也未必能上升到哲学的高度,因此在有些场合采用更为宽泛的"历史观"一词也许更为合适。但为了叙述简便,我们将这些观念进行了哲学的概括与提炼,并采用了较为常用的历史哲学一词。

在此,关于历史的定义涉及两个复杂而棘手的概念:时间和人。正如奥古斯丁所言:"我们谈到时间,当然了解,听别人谈到时间,我们也领会。那么时间究竟是什么? 没有人问我,我倒清楚,有人问我,我想说明,便茫然不解了。"③时间并不是某种确定的、可以捕捉的、可以测度的客观事物。当我们在日常生活中谈论过去、现在或者未来时,我们清楚地知道自己的所指,但当我们思考、试图去捕捉过去、现在和未来时,我们就茫然而手足无措了。

① 这里我们借用悬搁(ephoche)一词来诠释"舍置除却",即《中阿含经》:"所谓此见,世尊舍置除却,不尽通说。"

② 如大乘经典的代表《华严经》在更为系统地归纳了"无记法"之后,明确表示应该对此类问题予以正面的、正确的解答,其文曰:"一切众生于生死中,无有多闻,不能了知此一切法。我当发意,持多闻藏,证阿耨多罗三藐三菩提,为诸众生说真实法。"

③ 奥古斯丁:《忏悔录》,周士良译,商务印书馆2013年,第258页。

因为当我们说现在时,我们发现现在已经过去,我们试着分割出现在,却发现在现在中可以无限地分割出过去和未来,而当我们思考过去和未来时,我们也只能在现在思考过去和未来,当未来到来时,它已经毫无觉察地变成了过去。如是,时间悖论困惑了古往今来的哲学家,既是宗教哲学不得不面对的挑战,又是灵感的源泉和辩论的武器。伟大的宗教哲学家,如奥古斯丁和龙树,就曾巧妙地运用时间悖论来捍卫自己的信仰。① 然而在此,我们不得不承认,用一种抽象模糊的概念去界定另一种抽象模糊的事物实在算不得好办法,纯属无奈之举。因为倘若没有我们对时间含混的、日常性的理解作为基础,我们就无法理解、讨论历史。而人是另外一个为了使问题看起来明晰却反而增加了其复杂性的定语。我们在此也无法全面说明佛教对于人的整体观点,仅仅为了叙述的简便,先说明一些基本前提:第一,佛教认为"人"是由以五蕴为代表的色心二法构成的假名复合体,而既然生命流转的轮回现象是由意识(识)的相似相续呈现的②,我们在针对佛教的哲学讨论中常常会用人的意识来指代人,或者说二者在很多场合是可以互换的。第二,佛教以缘起性空为基本法则,人与时间都遵循这一法则。

从哲学史的角度来看,人与时间的关系是一个复杂的问题。有一类哲学认为时间是独立于人的。先民通过对自然事物的周期变化、运动现象的观察发现了外在的时间,科学如经典物理学对时间进行了空间化的解释,而现代物理学则认为时间与空间一样可以进行物质的转换。而另一类哲学则强调时间对于人类认识的依存性,如康德所提出的先验形式,柏格森所提出的意识的绵延等。在这一类哲学看来,时间要么依赖于人的认识,——讨论

---

① 奥古斯丁等教父神学家在讨论创世与时间的矛盾关系时,对时间与永恒进行了区分,认为时间和人一样都是被造,人只能认识时间,但不能认识只属于上帝的永恒。(参见吴飞:《心灵秩序与世界历史》,生活·读书·新知三联书店 2013 年,第一章)龙树在对运动的讨论中,大量地运用了时间悖论,从而证明了一切基于经验的、将无自性的有为法理解为有自性的实有的看法,都不可避免地会导致自相矛盾。

② 佛教主张"无我"(anātman),并不承认轮回主体的实在性。六道之中流转轮回的"我"不过是五蕴在业力作用下的相似相续。如《中阿含经》曰:"有业报而无作者,此阴灭已,异阴相续。"

没有被认识的时间是没有意义的；要么干脆只是一种人类思维的架构，甚至只是一种幻象。简而言之，时间只存在于人的头脑之中，并非真实的客观存在。这是从经验的层面来讨论人与时间的关系，当然还有超验的看法，如佛教诞生前后的印度外道哲学中就有以时间为万物本源的观点。①

佛教认识到了两种时间的存在：即外在（客观的）时间与内在（主观的）时间，但对它们的真实性都持否定的态度。② 佛教也认识到了时间与意识的天然联系，但反对将时间理解为人类意识的衍生物，认为时间独立于意识而存在。如有部所代表的部派哲学提出五位七十五法，与时间有关的"生、住、异、灭"被归入"心不相应行法"。大乘佛教的唯识学派将之拓展为五位百法，其中也将"时"（时间）和与时间有关的"流转""无常"纳入"心不相应行法"。这些都说明，在佛教看来，时间与迁灭流转的一切有为法一样，都为缘起法则所支配，时间并不依赖于"心法"而存在。③ 拓展而言，佛教与科学一样，都不认为没有人类就没有时间。举例而言，科学并不认为在地球上人类诞生以前或者人类灭亡以后，时间并不存在。同样的，正如六道轮回学说中"六道"（人、天、阿修罗、地狱、恶鬼、畜生）这样一些象征性的指代所揭示的，佛教并不认为人类是唯一可能的具有情识的生物。佛教认为即便这一个星球的这一种称之为人类的有情灭亡了，有情生命流转的现象也并不会因此而终结，时间也不会就此停止或消灭。

以上，我们简要区分了两种有关人与时间关系的哲学立场，但正如我们

---

① 参见傅新毅：《佛教中的时间观念》，《江苏社会科学》，2003 年第 2 期。

② 佛教认为，时间无有自体，依有为法的生灭变化现象而立，但时间也不纯粹是我们主观的联想和判断，它是有为法的分位，在色心二法的层面都发生作用。此外，佛教反对经验的时间，当然更反对超验的时间，如外道所主张的具有世界本源意义的时间和绝对的我们在经验中不断分有它的那个"相同且唯一（one and the same）的时间"。总而言之，佛教反对一切实体化的时间，反对将时间实有化。特别需要说明的是，唯识等学派确立的"有体"的"现在"，也是为了论述而进行的方便施设，并非肯定"现在"为实有。（参见舍尔巴茨基：《佛教逻辑》，宋立道、舒晓炜译，商务印书馆 1997 年，第二部分第一章"刹那存在论"）

③ 心法包括"心王法"和"心所法"，涵盖了人类的一切意识活动。"心不相应行法"即与心法不相应的法，即不能归入意识活动的事物和现象。

前面所提到的，当我们探讨历史这一经验对象时，我们又不得不借助日常的观念而非单纯的哲学思辨来定位人与时间的关系。在此观念下，时间被设置为一种空间化的坐标，人在其中演绎各种故事，这就是历史。就此而言，原本属于第一种哲学立场的佛教，在方便（upāya）的语境下，时时向第二种立场妥协。也就是说，佛教在探讨历史——在佛教而言是一种假名的存在——这一经验对象时，不得不把人——在佛教而言是另一种假名的存在——与时间统一在一起。

于是，人与时间的纠结关系被带入将二者统一于一体的历史之中。事实上我们还可以看到，无论出于哪一种哲学立场，当我们思考、谈论历史时，就陷入了第二个层面的历史；不仅仅如此，即便当我们对自己的思考和谈论进行反思时，我们仍然很难将两个层面的历史彻底剥离开。或许第一种历史只是我们理论上的想象。即便我们用一种超级记录仪器，把在一定时间内发生的事件和现象全部完整地记录下来，我们也不能说这些记录就是那些事件和现象本身，因为当我们把这些记录作为对象来加以考察的时候，我们对于他们的理解已经不可避免地带入其中了。因此，两个层面的历史在历史的探讨中，在探讨所提炼、升华出来的历史哲学中，是相互渗透、难分彼此的。历史讨论试图在孤立的事件与现象之间建立某种因果联系，构成我们对于这些事件与现象的理解；历史哲学则进一步在个别的因果联系的基础上，探寻一种具有普遍性的因果联系，也就是所谓规律、法则，或者神意、天命。这一类东西是最为人类所熟知的历史观，它将人与时间在意义的层面上统一了起来。由于所谓的历史规律或法则在哲学层面上与神意或天命是同一类东西，而天命或神意不过是外在化了的、放大了的人的意志，佛教在绝对真理的层面（胜义谛）是坚决反对这样一种"历史意义论"的；而在引导、教化众生的层面上（俗谛），佛教又方便、巧妙地肯定了这样一种意义，这一点在大乘佛教的教义中表现的尤为突出。以下略为分析。

二、历史语境中的佛陀与耶稣基督

让我们先回到"十四无记"中涉及历史哲学的那个问题本身。

谓:世有常,世无有常;世有底,世无底;命即是身,为命异身异;如来终,如来不终,如来终不终,如来亦非终亦非不终耶?

对于"如来有终还是无终"这样一个问题,佛教经典有不同的说法,有的将之解释为探讨涅槃的性质,有的理解为探讨灵魂是否为轮回的主体。这些相互关联但又有所差异的说法显示了理解的微妙不同。① 本文的出发点并非文献学而是哲学,因此我们并不打算也不可能去确认文本的唯一含义,而是从佛陀的"历史性"②的角度来诠释这一问题,进而作为揭示佛教历史哲学的一个切入点。也就是说,对这个问题可以这样去理解:如来(佛陀)涅槃后是有还是无? 换言之,如来是一个超越历史的永恒存在呢? 还是一个有时间性的历史的存在? 这个问题之所以重要,直接指向佛教的历史哲学本身,就在于它涉及的不是一个普通有情的死亡现象——就死亡只不过是无始无终的生命轮回的一个环节而言,无所谓起点也无所谓终点③,而是一个觉悟者的涅槃——在经验的层面上也是一个时间点,是超越经验世界的质的转变。既然我们所理解的历史属于经验世界的范围,那么涅槃到底是不是经验世界的终结? 从宗教学的角度而言,这一问题指向对"教主"的"历史性"的理解。而我们知道,对于教主的任何层面的理解与诠释都直接触及教义的核心,因此对于教主的"历史性"的理解可以充分反映一个宗教的历史哲学,也可以说是该宗教的历史哲学的缩影。这也就是我们选择此问题作

---

① 这些差异表面上看来有的出于底本,有的出于翻译或者注释,但实际上都源于理解的差异。

② "历史性"在此如同"时间性"之于"时间",指对佛陀的历史属性(如佛陀是否为历史的存在,是否具有历史意义等问题)的前理解、预设。

③ 佛教认为轮回不具有起点和终点,如《阿毗达磨大毗婆沙论》云:"犹如车轮,上下回转,终而复始。如是有支,无始相续。"

为切入点的原因。如果与基督宗教进行一番简单的对比，我们就会对此有更深入的理解。

众所周知，基督宗教的历史哲学认为，历史不过是神意的自我展现过程，具有基督宗教文化背景的哲学也秉持类似的思维模式。[①] 佛教的历史哲学似乎并没有基督宗教这般鲜明，颇显隐晦，有的西方学者如保罗·蒂利希（Paul Tillich）主张佛教的历史观是非历史的（non – historical），其对历史意义的回答是否定的[②]，有的学者则将佛教的历史观贬低为东方经验主义的循环论。[③] 这显然是误解。就结论而言，尽管佛教经典中缺少对其历史哲学的正面、明确的表述，历史在佛教的教义体系中也并不占有突出的位置，但既然历史在俗谛层面是人在时间中的一种全方位的、独一无二的展现，而人又是佛教教化的最主要对象，历史在佛教教义体系中就必然具有不可替代的理论意义，它就必然与佛教对人以及人生意义的看法联系在一起，从而也就成为上至佛教哲学下到民间教化所必须要回答的根本性问题。

以下让我们顺着对佛陀"历史性"的探讨，比较佛教与基督宗教在它们各自的教义体系中所描述的佛陀与耶稣基督的一生[④]，从而揭示两种宗教的历史哲学的差异，以及佛教历史哲学的特质。首先，耶稣基督的一生在基督宗教的描写中被赋予了一种浓烈的戏剧色彩，其一生中的重要阶段，如降生、受洗、布道、受难、复活、升天等，可以说是层层推进、渐入高潮，最后引出

---

① 德里达曾指出西方传统中有根深蒂固的逻各斯中心主义。众所周知，这种思想在历史哲学上的代表人物是黑格尔，他的著名论断是："哲学用以观察历史的唯一'思想'便是理性这个简单的概念。'理性'是世界的主宰，世界历史因此是一种合理的过程。"（黑格尔：《历史哲学》，王造时译，上海书店出版社 1999 年，第 9 页）换言之，历史进程不过是理性的自我展现。

② 蒂利希说："（对于历史的非历史的解释）虽然也在西方文化，如新柏拉图主义和斯宾诺莎主义那里出现了，但其最充分的展现形式还是在东方，如吠檀多、道教和佛教。"（Paul Tillich: Systematic Theology, *Three Volumes in One Edition*, The University of Chicago Press, 1967, Vol. 3, pp. 351.）

③ 这些片面的、错误的观点部分源于对古代印度文明缺乏历史感的成见，部分源于对佛教时间观的误解。古代印度与其他古老文明一样，存在着循环的时间观念，佛教也采纳了受此观念影响的轮回说。但正如我们下文将要指出的，佛教的轮回说不是简单地循环重复，它并不像四季交替等自然观念那样简单质朴。

④ 这样说是因为我们不可能也不必要去追问它们的历史真实性，我们在此关注的是体现了他们各自历史观的历史叙述。

末日审判。而所谓高潮点（climax），毫无疑问就是耶稣基督的受难（crucifixion）。① 耶稣基督被钉上十字架是其一生，也是整个人类历史的转折点，既有神学的价值意义——上帝差遣自己的独子做了"赎罪祭"，自此以后，那些信主的义人必将升天堂，不信的则必将下地狱，同时也具有不可替代的历史哲学价值，神学家们借助基督受难这一"不可重复的事件"否定了循环史观，确立了基督宗教线性史观的地位。因此，十字架既是耶稣一生的象征，也是基督宗教的象征。可以说，耶稣基督的一生完美地展现了基督宗教的历史哲学，而基督宗教的历史哲学不过是耶稣基督一生的注脚。

与此相应，佛陀的一生也是佛教历史哲学的缩影。佛教传统上将佛陀一生的行迹概括为八个阶段，即"八相成道"（降兜率、托胎、出生、出家、降魔、成道、转法轮、涅槃），但其中并没有哪一"相"（事件）具有如同耶稣受难那样的凌驾于其他"历史事件"之上的特殊性。换言之，佛陀的一生并不存在所谓神学意义上的"高潮点"，没有波浪起伏，基本上是平铺直叙。这一点不仅在经典和教义中有所体现，即便是从佛教的造像、仪式、节日等方面也能看出一些端倪。② 究其原因，在于佛教并不认为佛陀与众生有本质的区别，如耶稣那般同时具有人性和神性；佛教也不认为人类的历史是被造物，是神意的体现，因而暗藏密布着线索和隐喻。佛教认为，佛如同众生一样，也受因果业力法则的支配（佛不能改变业力），因此，佛的一生在本质上与众生的一生并没有差别。③ 如小乘佛教认为：我们所感知到的（声闻）历史上的佛陀即释迦牟尼的一生，不过是佛陀的无数次生命轮回中的一次而已，仅仅因为佛陀在此生成就了涅槃，它才显得与众不同④，但在更多的层面，它并不

---

① 费尔巴哈说："受难是基督教之最高诫命，——基督教之历史本身，就是人类之受难史。""一切跟基督密切关联的思想和感情，都集中于受难这一概念之中。"（费尔巴哈：《基督教的本质》，荣震华译，商务印书馆1984年，第100页、第98页）
② 如涅槃在佛传的叙述中是一个重要事件，但无论早期经典和造像，还是成熟阶段的大乘经典和造像，都很难让我们得出涅槃凌驾于降魔、成道、说法之上的看法。
③ 这里指结构上没有差别，而非指佛最终作为觉悟者超越凡夫的层面。
④ 对涅槃解释的不同是大小乘佛教的根本差异之一，这一点我们将在下文中予以详细论述。

具有什么特殊性;而就大乘佛教的立场而言,历史上所展现的佛陀的一生不过只是法身佛的化现而已。理论上我们都具有实现同样历程的可能,因此佛陀的一生在漫长的人类历史中,也不具有形而上的独特意义。

综上所述,在基督教看来,人类的历史如同耶稣基督的一生一样①,是一个线性的展开过程,有起点也有终点,有目的有方向,有源自于上帝的外在赋予的终极意义。我们每个个体的人生意义,依托、分有这一终极意义。而在佛教看来,佛陀的一生与无量众生的人生一样,是在一个没有起点(但有可能有终点,即涅槃)的无尽循环之内的线性的过程。② 生命流转的过程是无尽循环的,每一期生命都会重复生有、本有、死有、中有这些环节,但是每一期生命的细节是不可能简单重复的,因为它们都是由缘起业力所决定,而业果是在个体和群体的共同作用下(自业和共业)不断发生变化的。我们每一个沉沦于轮回之中的凡夫的生命流转现象无所谓起点和终点;人类的历史,即无量众生的生命流转现象之和,也不存在所谓被造的起点和被审判的终点。但是从缘起性空的角度而言,人类的历史如同世间所有的经验事物和现象一样,都必将经历生、住、坏、灭的循环过程,在这个意义上历史又必然是有相对的起点和终点的。但人类这种有情群体的消灭、历史的终结,并不意味着所有有情的消灭和全部历史的终结,从这个角度而言,历史无所谓绝对的起点和终点。人类的历史及个体的生命都不具有外在的特定意义,它们通过群体的和个体的行为(身口意三业)自行决定其结果,也就是自我赋予其意义。这些就是佛教历史哲学与基督宗教历史哲学的根本差异,也是其特色所在。

---

① 这里指出耶稣基督的一生与人类历史具有同构性,但并非说耶稣基督的一生与凡人相同,恰恰相反,在基督宗教看来,耶稣基督是沟通人与上帝的特殊存在,兼具人性和神性。这一点又与佛陀与众生的关系不同。

② 佛陀与众生一样,其任一期生命的过程是线性的。

三、历史与人生的价值和意义

宗教追求超越与出世,但立足点又必须在现实与现世,必须积极成就作为现世活动主体的人。就此而言,佛教虽然从胜义谛上否定了人和自我的真实性,但在俗谛或者方便道上又不得不随顺世间,赋予个体生命和人类整体的活动即历史以价值和意义。大乘佛教对这种意义赋予的行动采用了积极的态度。

大乘佛教对历史与人生进行肯定的逻辑起点,仍然可以上溯到对佛陀"历史性"的理解。具体而言,其转折点是对涅槃概念的再诠释。我们前面已经提到,小乘佛教认为,佛陀原本与众生一样,也受轮回之苦,涅槃即轮回的终止。涅槃(nirvā a)的原始意义为熄灭,指生命现象的消灭或者死亡。由于佛陀的涅槃即他生命现象的消灭同时意味着他彻底从轮回中解脱,故而涅槃与解脱、安乐同义。又为了解决历史上佛陀成道与涅槃之间的逻辑关系,发展出有余涅槃和无余涅槃这样一组概念。前者指佛陀在悟道的刹那已经断了业因,但未尽前一世的业果,尚且保留作为业报身的肉身;而后者指涅槃时彻底的寂灭。在原始佛教阶段,涅槃意味着对现世的彻底否定。但伴随着佛教徒对佛陀的思念之情,对佛陀的神化崇拜,人们不愿相信涅槃意味着陷入彻底的寂灭虚无,涅槃的观念有所发展,它既是凡夫的终点,同时又是一种新的"有"——不生不死的状态的起点[1],于是,佛性和佛身等概念演化出来了。

佛性当然是圆满的。正如人类所有的哲学在对"圆满"进行界定时都不能遗漏"永恒"这一属性,在大乘佛教哲学中,佛性被界定为"常"(恒常)、"乐"(安乐)、"我"(自在)、"净"(清净)。如此,具有时间性起点的,自无中

---

[1]　巴利语佛典中已经出现了用"不死"(amata)来描述涅槃的例子,还有"不死之境"(amata - pada),即"某种持续和非变易状态,某种安稳状态……其中既无再生亦无再死。"(转引自舍尔巴茨基:《大乘佛学:佛教的涅槃观念》,立人译,中国社会科学出版社 1994 年,第 43—44 页。)

生有的佛性观点就不得不被抛弃。① 于是,在佛陀信仰的层面上,三身(法、报、应)理论诞生了;在修持论(行)层面上,原本属于佛的佛性也被转移到了可能成佛的众生身上,且成为了众生成佛的逻辑前提,"众生悉有佛性"的学说和佛性"本有、始有"的辨证理论出现了。三身理论对佛陀的"历史性"进行了新的回应②,但在客观上有可能引发佛教历史哲学的演变。因为既然佛是"久远实成"的,历史上的释迦牟尼不过是一种应现,赋予历史以外在的、超越的意义的可能性就出现了。然而"众生悉有佛性"以及作为必要补充的"本有和始有"的辨证学说及时地纠正了可能出现的理论偏差③,避免了佛教演变为一种有神论。在"众生悉有佛性""三界唯心"等学说的指引下,佛陀与众生重新建立起一种平等的关系("心佛与众生是三无差别"),佛教对于历史与人生的认识进入了一个全新的阶段。

由此可见,在大乘思想的推动下,佛教从一种渴求出世的宗教变成了积极入世的宗教,佛教的历史哲学也从对历史问题的不置可否变成了对历史意义的积极肯定。关于入世这一点,笔者希望再进行一点儿补充,因为基督宗教尤其是新教也强调入世的精神,很多人会将二者混同,只有通过比较,我们才能了解大乘佛教入世精神的独特性。我们在前面已经指出:基督宗教的历史哲学认为,耶稣基督的一生是启示、是救赎,人类的历史是上帝所编写、导演的波澜壮阔的大剧(drama),每一个生命个体在其中扮演着或光

---

① 原始佛教的涅槃观念在逻辑上较为清晰,构成轮回的业因消解后,业报之果自然也不再出现,涅槃成为轮回的终点。佛性观念在理论上则存在一些两难,因为它在轮回现象(有为法)之外设置了超越经验的佛性(无为法)作为涅槃的逻辑前提,但佛性既然是一种圆满的"有",它就应该是超越时间的永恒。故而众生本来具有的佛性是如何发动的? 这是本有说的困难;后天生起的佛性如何可能? 这是始有说的困难。因此,佛教哲学家(义学家)最终不得不以相即相非的论辩方式来说明二者的关系。

② 三身理论认为,法身佛是湛然常住的理体,报身佛是业报实现的相好庄严之身,应身佛是顺应众生根机而显现之身。从哲学角度而言,佛是超越时间的存在,法身佛逻辑上先于其他二身,且为其他二身所依的抽象本体。

③ "众生悉有佛性"说明佛性就蕴含于众生之内,避免了以法身佛为成佛外在保障的错误观点,"本有和始有"则为了说明众生本来具有的佛性(本觉)与通过修行逐步获得的觉悟(始觉)之间的逻辑关系。

鲜荣耀或微不足道的角色。这部剧的主题可以演绎为上帝与魔鬼、正义与邪恶的斗争,历史因斗争而延续发展,因胜利或失败而终结。正如先有剧本后有表演一样,上帝既然是人类的创造者,是历史的编剧兼导演,上帝的意志就决定了人类历史的命运。同理,我们每一个个体的认识与行动在上帝的意志面前是如此之渺小,我们的命运也因为是否顺应了上帝的意志而被决定,我们的人生也只有因呼应上帝所赋予的使命而获得其价值和意义[1],虽然我们根本无从揣测上帝的意志究竟是什么。[2]

而大乘佛教反对这样的目的论,强调历史与人生并不是由某一个更高级的主宰者、创造者所"设计"的,而是由因缘业力所牵引、成就的。历史并不存在外在的特定意义或发展模式,众生生命的价值与意义也不假外求,只有在以成就他人为前提的自我成就中才能实现。在"烦恼即菩提""生死即涅槃"的思想指导下,"在生活中修行,在修行中生活"[3],是否摆脱轮回不但变得不那么重要,执着于追求解脱反而成为了批判的对象。早期佛传中所描述的佛陀历经无数劫修行的轮回之"苦",在大乘佛教的叙事中转变成一种自发自愿的投入,最终演化为以地藏菩萨"地狱未空,誓不成佛,众生度尽,方证菩提"为代表的菩萨道精神。在这样的菩萨道精神的感召下,人生不再是"三界火宅",而是勇猛精进的"选佛场",历史不再是无意义的无尽循环,而是追求觉悟的过程。所以我们说,大乘佛教对于佛教历史哲学的阐发,其逻辑起点在于对涅槃的全新解释,由涅槃而及佛性,由佛性而及菩萨

---

① 马克斯·韦伯所描述的新教伦理反映了这种历史观,他说:"整个尘世的存在只是为了上帝的荣耀而服务。被选召的基督徒在尘世中唯一的任务就是尽最大可能地服从上帝的圣诫,从而增加上帝的荣耀。与此宗旨相吻合,上帝要求基督徒取得社会成就,因为上帝的意旨是要根据他的圣诫来组织社会生活。"(马克斯·韦伯:《新教伦理与资本主义精神》,于晓、陈维纲等译,生活·读书·新知三联书店1987年,第82页)

② 正如汤因比所批评的,基督宗教所代表的"理性和意志所主导"的历史观,虽然赋予了历史以普遍性的意义,但他必然导致一种盲目的"自我中心主义",他说:"与循环的非人格化观点相比,这个意志的历史观给予历史以最大限度的意义,但它这样做却有可能引诱历史学家重新陷入——每个人与生俱来的——自我中心的陷阱。"(汤因比:《一个历史学家的宗教观》,晏可佳、张龙华译,四川人民出版社,第20页)

③ 当代大乘人间佛教的践行者净慧长老(1933—2013)的名言。

道。由此,在大乘佛教信仰的推动下,人生变成了一次又一次的因上努力、果上随缘的旅途,历史变成了自利利他的实践过程。

综上所述,佛教的历史哲学有下列一些特点:

首先,佛教与很多宗教、哲学不同,并不强调人类的优越性、特殊性。[①]大乘佛教为了实现人间净土的理想,强调人的向道性,但这终归不过是引领凡夫发心的方便施设而已。所以佛教反对极端的人类中心主义,反对地球中心主义,也反对人类历史的中心主义。

其次,佛教以众生的自业和共业作为改变历史方向的力量,反对所谓神意和天命,反对目的论,也不预设任何先验的历史发展模式。同时,佛教本着缘起性空的理论,认为包括人类历史在内的一切事物都有其生住异灭的过程。所以佛教既拒绝庸俗的历史进步观和有害的社会进化论,也反对天堂和地狱的实在性,反对末世论(eschatology),也反对宿命论等一切悲观主义的历史哲学。

最后,佛教反对历史目的论,反对外在赋予的历史意义,但并不否定历史意义本身。佛教肯定人生进取,肯定人类一切向善的行动,佛教认为:历史意义是由构成历史主体的众生所共同赋予的。

——原载于《哲学研究》2018 年第 9 期。

(作者为北京大学哲学系教授)

[①] 例如基督宗教认为,上帝依照自己的形像造人,赐予人类执掌大地的权柄,故而万物之中人最为尊贵;而佛教则认为,人不过是六道众生中的一种,六道因业力的作用而轮回往复,在居凡向圣的层面上是平等的。

面向世界和未来：中国哲学现代转型的现实要求

——罗传芳研究员访谈录

　　导　语： 中国传统哲学的创造性转化与创新性发展，是中国现实实践和未来发展的重要环节。在这一过程中，中国传统哲学不仅要与作为国家意识形态的马克思主义对话，而且还需要同世界范围内出现的各种思想进行交流互释。从这个意义上说，中国传统哲学必须经历一场深刻而艰难的现代转型，才能够成为引领时代、面向未来、具有世界意义的思想体系。也只有朝向这一目标，中国传统哲学的转化和发展才是真正有价值的。为此，不仅需要发挥自身的优长，而且更要注重其中的弱项，从而以开放、包容、自省的姿态，面对时代提出的种种问题和挑战。那么中国传统哲学应该从哪些方面着手，才能真正完成这一系列现代转型、实现其内蕴的价值？为此，我们特别约访了我国知名学者、中国社会科学院哲学研究所罗传芳研究员，请她来深入探讨中国传统哲学的现代转型问题。

　　访谈者： 路强（以下简称"路"）

　　被访谈者： 罗传芳（以下简称"罗"）

一、中国哲学的影响力与中国自身的影响力相一致

路：罗老师您好，首先非常感谢您接受我刊的访谈。我关注到您对于中国哲学和中国传统文化现代转型的认识有着非常独到的见解。因此，我想首先从中国哲学在目前的状况和定位开始进行探讨；也就是说，就当下而言，中国哲学在思想文化界的影响，以及在国际学术界的影响究竟如何？

罗：一般人听到"哲学"都会觉得比较高深，这是社会层面的一个认识。前几十年，我们有"文史哲"这样的统称，从这里看，人们是把哲学同人文学科放在一起的。但是改革开放以来，特别是近十年来，则更多提"哲学社会科学"，即把"哲学"与"社会科学"这两个词连在一起。这似乎意味着哲学功能和定位的变化。这个变化从某种意义上说或许是好事，即更突出了哲学的引领作用和与现实世界的关系，把哲学与社会问题尤其是实践问题的关系拉得更加紧密。这也可能是受到马克思主义哲学的影响，因为马克思非常强调哲学的实践性和问题意识，强调哲学与时代与社会现实的关联。总之"哲学社会科学"这个提法和思路确立了哲学在现阶段的位置。随着哲学地位的提高，中国哲学在文化界的影响也必然得到提高。就像我们前面说的，哲学不仅仅是一个人文学科，而且也因为它与社会科学的紧密联系使其发挥作用的领域更加宽广了。

路：那是否也可以说，当前我们正大力弘扬中国传统文化与哲学，这本身也是希望中国哲学能更直接地对现实的生活实践产生积极影响？

罗：这方面的作用应该是明显的，你看现在研究传统文化的学者大多是中国哲学界的，就是一个证明。这当然也与中国哲学学科的状况有关。因为中国哲学近百年来主要还是在"做中国哲学史"，即以中国历史上的人物、文本为研究对象，这就与中国传统文化靠得比较近，而不是西方一般意义上那种探讨存在关系和本质的哲学，第一哲学、纯粹哲学一直不是中国哲学的主要内容。目前作为学科的"中国哲学"是哲学一级学科下的一个二级学

科,其独立性并不强,这也显示了中国哲学的某种尴尬处境。最近有一种讨论,认为现有的学科划分很不合理,其中就提到哲学这个一级学科太庞大了(包括马克思主义哲学、中国哲学、外国哲学、逻辑学、伦理学、美学、宗教学、科技哲学 8 个二级学科),而有些部分如宗教学、逻辑学完全可以作为独立的一级学科从哲学中分离出来。① 事实也是如此,如果哲学涵盖这么多内容,不仅哲学学科的负载太重,也消解了哲学自身的特点。

当然,不管中国哲学是不是纯粹意义或经典意义上的哲学,在进入中国这一百年来,它所发挥的作用仍然是很大的。每当一个大的变革时代来临或者在某个特殊的历史时期,哲学界都是异常活跃的,它往往带动了整个思想界乃至社会层面的变化。从 20 世纪二三十年代的"科玄之争",到改革开放初期真理问题的大讨论,都表明哲学与现实、与政治的关系异常密切。在 20 世纪八十年代初关于真理问题大讨论的思想解放运动中,敝刊《哲学研究》就曾是这场讨论的重镇,有不少重要的理论文章都是在这上面发表的。② 当时《哲学研究》杂志的订阅量是上百万份,这在今天是不可想象的,可见它在当时的影响,这也体现了哲学的引领作用。因为结束极左思潮后所提出的口号是"实践是检验真理的唯一标准",这就需要从清理和回归基本的哲学问题开始,而真理的标准问题本身就是一个哲学问题,这对改革开放初期冲破教条主义真理观、解放思想起到了巨大作用。所以可以看出,哲学总是走在时代前列的,它所提出的理论问题,往往是社会关注的现实问题;或者反过来也可以说,它善于把现实问题转换成哲学问题,这就是哲学或理性的自觉。因此,我们在讨论哲学或者中国哲学在中国社会的功能地位的时候,必须考虑到这一特点。当然,对于普通民众来说,一听到哲学会觉得有隔阂,这个没有关系,因为哲学毕竟不是一个普及性的学问,而是形而上和时代精神的抽象。

---

① 如同济大学哲学系孙周兴教授 2018 年 4 月 1 日在国务院学位委员会哲学学科评议组上的讲话,见搜狐号"哲学爱好者",2018 年 7 月 31 日。

② 参见《反思有益于前进——复刊十二年来的回顾与展望》,《哲学研究》1990 年第 1 期。

至于中国哲学在国外的影响力，这个需要具体分析。一般来说，国内一些研究西方哲学的中国哲学家，主要还是以翻译、引述别人的成果为主，属于自己原创性的研究比较薄弱。而且我们还可以看到，很多做西方哲学的学者会转过头来研究中国哲学，特别是在中年以后开始回归中国哲学的研究。像我们哲学所的叶秀山先生、王树人先生等都是这样，他们最后都开始关注中国哲学的问题。对这一点其实也很好理解，因为作为本土的学者，会对更贴近的问题感兴趣，或者说他们的关怀终究在自己脚下的这片土地。当然他们会用西方哲学的方法和自己已有的训练去观照中国和中国哲学的问题，并且得出与专门从事中国哲学研究的学者不一样的结论，这样的成果更应引起学界的重视。

总的说，中国哲学对于国外的影响力还是比较有限的。但是随着改革开放，中国学术走出去与国际学术界的交流呈增长趋势，这也是毋庸置疑的。这与改革开放几十年来，中国与世界的交往、中国的世界化程度是同步的。我们的很多学者去国外大学访问交流，也去教书、做教授，这对中国哲学和学术起到了传播作用。同时，也有越来越多的汉学家对中国哲学感兴趣，这两方面的互动都在增多。比如2008年在中国召开的第24届世界哲学大会就是一个很好的例子，有来自121个国家和地区的八千多名哲学研究者、爱好者参加，是历届人数最多的一次。最早的世界哲学大会是1900年在巴黎召开的，一百多年后第一次来到中国，其意义不言而喻。这次的主题是"学以成人"，也是一个颇具中国哲学特点的话语表达方式，对于世界认识中国哲学的特点和思维方式具有示范意义。而且从本届开始，汉语被确定为哲学大会的工作语言，这都说明了中国哲学国际影响力的增长。

值得一提的是，还有一些国际性的哲学学会在推动中国哲学走向世界方面起了很好的作用。如由夏威夷大学成中英教授发起并任首届会长的"国际中国哲学会"，几十年来一直致力于联络并推动中国哲学的研究和交流。该会下设若干分会，聚集了一批来自中国大陆、港澳台和世界各地的中国哲学研究者，每两年举办一次会议。此外，还有一个"国际中西比较哲学学会"，是美国哲学协会下设的一个专业学会，现由浙江大学彭国翔教授任会长，也是一个致力于在中西比较基础上发展中国哲学的重要国际学术组织，每次拟定的会议主题都与中国哲学有关。

上述中国哲学和学术影响力的发展，与我国这几十年在世界经济中地位的增长是密切相关的。因为一个国家的崛起，首先是经济成就引人注目，再由经济的发展引起人们对该国该地区学术文化的关注，包括最容易接触到的饮食、养生、风俗等。虽然很多外国人不知道中国文化是怎么回事，但是他们会觉得新鲜有趣，比如中国的汉字，他们不懂，但是认为很好看，装饰性很强，于是就成了某种世界性的审美符号和流行元素。因此可以这样认为，中国哲学受到关注，和整个中国受到关注是一致的，也与整个中国学术文化受到关注，是一致的。

二、关于"国学热"的利弊及冷思考

路：另一方面我也注意到，随着中国哲学影响的扩大，特别是近些年有不少海外汉学研究成果的出现，加上国内方兴未艾的"国学热"，似乎给人一种印象，就是世界的文化中心开始转向中国了。当然，一些更为理性的学者指出这只是一种错觉。您对此如何看待？

罗：虽然中国哲学和学术越来越为世界关注，但是我们更应该正视其中的问题和困难。比如首先是语言的障碍。现在我们看到很多国际学术会议，在交流过程中语言都是非常困难的，翻译就占了很多时间，有效交流并不多，深层的对话就更困难了。这还不包括对概念范畴的翻译、理解和解释等，这些都存在很大的偏差和不兼容，严重影响了交流。其次，还有思维方式、话语体系的隔阂和不同，也使外国人很难进入。真正能够参与进来的主要还是汉学家，因为他们是从学习古汉语和阅读中国原典入手的，相对容易进入我们的语境，而其他的专业学者则非常困难。

再从我们自身来说，主动交流做得也不够。比如《哲学研究》算是国内哲学界的顶级或权威刊物了,但是我们很少推介国外学者的文章和研究成果,也缺少主动与国外学术界进行常规交流的计划,只是每一期的重点文章有一个简单的英文介绍,而没有全刊的英文版,这对于一个国家级的专业哲学期刊来说,不能不是一个缺憾或局限。换句话说,我们的中国哲学研究还在自说自话,没有真正走出去让世界了解,参与世界对话。

由此反观"国学热"这个话题,可从学术界和社会两个层面去观察。

从学术上看,首先我们得承认国学热的出现,为中国哲学找到了一个中国式表达的方便载体,让中国哲学有了自我演绎和展开的平台,推动了中国哲学的自觉,这是其积极意义所在。但就目前来看,其弊病也是明显的。最遭诟病的是很多人并不志在研究国学和用哲学阐释我们自身的问题,而是把大量精力用在争取体制内的话语权和资源上。比如,近些年关于"国学"和"儒学"是否设一级学科的争论,就成为焦点。为什么这一争论会相持不下?反方的一个主要理由是认为无法厘清这些概念的边界,无法说清它们与其他学科之间的关系及其定位。比如"国学"这个概念,虽然出现上百年了,但却是一个包罗万象、很难明确其所指的概念,也就是说它很难构成一个现代知识论意义上的学科。如果把它作为一个独立的学科,那么如何处理与其他人文学科的关系? 在实践中又如何运作?"儒学"也一样,它到底属于文史哲的哪一个部分,包括哪些内容,怎么归类,用什么方法去研究?这都是问题。所以,对于学科建设来说,正确的做法应该是首先明确它在整个学科体系中的合理位置和边界,而不是仅仅以某种现实需要或功利性考量作为目的。当然,经过上述讨论之后,人们对国学或儒学的认识也慢慢清晰起来,越来越多的人认为它属于"古典学"的范畴,不仅有中国古典学,也有外国古典学①,这样就可以接受了。因为古典学和近代之后那种分门别类的学科不同,有着自己独特的形态,是一个小众的研究领域,旨在整理和保护历史文化与遗产,这就摆正了位置。这既不是厚古薄今,也不是厚今薄

---

① 参见詹文杰:《儒学在现代社会的存活之道是什么?》,"澎湃新闻"2016 年 6 月 30 日。

古；而且这样定位，也能更好地从学术上保持其纯粹性，更好地参与国际对话，从而找到其普遍性。

总之，国学热在学术层面的"利"，应该是有利于传统走进现代人的学术视野、被哲学观照，并且通过哲学的反思和表达让传统中蕴含的现代价值得以呈现，这也是哲学在新的历史时期的一种自觉和使命。所谓"弊"，则是国学在尚未真正走向世界、实现其现代转型的前提下，体制化的思维和运作可能使其更加内倾，演变成对资源和话语权的争夺，从而成为一种新的意识形态。因此，保持国学的学术品质并将其纳入现代学术研究的研究框架，是国学健康发展的前提和保证。也可以这样说，我们尽可以热情地去研究发掘国学、儒学或者道家、佛家等诸多传统文化中的思想资源，但前提是要有现代意识，并遵循学术的基本方法，体现学术的独立性。

至于国学热在社会层面的效应就更加复杂了。现在在弘扬传统的热潮中，泥沙俱下，出现了许多令人忧虑的现象。最值得警惕的是在复兴传统名义下，一些已经被历史淘汰了的反现代、反文明、反人性的东西有回潮的趋势。比如畸形的女德班，按"三从四德"的古代伦理规训年轻女性；青少年中流行的以单纯记背竞赛为目的的盲目读经活动；抢夺传统文化资源大搞文化搭台经济唱戏的逐利、造假行为；对经典思想按功利私意进行歪曲解读等等，不一而足。这不是弘扬传统，而是破坏、抹黑甚至葬送我们的传统。讲到这里，想起一百年前胡适对待整理国故的态度，对我们今天应该具有方法论意义。1919 年 12 月，胡适在《新青年》上发表了《"新思潮"的意义》一文，其中提出了"研究问题、输入学理、整理国故、再造文明"的口号。他认为，"新思潮的根本意义只是一种新态度。这种新态度可叫作'评判的态度'"。所谓"评判的态度，简单说来，只是凡事要重新分别一个好与不好"。他批评说，"现在有许多人自己不懂得国粹是什么东西，却偏要高谈'保存国粹'"，还说，"我们若不了解'国渣'，如何懂得'国粹'"。可见胡适当年发起整理国故运动的初衷，是想通过整理和评判，分清传统中的好与不好，以便在此基础上"再造文明"。今天我们在弘扬传统文化的热潮里，是不是也应该保持这种清醒的评判态度和现代方向感呢？

三、中国哲学的发展应回归哲学本质，回应现实挑战

路：那么这里我们就必须涉及中国哲学在当代如何完成现代转换的问题。因为我们毕竟已经走进了现代化这样一个历史进程，中国哲学需要在这一背景下真正面对并解释当代中国的问题，它应该如何进行？并且中国哲学又应该吸收哪些人类文明的成果来充实并改善自身？

罗：我觉得中国学术包括中国哲学的现代转换问题，是同中国社会的现代转型相一致的，甚至可以说就是其中的一部分。在中国社会这一百多年来的转型过程中，中国学术一直面临着如何消化外来思想的问题，而其中如何使中国固有的学术哲学化、理性化、科学化，是学术转型的关键。我们知道，哲学是外来的，这种外来与我们固有的学术——"国学"是很不一样的，因此将"国学"与"哲学"作对比分析，最容易看出中西学术的不同。

"哲学"是20世纪初从日本传入的，正是在这个时候"国学"的概念也出现了（这可以从王国维、章太炎、梁启超等人的著作中得到佐证），这是一个很有意味的现象。也就是说，正是因为以哲学为代表的西方学术的传入，才使中国人有了"国学"这个意识和概念。因为在传统语境下，是没有国学这个说法的，那时只有一种类型的学术，国人无法意识到自身与外来学术有什么不同。但是当西学传入之后，才发现原来这种外来的"新学"与我们传统的学问太不一样了，于是为了加以区别，就把故有的学问称为"国故学"（后来简称"国学"）。因此不难看出，国学的出现实际上是在外来文化的比照之下的一种民族文化的身份认同。这个意义上的国学是传统文化、历史文化，是古典学，本身并没有转换的问题，而我们所说的"转换"及其必要性，是指在这之后，即当中国进入世界现代文明体系这一新的国际语境下，中国社会包括中国学术才有了一个如何发展自身、如何自处的问题，这就需要在消化、吸收外来文化的基础上实现自身的转换。

就哲学来说，哲学的现代转换首先是人的思维和观念的转化。因为哲学的起源是自由思想的结果，哲学总是在追求真理，是一门爱智求真的学问。因此，它必须是独立的、有反思能力和理性精神的，这才是哲学应有的本质。这样的学问进来了之后，如果面对的是古代语境下的人，是某某关系中的依附对象，那么它是很难建立起独立形态的学术的。所以我们说哲学的现代化，首先是人的现代化和人的思维观念的现代化。

其次，哲学还是一种科学思维。哲学虽然起源于古希腊，但是它的科学精神一开始就奠定了，那时的哲学家同时也是自然科学家，这说明哲学的精神与科学精神在它的源头处就是相通的，这也正是西方近代自然科学发达并发展出科学体系的原因。因此，毋宁说哲学也是一门科学。科学既是一种精神，也是一种方法，更是一种操作程序。就哲学本身来说，它首先要求概念清晰，有明确的论证前提，然后是提出问题，再通过逻辑分析，一步步得出合理化的结论。这个过程的每一步都需要严格的界定和推理，因此可以看出，哲学就是这样一种具有追求真理的科学精神和具有严格的科学方法的学问形态，只有这样才使哲学追求真理的活动能够进行下去。

最后，哲学还具有公共之学的特质。哲学讨论问题时所遵循的包括提问、质疑、论证、辨析在内的一整套逻各斯方法，本身就具有公共之学的特点。它不仅要求问题是开放的、反思性的，而且论证过程也是透明有序的，批评者可以在任何一个环节进入而参与其中，从而使讨论和对话明确有效。反观我们的传统学问，则更多是一种被限定和给定、囿于某种既定框架的言说。在形态上它是封闭的，在路径上是反求诸己的，呈现出经学诠释学和为己之学的特征。因此我们说中国哲学要实现现代转化，就必须在上述学术精神、思维方式和为学方法上完成根本的转变。只有做到概念清晰明确，并建立起科学方法和逻辑思维，才能克服传统学问的弊端。否则，就会出现时下我们在讨论中常见的，要么独霸话语，要么自说自话，或者鸡同鸭讲，很难进行深入的实质性对话。这样不仅无哲学性可言，也会使思想市场越来越混乱，妨碍中国哲学的发展。简单地说，从哲学精神到哲学方法，我们都需要反思和转变。

有了精神和方法,接下来就要有问题意识。因为哲学最终是要解决人的安身立命问题,它需要为人的理性找到一个精神出口。因此,不论是哲学还是中国哲学,就不能是无本之木、无源之水,它必须面对存在的真问题。叶秀山先生有句话说得特别好,他说:"哲学构成的基本框架是本体论和认识论,但它们没有现成的答案,随着生活而常新"。还说:"哲学无论怎样超越,最终必须扎根于现实的土壤里(生活),它的形式是超越的,但内容是现实的"。

对于中国而言,因为它是从传统农业社会被动地进入现代工业和市场社会的,因此其社会转型中的问题和不适应就会更多。那么既然哲学是一门反思性的学问、批判性的学问、求知性的学问,它就必然要面对社会生活现实,对其进行解释,这是哲学的使命和意义所在。在这个意义上马克思是西方哲学精神最忠实的继承者,他甚至还不满足于旧哲学对世界的解释,而要改造世界,这就更突出了哲学的实践品格,这对于我们的当下更具有指导意义。这个问题我们后面还要谈到。

四、坚持现代文明方向,抵御极端民族主义和民粹主义思潮

路:我注意到,现在社会上出现了一股"一切向后看"的保守主义思潮,它的极端形式可能就是民粹主义的抬头。我担心这一思潮的出现不仅会成为中国哲学与中国文化自我解放的障碍,还可能造成社会发展的停滞乃至倒退。如果陷入这个陷阱,我们的现代化事业就会严重受阻。您在这方面有什么思考?

罗:我也对现在社会上出现的极端民族主义和民粹主义思潮表示担忧。因为如果陷入这样的陷阱和舆论导向,必然会由于理性能力的丧失而对中国未来发展道路做出误判。因此,学术界、特别是哲学界应当发出理性的声

音,承担起应有的理论责任,让社会不致陷入极端情绪而失去方向,从而保护我们从近代直至改革开放以来所取得的来之不易的现代化成果。不忘历史,坚持改开,吸取人类文明的优秀成果,应当成为学术界乃至全社会的信念和共识。

路:那么,为什么近代以来的极端民族主义和民粹主义思潮会反复出现呢? 它反映的深层问题是什么?

罗:我认为,其根本原因可以到"后发"现代化国家传统与现代的紧张关系中去寻找。所谓"后发""原发",是现代化理论对近代以来世界范围内出现的现代化过程和模式的一种描述。原发的现代化始于18世纪中叶英国的工业革命,由于大机器生产代替了原来的手工作坊,使产品极大丰富并向海外寻找市场,从而将资本主义生产方式由西向东推向全球,世界也因此而连成为一个整体。这就是黑格尔和马克思都看到其必然性并强调的"世界历史的最终形成"。经过一二百年,后来又有了第二次工业革命(电气化)、第三次工业革命(计算机、空间技术、生物工程、原子能),以至到今天的工业4.0,人工智能、"互联网+"制造,每一次都是以新的方式在改变着世界。可见,人类近代以来的这个"大历史",实际上是由资本推动的、并借助科技的进步和市场所完成的资本主义全球化,这是一个不以人的意志为转移的客观化过程。这个过程有先有后,有内发外发,有原发后发,有中心边缘,但都毫无例外被卷入这个过程之中,使越来越多的传统国家和民族不得不面对现代转型的压力。

由传统向现代的转型,虽然是人类近代以来面临的共同任务,但是由于它在东西方发生的原因和类型不同,其表现形式也就很不一样。欧洲大陆属于原发型现代化,那里的资本主义生产方式因为是在其内部自发产生的,所以与"后发外生型"国家相比,其转型的压力和方式就会有很大不同,比如有较好的连续性和自调节能力,并在转型中形成了相互配合的联动机制,最终从政治、经济、文化等各个方面整体上完成古今之变。当然这个过程也是漫长而艰巨的,经历了一二百年的时间,但毕竟一步步走过来了,甚至在这个过程中,宗教、文化心理和社会习俗都配合了这一转变。韦伯所描述的"新教伦理和资本主义精神"的结合就是这种转变最好的证明。[①] 但是在东方和亚洲却没有这么幸运,这里的传统社会参照马克思对印度的分析,是一种"亚细亚生产方式",其特点,政治上是王权专制;经济上缺乏私有制;生产方式是自给自足的农村公社;社会结构是基于血缘的家国同构的父权制;历史发展呈现出长期停滞,如果没有外部因素的作用,很可能千百年不会有变化(20 世纪 80 年代曾有学者用"超稳定结构"概括这种现象[②])。所以当这个超稳定系统受到外部工业文明的侵入时,就会出现强烈的排异反应,甚至是激烈的社会震荡和新旧冲突,使转型变得异常艰难。其困难就在于,这个社会已经被纳入世界市场和全球体系,其生产、生活、交往方式都发生了变化,但是旧的制度、习俗和文化心理却严重滞后,从而妨碍了社会深层结构的根本转变。加上历史的错位和全球化的影响,前现代问题尚未解决,后现代的问题又来了,比如人的异化、环境污染、两级分化等,都对后发国家的现代转型造成了诸多不利。这时的后现代问题不仅不会加速现代转型,反而会增加转型的困难,为保守势力反现代找到了理由。这正是后发国家极端民族主义和民粹主义思潮容易出现且不绝如缕的深层原因。

因此,不难看出,极端民族主义与民粹主义往往是现代化的反面力量,它的产生虽然有现实原因,但是根本上是一种非理性情绪化和失落人群的集体无意识。其实只要我们尊重常识并稍加分析就不难看出,我们现在所面临的困境究竟有多少是现代文明造成的,还是因为前现代问题的滞留?比如权钱交易的问题,虽然与市场有关,但恰恰是因为市场经济不发达、法治不健全,才给腐败和寻租提供了条件和温床。我们可以睁开眼睛看看世界,特别是那些发达的现代化国家,是如何通过完善自身的各种制度法规去解决诸如腐败、发展与环境的问题,如何通过社会保障体系来调节人与人之

---

① 参见马克斯·韦伯:《新教伦理与资本主义精神》,社会科学文献出版社 2010 年。

② 参见金观涛、刘青峰:《兴盛与危机:论中国社会超稳定结构》,法律出版社 2011 年。

间的贫富差别和分配不公问题，从而有效地释放和缓解了人与人、人与社会、人与自然之间的张力与压力。在那里，我们往往看不到工业文明造成的损伤，反而看到的是它给现代人的生活带来的便捷和生活品质的提高。因此，不加反思地一味拒绝现代文明而往回走，只会使我们面对的问题更多、更复杂、更加被动。这其实也是我们的哲学需要面对和思考的问题，即如何化解传统与现代之间的紧张，变"后发"劣势为优势，实现现代文明的顺利转型。

这里就涉及我们如何对待和吸收人类文明成果的问题，这个问题在我们刚刚经历的四十年中的不同时期是有变化的。记得在 20 世纪 80 年代初改革开放前期，全国上下的态度都是非常明确的，口号是"实现四个现代化"，方向是坚定地朝向现代和未来。但是到了 90 年代后期，随着改革开放经济上取得了一定成果后，保守主义思潮便抬头了。这种保守实际上就是来自传统社会内部对现代性的抗拒，从生活方式、价值观念到政治实体，形成了一种往回走的合力。在这种情况下，吸收人类文明成果就受到了干扰，甚至有人提出我们已经结束了向西方学习的历史，要回归自身的特殊性了。进入 21 世纪以来，哲学界关于"中国哲学合法性问题"的讨论，其中也蕴含了这样的焦虑。这个话题如果是在新的历史条件下反思我们的哲学和哲学研究的现状和不足，那是有积极意义的，反之则是令人不安的。遗憾的是这个问题的提出，恰恰是认为外来的哲学改变了我们传统的话语体系，因此我们要回到传统语境接着讲、讲自己。这实际就暗含了一种与世界对立或两立而不是汇通的倾向。我认为，中国哲学必须朝着更加普遍化、世界化和更具对话力的方向发展才是有前途的，也只有在这个方向上，我们的上述讨论才是有意义的。所谓合法性就是合理性，如果我们封闭自己，就丧失了合理性。因为正像前面分析的，世界的现代化进程是不以人的意志为转移的，它不是简单地从某个人的头脑中产生的，而是由科技、生产力和资本的逻辑决定的一个客观化过程。如果在这个全球化、普遍交往的时代，特别是在我国现代转型尚未完成的半途祭出保守主义旗帜，甚至有与极端民族主义、民粹主义合流的趋势,反科学、反现代、反民主,其后果是非常危险的。现代转型绝不仅仅是 GDP 的问题,而是一个系统工程。在这一点上 19 世纪后半期洋务运动的失败即是一个深刻的教训,它实际已经宣告了"中体西用"模式走到了尽头。今天可不察乎?

这里需要辨析的是文明的普遍性和特殊性问题。在相对隔绝的古代社会,文明基本上是独立发展的,如雅思贝尔斯提出的四大轴心文明(希伯来、希腊、中国、印度),即是在不同的历史背景下出现的"理性的觉醒"和"哲学的突破",它们有的是宗教性的,有的是理性或哲学性的,有的则具伦理性。在当时,这些文明成果各自都有非常明显的特点。但是,在大机器生产、工业文明和国际市场即马克思所说的"世界历史"最终形成之后,人类文明的道路就不再是独立发展了,而是具有了某种普遍化同一化的趋势。我们讲学习和吸收人类文明的优秀成果应该是在这个意义上说的,它包括从技术、器物到价值观念和社会组织形式等一整套内容,这些都是需要我们去学习的,因为我们毕竟是后发的现代化。因此严格说,我们不是去学美国或者西方(我不太愿意用"西化"这个概念),而是学习人类已经走过并行之有效的那些具有普遍意义的东西。这些能成为人类进步的普遍化成果,不是没有道理的。比如,我们过去是宗法农业社会,是以家族性组织形式和原则维系人与人之间的关系,在相对简单封闭、以血缘和地域结成的熟人社会,道德伦理机制是适用的,但是到了近代市场经济条件下,特别是国际市场下,进入市场的都是陌生人,道德伦理的有效性就会下降,代之以契约和法治成为维系人与人关系、保障其经济利益和财富的最有效方法。也就是说,在复杂的经济生活和社会生活中,人们如果要达至和谐共生,一定要有相应的制约机制。人是有自由意志的,每个人都想追求自在状态,但是这种追求会遇到自由的边界,而契约就是处理自由边界最好的方法;在此之上,进而产生作为社会契约的普遍法和现代政治原则,这就引申出了法治。因此现代自由与古代庄子逍遥游意义上的自由就有了本质区别:前者是一个法权概念,一个自觉边界,因而毋宁说是一种公共理性;而庄子的逍遥游,则是以对公共关系的出离或背离为前提的。严复当年将约翰·密尔《论自由》中的"自由"翻译成"群己权界"，可以说是抓住了现代自由概念的核心精神。在现代社会，自由不是想做什么就做什么的任性，而是每个人的自由都要以不妨碍别人的自由为界限，每个人在法律划定的范围内拥有属于自己的最大自由。这样，不仅社会可以和谐，个人也能得到最大的发展和满足。这就是自由、法治之所以成为现代社会核心价值观的合理性基础。

五、如何看待马克思及唯物史观的方法论意义？

路：那么是不是也可以说，中国哲学必须在不断学习、接受人类文明最新成果的基础上去发展自己，才能获得其应有的生命力？这与马克思主义的方法有无内在联系？

罗：我认为马克思的方法非常值得我们重新认识和借鉴。比如我们看现在提倡的核心价值观，其中民主、自由、平等、公正、法治等，就都是现代社会最基本的价值原则，这些不是从某个人头脑中冒出来的，也不仅仅属于哪一种意识形态，而是来源于现代市场经济自然发展起来的实际需要。因此作为价值观，与其说它来源于道德，不如说是经济人理性的结果，这也是资本主义文明最重要的成果。马克思正是看到了资本主义生产方式和交换方式中所孕育的这些革命性、进步性因素，才认为资本主义是超越封建社会的更高历史阶段。同时，很多人忽视了马克思对资本主义的批判是在揭示其二重性前提下进行的；他既批判了资本主义原始积累的非正义性，同时也对资本主义瓦解前现代社会的历史进步作用给予了充分肯定。比如他说，"生产力是最活跃、最革命性的因素""商品是天生的平等派"等等，甚至在对资本主义的殖民扩张进行谴责的同时，他也指出了其历史必然性和进步性。如马克思在《不列颠在印度的统治》一文中说："英国不管干了多少罪行，它造成这个革命毕竟是充当了历史不自觉的工具。"马克思的这一评价显然超越了伦理主义视角，是建立在客观事实和历史趋势基础上的进步史观。这一点对于我们今天面对西方文化的"他者"讨论中国社会和学术的现代转型,具有极大的方法论意义。

路：基于进步史观,是不是传统的道德伦理必须接受现代性和现代价值的检视,如果发现其中有无法适应现代生活的内容,就要通过吸收现代文明的成果来进行积极的扬弃和更新?

罗：是这样的。道德虽然是个好东西,是社会之人发展起来的一种自觉的公共意识,按康德的说法是理性之人自己为自己立法。但是在现代市场经济条件下,如果单独强调道德就会显得很苍白,如你在现实中遇到个体权益受到侵害时,总不能只说"亦有仁义而已"(《孟子·梁惠王上》)吧? 而只有在法治的配合和保障下,道德才具有真实的意义。这是现代社会与古代社会的一个极大的不同;也就是说,现代社会的运行不能只靠道德起作用,而是要以满足市场平等交换的契约原则作为维系社会的根本保障,由此寻求建立一套与之配套的价值理念和制度规则,如我们提倡的自由、平等、公正、法制这些核心价值观,就既是一种新道德,也应该成为制度保障,只有这样,才能把公权力(power)关进笼子,使个人权益(right)受到保障,市场也才能良性运转而不至沦为腐败之地和强权强势者予取予夺的乐园。可见,道德的作用在现代虽然重要,却需要被重新定位,并与刚性的制度一起起作用。这就需要我们的哲学工作者站在现代文明的立场上,对传统的道德体系进行清理,在反思批判的基础上建立起与现代政治哲学相一致的新的道德理论体系。

"五常"之德——仁、义、礼、智、信,是中国传统社会最基本的道德,作为人群交往的一个基本伦理框架,在今天是可以用的,但必须对其进行现代转换和重新阐释。[①] 比如"仁",当然很好,这是儒家的核心价值即"仁者爱人",但是对何谓"仁",我们首先要作符合现代价值的界定,即它不再是以"亲亲"定位的差序格局,而必须在"一体之仁"的方向上推进。因为今天是

---

① 比如牟钟鉴、李存山先生一直强调:"三纲"不能要,"五常"可以留。

现代公民社会,连接人与人的更多是非血缘的关系,比如市场、组织、社区等,所以亲亲之爱也必须随之转变为具有普遍意义的一体之爱；其次,如何实现仁呢? 正如上面所说,制度保障极其重要,如果没有保障仁的制度,"人而不仁"的现象就会随时发生。这也是儒家历史上饱受诟病的短板。"礼"和"义"在今天也有时代隔膜,一些符合古代礼、义要求的不一定适合现代,如前些年关于"亲亲相隐"的争论即是如此,它关乎人情与法理、权利与义务的界限问题。"礼"在中国传统社会地位很重要,不仅是指礼仪,一定意义上还是法,对人身人性有着很强的禁锢和制约(人只是关系中的角色、工具而不是目的)。而今天,法尤其是宪法是最大最根本的,法不禁止即自由,礼在很大程度上被法消解和替代了,不应再有独立的地位。"义",按孟子所说源于"羞恶之心",是人自己为自己立法,但是后世也变成了外在的规范,特别是演变成小圈子的潜规则或者干脆就是"私义"(如江湖上有"桃园三结义"),这一点即使在古代也遭到批评。因此从私义到公义和正义,是现代转换的方向。"智"的古今分别更明显,因为古代与现代的知识结构和认知方式完全不同,过去不论是"尊德性"还是"道问学",都是在道德工夫层面,超出的会被当作奇技淫巧和不务正业；而现代,不仅科技是生产力,而且已经发展到了人工智能时代。"信"在"五常"里好像最没有争议,但是由于传统农业社会缺乏契约精神,信的根基也是不牢固的。何况中国文化是基于宗法血缘建立的熟人社会、亲亲文化,所以"信"也往往具有由近及远的亲疏等差分别,这在现代社会和普遍法制条件下,同样是需要反思和矫正的。[①]

由上可见,保障个人权利的法治体系的建立是实现古今之变的关键。在西方政治哲学史上,英国哲学家洛克率先论证了个人的权利而不是义务是现代社会的基本原则,从而成为现代政治哲学的奠基人。而在现实中,只有当人们开始意识到自己的权利,发现自己不仅仅是各种关系中一个被动服从的角色,并为自己的权利抗争的时候,一个真正的现代社会才会发育成

---

① 参见拙文:《道德的现代视域与"五常"新解》,《衡水学院学报》,2018 年第 5 期。

熟。当然这是一个艰苦漫长的历史过程,但却是一个必然的趋势。比如美国的宪法修正案,二百多年来就经历了 18 次 27 条之多的修改才成为今天的样子,最初妇女、黑人也是没有选举权的。可以看出,现代文明的成果其实是与现代生活方式相配合的一套价值观念和制度方式,为世界上越来越多的国家和人民所接受。它不仅仅表现为物化的技术和产品,这些是表层,学习起来比较容易,而只有精神层面的价值体系才是文明最核心的部分,也是衡量一个国家和地区是否具有文明感召力的硬指标。英国一位著名的思想史研究者彼得·沃森,有两本影响很大的著作:一本是《二十世纪思想史》,另一本是《思想史:从火到弗洛伊德》。他有一个观点我是认同的,他讲道:"很多人都说我的书有些欧洲中心主义,我个人并不否认这一点,因为我认为这是历史被塑造的方式。"他认为,从这个意义上说,文明本身没有高低,但是在塑造和接受现代社会的思想观念方面却有不同,欧洲当仁不让地扮演了最初和最重要的角色。他还认为,欧洲中心论不会让人产生偏见,只会决定我们把注意力放在哪里。他之所以不反对别人定性为欧洲中心主义,是因为他看到了近代以来的变化以及欧洲对世界的影响。他的这个说法是非常中肯的。我们当然也可以认为我们的文化很辉煌,但是这些对现代世界的塑造到底发挥了多大作用或者将可能起怎样的作用? 这也取决于我们对世界发展方向的感知。如果我们真的能够对未来世界施加某种积极影响,那自然也会引起别人的重视。

路:在这里,我们是否可以这样理解彼得·沃森的说法,即虽然文明没有高低之分,但是却有先后之别,我们必须承认一些文明在人类历史的特定阶段是走在前面的,我们必须看到这种差距,并且虚心地学习。

罗:对。我们一方面要承认现代文明的发生有前后之别("原发""后发"),另一方面也是更重要的,就是要真正面对而不是回避或掩盖这种差别、差距。按照彼得·沃森思想史中的提法,欧洲的文艺复兴、宗教改革、科技革命、启蒙运动、工业化,这些都是使近代以来发生翻天覆地变化的决定性因素,如果不面对这些问题,我们就无法思考我们当下的生活并做出选择。美国学者彭木兰在《大分流》一书中,也认为19世纪欧洲工业化充分发展之后,西欧的中心主义才有了实际的意义。他也是从对生产交换方式和市场的考察,来说明中英两国为什么在18世纪分道扬镳走上了不同的道路。他还认为,生产出来的产品只有在市场上才能实现其价值,于是市场就成为连接人与人之间的中心和纽带。市场交换需要形成一套特定的方式,从而最终决定了社会发展道路的不同。这与马克思的分析方法有许多相似之处。马克思对资本主义的考察批判也是放在资本主义的生产交换过程中进行的,并且是以历史的分析的态度,既看到了资本主义生产方式造成人的异化和原积累野蛮的一面,也肯定了资本主义对历史发展所起到的客观进步作用及造成的合理化趋势。最后,马克思所提出的社会主义社会是建立在西欧资本主义高度发达基础上的,是充分吸收了现代文明成果的;也就是说,马克思对资本主义的批判不是绝对化的,而是揭示了其二重性。这一方法也为解释资本主义在后来的发展预留了空间,正是在这个意义上,马克思被一些西方学者喻为资本主义的病理学家。

六、从方法、路径、问题着眼,探索中国哲学在新时代的"着力点"

路:从中国哲学或中国伦理学的研究角度而言,目前有哪些前沿或者更为重要的问题? 因为我们发现,在这方面的研究中,很多青年学者容易陷入困惑,抓不到关键的问题,也就很难对学术的发展产生有时代意义的推动。

罗:目前哲学界讨论得较多的一个问题是"如何做中国哲学"①"如何做中国伦理学"②这样一些从自身语境出发带有反思性、方向性的问题。由于哲学是舶来品,这一百年我们基本上是按照西方哲学的框架和方式讲中国

---

① 陈少明:《做中国哲学:一些方法论的思考》,生活·读书·新知三联书店2015年。
② 华东师大哲学系、学报编辑部:"做中国伦理学:理论与方法"学术研讨会,2018年10月19 - 21日。

固有思想和思想史的,所以对自身的定位和自觉都比较缺乏,少有独立的原创性的哲学研究。有学者对这一现象提出了尖锐的批评,指出:"几乎整个中国哲学界都在做哲学'史',没有几个人在真正地做'哲学';几乎所有人都在研究他人的哲学,没有几个人在做原创性研究,发展自己的哲学;几乎所有人都面向哲学的过去,没有几个人'活'在哲学的现在和当下,参与哲学的当代建构。"①因此要在一定程度上摆脱这种被动的、单纯"史"的研究局限,除了我们前面提到的要回归哲学的本质(爱智求真)和方法(逻各斯)外,还要面对现实问题,对其进行哲学阐释,建立起自己的哲学体系。马克思说"哲学是时代思想的精华",还说,"以往的哲学只是解释世界,而问题在于改造世界",在他看来,哲学不仅是哲学家对所处时代问题的认识,同时这种认识还必须对现实发挥作用。可见,哲学的现实感和实践性是马克思哲学超越以往形而上学哲学的独特之处。如果哲学家不回应现实问题,而只是躲在书斋里做概念的游戏,这样的哲学是没有生命力的,也是哲学家的失职和不在场。尤其是我们现在正处在国内转型、国际普遍交往的全球化时代,大量的矛盾、冲突和困惑需要我们去面对和解决,如传统、现代、后现代的关系,社会转型的方向与途径,现代人的生存境遇和异化,权力与资本的边界,道德与法治的关系及在现代的定位,人与人、与环境、与自身、与他者如何相处等,这些都既是现实和实践问题,也是理论问题,需要哲学家有所担当,揭示出事物表象之下内在而深刻的本质及其出路。

每每听到一些人抱怨中国哲学在国际上不受重视、西方人对中国学术偏见太深等。一个比较突出的例子是 21 世纪初德里达来中国讲演,表达了与黑格尔一样的看法,认为中国有思想无哲学,于是立刻激起了中国学界的反弹,直接引发了延续至今的关于"中国哲学合法性问题"的讨论。其实换一个角度看,如果我们在 21 世纪能够对人类面临的共同问题给出令人信服

---

① 《访谈:国际哲学院院士陈波:中国哲学家要参与哲学的当代建构》,澎湃新闻"思想市场" 2018 年 8 月 30 日。

的思考和解释框架,相信持"偏见"的人就会越来越少。正像沃森所说,影响力的关键在于对世界历史的塑造和对时代问题的感受力,而不是单方面要求别人重视。比如雅思贝尔斯在 20 世纪 40 年代提出"四大轴心文明"时,就没有遗忘中华文明,因为在他看来,以孔子为代表的儒家和以老子为代表的道家,都有着反映轴心文明"理性的觉醒"和"哲学的突破"特点的独特的思想贡献;也就是说,中华文明在那个历史节点上是站在人类文明前列的。所谓"轴心",即是基准,意味着那些思想在人类思想史和历史上发挥了关键作用;而"理性的觉醒"和"哲学的突破",则是指那个时期的伟大思想家在他们思考自身与外部世界的关系时,突破了个体和族群的狭隘眼界,具有了普遍主义精神和超越关怀,并且用哲学的抽象语言和理论体系表达了出来。如孔子提出的"仁"、老子提出的"道"和"自然",都是这样,关乎世界的根本存在方式和人之为人这样一些基本的哲学思考。后世尽管有各个时期的新儒家、新道家,但都可以看作是"流",是一种随机应对,难免偏离和遮蔽本原价值。比如儒家后来的纲常名教对"仁"是不是有所偏离?黄老道家、道教的"术"对老子的"道""自然"是不是也是一种歧出?所以后世的人们需要不断用审视的眼光做减法,回归和重温人之为人的初心是要过幸福且有尊严的生活,这才是人类的大本和达道。可见,雅思贝尔斯在这里就不是一个文明的中心论者,而是看到了各个文明的特点,看到了东西方。他还提到,人类过几百年总要回望轴心文明,这个说法也很好。因为从原点出发的时候似乎很明确,但是走了一段后往往就看不清方向了,会受这个主义那个思潮的干扰,于是回到原点去追问人之为人应该过一种怎样的生活,要成为什么样的人,就变得十分必要和重要了。

路:对,人之为人的话题很重要,我们最终还是要追求一个共同的、可持续的、并且能够和谐共存的生活。所以"群己权界"在当代越来越成为一个紧迫的话题,在这个话题下我们可以展开很多的思考。

罗:是的,人是社会的人,需要由理性来建立关系和关系准则。理性是人认识世界的一种能力,它要求有一定的超越性、反思性和自觉意识,而不能只服从于个人的情感心理。只服从情绪、心理和欲求的是生物学意义上的人，这样的人是非理性的、利己的，对外会产生排他性与攻击性；只有理性之人才能学会与他人相处，建立和谐秩序。因此，如何从动物性的人成为有理性的社会人、在与他者的关系中确认自己的边界，是近代启蒙的核心任务。这里就涉及人的自由意志如何在关系中展开并实现的问题。从根本上讲人都是向往自由的，对自由的追求是人性的一部分，如亚里士多德说"自由就是做自己想做的事情"（《政治学》），儒家思想中也有"由自""由己"的概念，庄子有"逍遥游"，佛教有"自在"等等，但是如何让自由在关系中展开并得以实现，最终是由保障权利并明确"群己权界"的普遍法来完成的。因此，近代以来的自由实际上是一法权概念，与古代自由或逃离关系（如庄子）或仅靠道德修为（如儒家伦理）具有不同的内涵和本质区别。

但是在今天，自由的实现还由于全球化的加深而面临新的挑战，它既是共时性问题，也是历时性问题，需要延伸性的思考。随着全球化条件下人际交往的扩大（如今天的地球村），以及关系越来越复杂、叠加（人与人、国与国、族群与族群、原发与后发、世俗与宗教、意识形态等等），每个人如何成为自己、"学以成人"？这就是一个具有全球性的急切而普遍的问题。这个问题是现实之问，更是哲学之问。作为人，既是自己又是群体中的个体；作为关系，既需要普遍法和公共伦理，又要满足主体的意愿和心理基础（自然），这就需要寻找一个平衡点，并以一定的主客观条件作为前提。

所以关于中国哲学在新时代如何发展的问题，我想可以从上述哲学的方法、路径以及问题意识上去发现"着力点"，而这一切的前提需要我们是有独立反思能力的理性之人、是柏拉图笔下走出洞穴的人，这是成为哲学人的首要前提。另外，我们发展新哲学还包括继承五四的启蒙传统和科学民主精神，用这种精神面对和解决我们的现实问题，只有这样才能谈得上继承和发展。如果说五四面对的时代问题主要是反对内外压迫争取民族独立，那么今天我们面对的有与一百年前相同的内容，也有新的问题。今天我们已然在改革开放条件下搞了市场经济，并融入了国际市场，这就需要我们遵循市场的法则处理群己权界,建立起符合现代法治精神的新型人己、物己关系,包括人与人之间(以权利为中心)、人与自然之间(科学、可持续)、人与心灵之间(信仰自由)等各种关系,从而完成从传统社会向现代社会的转型。

　　总之,面对问题,回应问题,回归哲学的本质,培养认识事物的能力和科学精神,保持独立人格和对真理的追求,这些综合起来就是一种思维方式,即运用理性独立分析判断事物的能力和方法。在去年的"两会"中,我们哲学所的政协委员陈霞教授就提交了一份"重视审辩式思维"的提案,得到了教育部的重视,并准备纳入国家教育规划和考评机制。[①] 这种审辩式思维对应的英文词汇是 Critical thinking,也叫批判性或反思性思维。而且"审辩"一词在中国典籍里也有相应的支持,如《中庸》所载:"博学之,审问之,慎思之,明辨之,笃行之。"这说明审辩式思维也是与中国的优秀传统相契合而需要我们发扬的。尤其在今天,这种思维方式的重要性已不言而喻,已经成为我们认清现实和未来发展方向的必要前提和保证。

　　路:您在这里谈到的审辩式思维我觉得可以作为我们今天访谈的一个总结。我也认为,只有有了这种具有哲学品格且符合现代文明方向的思维方式,才能够使其真正成为中国哲学未来的一个重要走向。毕竟,哲学的进步最终要体现为思维的进步,中国哲学的现代转型也必须从思维方式的现代转型中找到其真正的根基。再次感谢您接受我们的访谈,也期待您能继续有高论面世。

　　　　　　——原载于《晋阳学刊》2019 年第 2 期,略有改动。

　　(罗传芳:中国社会科学院哲学所研究员;路强:《晋阳学刊》编审)

---

① 参见陈霞、陆航:《国民教育要注重思维能力的培养》,中国社会科学网,2018 年 3 月 5 日。

从哲学史到哲学

——中国哲学知识体系的回顾、反思与重构

陈 霞

[提 要]自20世纪初"哲学"作为一门学科在中国设立以来，学界就开始构建中国哲学知识体系。第一个知识体系以西方哲学为参照，宇宙论、本体论、人生论、知识论等被大量应用于分析中国古代哲学思想。第二个知识体系以马克思主义为指导，采用唯物主义、唯心主义、辩证法等概念对中国古代思想家的个体身份和思想形态进行描述与评价。今天，重构中国哲学知识体系，我们应该融通马克思主义、中华优秀传统文化、国外哲学社会科学的资源，从哲学史转到哲学，从围绕经典转到围绕问题，加强知识论论证，拓展全球视野，用新的话语阐释中国传统思想，归纳其重要特色，将中国哲学发展成具有现代性的知识体系，以影响和指导现代人的生活，塑造未来的中国和世界。

[关键词]哲学史 哲学 知识体系 重构 现代性

清末民初以来，中国学界就开始探索、力图建构中国哲学知识体系。本文将回顾这个建构的历程及学界的反思，指出当代中国哲学知识体系的重构需要从哲学史转向哲学。

一、第一个中国哲学史知识体系——终结经学

1840 年以后,中国遇到了"数千年未有之变局"。为应对这种剧变,亟须进行教育改革。1902 年颁布的《钦定大学堂章程》和 1904 年颁布的《奏定大学堂章程》,具有了中国现代学制的雏形,延续千年的科举制随之废除。遗憾的是这两份开启教育改革的纲领性文件均未设立"哲学"学科,"哲学置之不议者,实亦防士气之浮嚣,杜人心之偏宕",因为"哲学主开发未来,或有骛广志荒之弊"①。针对这种误解和恐慌,王国维 1903 年发表的《哲学辨惑》一文指出:一、哲学非有害之学;二、哲学非无益之学;三、中国现时研究哲学之必要;四、哲学为中国固有之学;五、研究西洋哲学之必要。分科大学章程的最大缺点即在于没有设立"哲学"一科。② 辛亥革命以后的 1913 年,民国政府颁布《教育部公布大学规程》,把"哲学"单独立科,随即终结了封建社会的国家意识形态——经学。对"哲学"之名的设立不能等闲视之,它是在甲午战败后中华民族陷入深重的民族危机之时进入中国学术界的,和它一同出现的还有对中国教育制度和政治制度进行改革的呼声。③

经学终结后新建的中国哲学是一种知识体系。1919 年,胡适在《中国哲学史大纲》中提道:"我做这部哲学史的最大奢望,在于把各家的哲学融会贯通,要使他们各成有头绪条理的学说。"④蔡元培在这部著作的序中说:"我们要编成系统,古人的著作没有可依傍的,不能不依傍西洋人的哲学史。"胡适这里所说的"有头绪条理的学说"、蔡元培所说的"系统",就是第一个有关中国哲学的知识体系。在这套体系里,宇宙论、人生论、知识论等被大量应用

---

① 朱有瓛主编:《中国近代学制史料》第 2 辑上册,华东师范大学出版社 1987 年,第 66 页。
② 参见王国维:《王国维文集》(第 3 卷),中国文史出版社 1997 年,第 3 页、第 69 页。
③ 参见李存山:《经史传统与中国的哲学和学术分科》,《中国哲学史》,2019 年第 2 期。
④ 胡适:《中国哲学史大纲》(卷上),《胡适学术文集·中国哲学史》,中华书局 1999 年,第 28 页,第 1 页。

于分析中国哲学。

这套体系是以西方哲学为参照的。冯友兰在1931年至1934年出版的《中国哲学史》中提道:"哲学本一西洋名词。今欲讲中国哲学史,其主要工作之一,即就中国历史上各种学问中,将其可以西洋所谓哲学名之者,选出而叙述之。"①1937年,张岱年在《中国哲学大纲》的自序中明确指出:"如此区别哲学与非哲学,实在是以西洋哲学为表准。"②第一个中国哲学知识体系是以西方哲学的形式将中国古代文本中的部分内容构建为可普遍理解和检验的知识系统。这是中国传统思想在继承中的发展,是一次飞跃。

二、第二个中国哲学史知识体系——以马克思主义为指导

虽然"西学东渐"早已开始,但以哲学来推动中国思想革命的是马列主义的传入。辩证唯物主义和历史唯物主义在中国推动的思想革命与政治革命、社会革命结合在一起,极大地改变了中国。随着马克思主义传入而成立的中国共产党一开始就明确了其指导思想是马克思主义。各个学科都要以马克思主义的立场、观点和方法为指导,中国哲学也不例外。

冯友兰1949年10月5日致信毛泽东,表示"准备在五年内用马克思主义的立场、观点、方法重新写一部中国哲学史"③。学界迅速出现了运用马克思主义研究中国哲学史的成果,如冯友兰1950年发表的《中国哲学底发展》,张岱年、任继愈、朱伯崑随即联合编写的《中国哲学史讲授提纲》,1963年作为全国文科统编教材问世的任继愈主编的《中国哲学史》。这套知识体系采用唯物主义、唯心主义、辩证法、奴隶社会、封建社会、阶级、不同时期的阶级特点、劳动人民、反动、革命等新术语,对社会历史、个体身份、思想形态

---

① 冯友兰:《中国哲学史》(上),《三松堂全集》(第二卷),中华书局2016年,第245页。
② 张岱年:《中国哲学大纲》,《张岱年全集》(第二卷),中华书局2017年,自序第1—2页。
③ 冯友兰:《三松堂自序》,生活·读书·新知三联书店1984年,第156页。

进行了描述与评价。①

由于受到苏联日丹诺夫关于哲学史"就是唯物主义与唯心主义斗争的历史"②的观点影响,中国哲学史研究把这个定义作为以马克思主义立场为指导的典范。但是将这个范式运用于中国哲学,发现了不少偏颇之处,中国哲学界对死守教条的论点提出了质疑。这个问题之所以从中国哲学领域提出,因为在此领域这个定义的偏颇之处最明显。第一,按照历史唯物主义观点,在马克思主义出现以前,所有的社会政治思想和历史观都是唯心主义的。很多哲学家即使在自然观和认识论方面有唯物主义倾向,但在与阶级利益直接相关的社会政治思想和历史观领域却是唯心主义的。于是出现这样的情形,即唯物主义与唯心主义的斗争不存在于社会政治思想和历史观领域。第二,将阶级分析应用于中国古代哲学则发现,中国封建社会的哲学家绝大多数都和地主阶级有联系,一部中国哲学史要么代表大地主,要么代表中小地主,怎么分析他们之间的斗争呢? 这个范式还引申出了经不起检验的"儒法斗争史观"。对这些问题的讨论不仅在教研室里进行,也已经见诸报端,并促成 1957 年 1 月在北京大学哲学系举办了"中国哲学史座谈会",有一百多位来自国内高校和研究机构的学者参加。③ 这场讨论会的意义非常重大,影响及于二十多年后的拨乱反正。

恩格斯说,马克思的整个世界观"提供的不是现成的教条,而是进一步研究的出发点和供这种研究使用的方法"④。40 年前,我国经历了一次运用马克思主义方法克服教条主义而带来社会变革的思想事件,这就是关于真理标准的全国性大讨论。这场大讨论冲破了"两个凡是"的严重束缚,摆脱

① 参见乔清举:《当代中国哲学史学史》,上海古籍出版社 2014 年,第 80 - 81 页。
② 日丹诺夫:《在关于亚历山大洛夫著〈西欧哲学史〉一书讨论会上的发言》,人民出版社 1954 年,第 5 页。
③ 参见梁志学、陈霞:《论对立面的统一和斗争——对"中国哲学史座谈会"的反思》,《博览群书》2007 年第 7 期。收入赵修义、张翼星编:《守道 1957—1957 年中国哲学史座谈会实录与反思》,上海人民出版社 2012 年。
④ 《马克思恩格斯选集》(第 4 卷),人民出版社 1995 年,第 743 页。

了教条主义的负面影响。

三、反思中国哲学知识体系的建构

在中国古代经史子集的学术体系分类中,并没有一个独立的系统与西方所谓的哲学完全相当。近年来,以西方哲学为标准建构起的中国哲学史知识体系受到了质疑,产生了自我辩护的需要。"中国历史上存在着某种独立于欧洲传统之外的'中国哲学'吗? 或者说,'哲学'是我们诠释中国传统思想之一种恰当的方式吗? ……我们又是否可以(或者说应当)以'西方哲学'之'规''矩'来范围'中国哲学'之'方''圆'呢?"①这里的关键是中国哲学究竟是中国历史上本来就存在的,还是通过西方哲学解读中国历史上的非哲学文本而创造出来的? 如果是后者,那么中国哲学就存在"合法性"的问题。

解决中国哲学的"合法性"问题既要看到其普遍性"哲学",又要看到其特殊性"中国"。这是以哲学之普遍性和特殊性回应合法性问题。张岱年在《中国哲学大纲》中就已经从此角度说明了中国哲学的正当性。如果哲学仅指西方哲学,与其相异者就是另一种学问,不能称为哲学,那么中国思想也不能称作哲学。如果把哲学看作一个类称,而非特指西方哲学,那么以哲学指称中国思想中的部分内容便不成问题。②针对中国哲学合法性问题,学者们还提出了多种解决方案。有的学者认为应该讲述中国哲学自己,"以中解中"。如张立文指出:"中国哲学决不能照猫画虎式地'照着'西方所谓哲学讲,也不能秉承衣钵式地'接着'西方所谓哲学讲,而应该是智能创新式地'自己讲'。'自己讲'讲的主体无疑是'自己','自己讲'也很可能是'自己

---

① 郑家栋:《"中国哲学"的"合法性"问题》,《中国哲学年鉴(2001)》,哲学研究杂志社 2001年,第 1 - 2 页。

② 参见张岱年:《中国哲学大纲》,《张岱年全集》(第二卷),第 2 - 3 页。

照着讲'或'自己接着讲'。"①有一种观点认为,解决此危机应该回到经学和子学。"既然我们所用的'中国哲学'之名,指的是过去经学与子学曾经思考的那个东西,那么,我们不妨就让它'名'副其'实',在'中国哲学'之'名'下,回归到经学与子学中去。"②

这些年来,学术界关于如何做中国哲学的反思从内容转向形式,从讨论什么转向如何讨论,存在着"照着讲""接着讲""对着讲""以中释中""以西释中"等争论。"哲学"虽然有大致的内涵和相对的稳定性,但也在不断被调整。既然哲学是一个历史的、变化的概念,既然哲学是一个"类称",西方哲学、中国哲学及世界其他文明中的哲学都是其"特例",那么中国哲学的成立也就不存在问题。

四、重构当代中国哲学知识体系——从哲学史到哲学

百年来中国哲学界主要做的是哲学史,对人物、文本、历史有不少研究,但缺乏深入系统地对相关哲学学理问题的探索、对当代社会现实问题的关注和回应,缺乏原创性的哲学体系。我们今天拥有近代以来中西哲学互动的积累,前辈学者在此方面所做出的努力为我们打下了坚实的基础,是一笔宝贵的财富。我们还能够调动世界哲学资源。现在可以更为从容、深入思考和推动当代哲学知识体系的重构。

王国维曾经强调:"凡欲通中国哲学,又非通西洋之哲学不易明也……异日昌大吾国固有之哲学者,必在深通西洋哲学之人,无疑也。"③然我们要立足于传统,但一定要避免走向封闭的特殊主义。从传统出发拥抱世界,展

---

① 张立文:《中国哲学的"自己讲""讲自己"——论走出中国哲学的危机和超越合法性问题》,《中国人民大学学报》,2003 年第 2 期。

② 郭晓东:《也谈中国哲学的研究方法——对"中国哲学的合法性问题"及"反向格义"说的回应》,朱刚、刘宁主编:《欧阳修与宋代士大夫》,上海人民出版社 2007 年,第 327 – 328 页。

③ 《哲学辨惑》,《王国维文集》(第 3 卷),中国文史出版社 1979 年,第 5 页。

开与其他文明的对话,让世界了解中国哲学。只有在文明对话的互动中,中国哲学才能够走向世界,取得进一步的发展。

中华文明在实现哲学突破的时候,思想家对自身与外部世界关系的思考突破了个体和族群的狭隘眼界,使用着具有全球性质的"天下""四海""四方"等术语,儒家的"修身齐家治国平天下",道家的"修之于天下,其德乃普",都具有普遍主义精神和超越情怀,对关乎世界的根本存在方式和人之为人等基本问题进行着哲学的思考。近代以来,中国哲学也曾经影响过西方社会。在启蒙运动初期,中国的治理由于没有一个凌驾于世俗政权之上的教权,被认为是理性的、道德的、有效的,而被"动荡的欧洲"当作"理想的模型。"①《老子》是当今外译最多的典籍之一。它具有高度的抽象性,直接切入具有普遍意义的哲学问题,其思想越抽象、越普遍,其影响就越广泛、越深入。虽然中国哲学对世界产生了一些影响,但总体说来,中国哲学没有真正走出去。创新基于我们对未来的想象。世界在塑造着未来的中国,中国同样在塑造着未来的世界。哲学影响力的关键在于对世界的塑造能力。中国哲学应该摆脱封闭狭隘,不能再关起门来做哲学,而应主动参与到国际学术共同体中,参与哲学的当代建构,为世界哲学提供中国哲学的思考视角。

中国传统哲学是以"我注六经"和"六经注我"的方式进行的,作者没有真正的独立性。现在应该进行新的研究范式转换,从"注经"转到根据现代社会人生的实际状况引出具体的论题,把研究重点从哲学史的梳理转到对哲学问题及其学理的研究上。真正的问题才是哲学的源头活水。围绕某个具体的问题,从各个方面长期地思考、研究、论证,从而建立起解释此问题的理论体系。

中国传统哲学是落实于行动中的哲学,是关于"生命的学问",是心性之学。中国哲学修身和实践主要在于道德方面,但支撑我们人生的这些道德信条的根据是什么?我们对此缺乏知识论的论证。由于西方主流哲学把哲

---

① 转引自朱谦之:《中国哲学对于欧洲的影响》,福建人民出版社 1985 年,第 188 – 189 页。

学的关注集中在对实在的认识上,寻求以命题的形式表达思想,主体的道德修养便被看作是宗教的事务。① 这样,关注主体修身、体悟、致良知、慎独等中国传统思想便被理所当然地归到了宗教学的研究领域。叶秀山认为"哲学"之成为知识是可以建构的,即由"否定"的环节转化为"思辨"的"建构",使"哲学"成为关于"绝对"的"思辨知识体系"。这个"否定"的"哲学精神"和"逻辑环节"在"中国哲学"传统中,是需要学习的。② 我们曾经不追求理论而强调实效,不注重知识体系建构而强调经验,但今天在强调实效与实践的同时,也要追求理论表述。这就需要一个理性的、知识论的环节,提炼出清晰的概念和范畴,逐渐把这些概念和范畴通过逻辑分析论证成一个系统、严格、周密、明晰,可操作的、供批判性检视的理论。这个过程的每一步都需要严格的界定和推理。它既要求问题是开放的、反思性的,也要求论证过程是透明有序的,对话者可以在任何一个环节参与其中,从而使讨论明确有效。③

重构当代的中国哲学知识体系,可以在以下方面深入和创新。20 世纪以来的西方哲学似乎是一个形而上学不断衰落的时代。中国哲学研究领域对此却给予了相当程度的重视。牟宗三认为真正的形而上学不仅要对人之为人、道德之为道德的依据有所说明,还要对宇宙万物的存在及发展有所说明。他提出"境界形态的形而上学"和"实有形态的形而上学"。"境界形态的形而上学"有别于逻辑思辨式的形而上学,它是通过实践的途径而不是依赖逻辑分析、不是既成性而是生成性、不是外在性而是内在性的形而上学。④ 斯特劳森(Peter Strawson)认为中国哲学可以发展为一门以中文思维结构为对象的描述性形而上学(Descriptive Metaphysics),从而与修正性形而上学

---

① 杜维明说中国哲学是"宗教性的哲学"。参见杜维明:《论儒学的宗教性——对(中唐)的现代诠释》,武汉大学出版社 1999 年,第 106 页。

② 参见叶秀山:《对于中国哲学之过去和将来的思考》,《江苏行政学院学报》,2016 年第 1 期。

③ 参见路强、罗传芳:《面向世界与未来:中国哲学现代转型的现实要求——罗传芳研究员访谈录》,《晋阳学刊》,2019 年第 2 期。

④ 参见陶悦:《试论牟宗三"境界形态的形而上学"之构建》,《哲学研究》,2019 年第 2 期。

（RevisionaryMetaphysics）相区分。描述性形而上学可以揭示并阐明我们思考世界的概念结构的最一般的特征；而修正性形而上学则认为现实世界与我们在日常语言中的世界有异，要把握真正的现实结构，必须抛开或改变我们的日常思维。无需拒斥描述性形而上学，分析哲学需要它。① 杨国荣提出"具体的形而上学"，以区别于西方的抽象形而上学和后形而上学，其旨趣在于从本体论、道德哲学、意义理论等方面阐释人与人的世界。② 上述几种形而上学之提出和建构有助于我们更为深入地阐释中国哲学的特质，并使之提升到形而上的高度。在西方哲学界已发出"形而上学终结"的慨叹时，仍能立足于中国传统学术资源，建构起形而上学理论的新形态，这无疑将使世界哲学更上一层楼。

在本体论上，中国哲学创建之初的很多哲学家已经开始从事这方面的建构，如冯友兰、金岳霖、马一浮等人的"新理学"，熊十力、梁漱溟、贺麟等人的"新心学"，张岱年的"新气学"等。改革开放以后，李泽厚、冯契等学者也都先后提出了自己的哲学学说。牟钟鉴、陈来等学者在致力于当代中国本体论的建构。③

在思维方式上，中国哲学具有不同于因果性逻辑思维的"关联性思维"特征。在宇宙观方面，中国哲学的天人关系是一种审美式的关系。我们更倾向于把生活看成一门艺术而不是科学，对世界的认识开始于个体的独特性、重要性，强调这个人、这件事与这个环境的相互关系。④ 事物没有前定的本质，事物的性质是由它们与周围环境的关系决定的。如果从本质出发来规定目的，则易忽视事物的互相联系。逻辑构造中的抽象原则具有优先性，美学秩序则把具体的、特殊的放在首位，过程和变化优先于形式和静止、暂

---

① 参见余纪元：《通过斯特劳森而思》，《世界哲学》，2006 年第 4 期。

② 参见杨国荣：《具体的形上学》，《哲学分析》，2011 年第 4 期。

③ 参见牟钟鉴：《新仁学构想——爱的追寻》，人民出版社 2013 年，序第 4 页。陈来：《仁学本体论》，生活·读书·新知三联书店 2014 年，第 1 页。

④ See Roger T. Ames, "Putting the Te back into Taoism", in *Naturein Asian Traditions of Thought: Essays inEnvironmental Philosophy*. State University of New York Press, 1989.

时的和协商性的平衡优先于决定的和目的论的平衡、动态的和放射状的中心优先于限定的边界。① 现在的自然科学、社会科学、人文科学分科导致我们缺乏对世界的完整理解,中国哲学具有的关联性思维、美学秩序特征对整体性、关系性的注重而形成的知识应该重新获得价值。

在伦理学方面,在义务论、目的论、功利主义、德性伦理等之外,安乐哲(Roger Ames)和罗思文(Henry Rosement)将儒家的正名思想用角色伦理加以归纳。② 在信仰方面,杜维明提出精神人文主义,对启蒙运动加以反思。精神人文主义注重精神性,从而避免世俗人文主义因去魅而缺失的对精神的关照;它又是人文的,从而不再重蹈中世纪宗教对其他领域的宰制。③ 政治哲学方面,赵汀阳演绎了天下体系这一新观念,认为需从政治的世界观层面上创造出具备世界尺度思考规模且关乎世界制度的先验政治世界观。这样的世界观既超越了个人权利,也超越了国家利益。天下体系就是"以天下观天下"的具有世界尺度的独特世界观。④

斯特劳森(Peter Strawson)曾经说道:"任何哲学家,只有当他能够用他自己时代的术语重新思考先驱者的思想时,才能理解这些先驱者。"⑤以上仅举例说明中国哲学界从形而上学、本体论、思维方式、伦理学、宗教哲学、政治哲学、环境哲学、过程哲学等方面创造性地提出的概念、范畴和命题,这都是在用当代新创的话语梳理中国传统哲学,归纳其重要特色。这些努力在使得中国哲学成为具有当代性的知识体系方面进行了极富启发的尝试。

---

① See Roger T. Ames, "The Local and the Focal in realizing a Daoist World", in *Daoism and Ecology: Ways within a cosmic landscape*, pp. 264 – 280.

② 参见安乐哲、罗思文:《〈论语〉的孝:儒家角色伦理与代际传递之动力》,《华中师范大学学报》,2013 年第 5 期。

③ 参见杜维明:《建构精神性人文主义——从克己复礼为仁的现代解读出发》,《探索与争鸣》,2014 年第 2 期。

④ 参见赵汀阳:《天下体系:世界制度哲学导论》,江苏教育出版社 2005 年,第 2 页。

⑤ 转引自余纪元:《通过斯特劳森而思》,《世界哲学》,2006 年第 4 期。

在"哲学"与"理学"之间徘徊①

——西周对 Philosophy 的误读及其理论困境

林美茂

问题的提出

正如人们所熟知的,把 Philosophy 译成"哲学"的人是日本明治初期启蒙思想家西周(1819—1897)。他最初把 Philosophy 译成"希哲学",后来为了解释这个新概念的含义,以"希贤学"加以说明,而最终作为学术用语在日本固定下来的是"哲学"②。在采用"希哲学"或"希贤学"翻译期间,西周曾多次把这门学问与"理学"或"性理之学"相提并论。也就是说,西周最初接触 Philosophy 时,曾把它理解为与儒学中的宋明理学基本相同的学问。虽然他也感到其中有"大相径庭"之处,但仍然将其作为接近于汉学中的"性理学"

---

① 本文系国家社会科学基金一般项目"学科创新视域下的公共哲学:中日比较研究"(编号12BZX091)的相关研究成果。

② 西周什么时候改用"哲学",笔者还没有找到确切的文献可以确定时间。只是发现,他在1868 年之后的文献中,对于 Philosophy 一词进行旁注时,就只剩下"哲学"两个字。也许是出于写成三个字啰嗦,索性就写成两个字,这样也能表示同样的意思。其实日本人一贯有这种从简的小传统,如平安初期僧人们为了抄写佛经的方便,把表音的汉字写成偏旁,从而使汉字符号化,这就从汉字的偏旁中发明了片假名(日语字母)。另外"哲"字在日语中有"敞开""阐明"的意思,西周可能在译成"希哲学"之后,意识到"哲"的这种含义,就索性把 Philosophy 改译成"哲学",并且这样的译语似更具创造性。这与亚里士多德哲学的整理者将 Metaphysics(希腊语 meta ta physica)译成"形而上学"有相同之处。

来理解。根据西周的《百学连环》可以看出,西周注意到儒学与西学中这门学问的不同主要在于:"此哲学在东洲称作儒学,儒学的根源自邹儒以来学者,其孔孟学派虽连绵相续却无变革。不像西洲学者那样,自古其学连绵相传,却各自依据自己的发明讨伐前人学说,唯采用不可动摇之处。所以不断推陈出新。"①因此,他指出,"宋儒存在着虽有追求性理哲人却无自己著作,唯在圣贤经传中加入自己学说的问题","汉儒达不到卓绝在于泥古二字"②。日本学者藤田正胜认为,这应该就是西周没有使用"理学"而创造"哲学"一词翻译 Philosophy 的原因所在。③

然而,对于西周不采用"理学"而自创"哲学"一词翻译 Philosophy 的原因,如果仅仅追究至此,也就是说仅指出儒学与西学的这些表面特点的不同,不再进一步探讨为什么东西方的学问会存在这样的差别,其根源究竟何在等问题,就不能发现西周翻译 Philosophy 时存在的对于西方哲学理解上的缺陷,也就无法把握东西方学问所存在的根本区别的症结之所在。本文拟从分析西周翻译 Philosophy 概念时的困惑和徘徊入手,探讨其理解上的局限,为认识明治学术界在西学东渐过程中存在的问题,提供一种反思的向度。

一、"希哲学""希贤学"与 Philosophy

一般认为,西方哲学最初传入日本是与基督教进入日本同期。麻生义辉在其《近世日本哲学史》一书中只是指出大约在公元 1549 年前后。④ 但是藤田正胜的近期论文,已经在时间和文献上有了具体的指认,他认为 Philosophy 最初进入日本应该是在 1519 年,岛原加津佐印刷出版的《サントス(聖

① 《西周全集》(第四卷),第 169 页,日本宗高书房,昭和 56 年再版。
② 同上,第 183 页。
③ 参见藤田正胜:《日本如何接受"哲学"?》,《日本问题研究》,2012 年第 1 期。
④ 参见麻生义辉:《近世日本哲学史》,書肆心水 2008 年。《日本哲学小史》(熊野纯彦编著,中央公论社 2009 年,第 9 页)也持同样的观点。

人)御作業の内抜書》(即《圣人桑托斯工作之记载》)一书中多次出现"ヒィ
ロゾフィア"(philosophia,哲学)与"ヒィロゾホ"(philosopho,哲学家)的概
念。(藤田正胜,第 6 页)西周究竟最初在什么时候接触到这门学问,确切时
间不能确定,但是我们在他于 1861 年为津田真道的《性理学》一书撰写的跋
文①、1862 年前往荷兰之前给好友松冈邻的信,以及他为蕃书调所准备的哲
学讲义中可以了解到,这期间他已经开始关注这门学问。但在这个时候,他
把 Philosophy 理解为与"儒学"同样的学问。比如,在给松冈的信中谈到:
"小生最近得以了解西方之性理学、经济学等学问之一端,大为惊叹其乃公
平正大之论,而觉悟到与以往所学汉说存在大相径庭之处……只是其所言
ヒロソヒ之学,简述性命之理不轶于程朱之学,本于公顺自然之道……"(吴
光辉译)根据此信不难看出,他把 Philosophy 理解为"西方之性理学",虽然
感到两者之间"大相径庭",但将其看成与"性理学"同类学问是事实。不过,
即使这样,西周还是把 Philosophy 翻译成"希哲学",即使自己生造新词,也不
愿采用"理学"或"性理学"之汉学中对应性语言来翻译。他为《性理学》所
作的跋文如此,为蕃书调所准备的"讲义"也是如此。② 并且在"讲义"中我
们可以看到解释性内容:"从毕达哥拉斯这个贤人开始使用ヒロソヒ一
词……据说语意为爱好贤明。与此人同时代有苏格拉底这个贤人继承使用
此语……称自己为ヒロソフル、语意为爱好贤德之人(＝爱智者)、与所谓希
贤之意相当。"③显然,在这里西周为了解释"爱好贤德之人",使用了"希贤"
这个单词。到了他从荷兰留学回来,在明治初年办私塾"育英舍"时,其所讲
授的《百学连环》中,就直接说"ヒロソヒー 直译亦可称为希贤学"。④

---

① "西土之学,传之既百年余,至格物舍密地理器械等诸术(科)、间有窥其室者,特(独)至吾
希哲学(ヒロソヒ)一科,则未见其人矣,遂使世人谓、西人论气则备、论理则未矣、独有见此者,特自
吾友天外如来始。"《西周全集》(第 1 卷),第 13 页。

② 根据麻生的研究,西周的这份讲义草稿写于文久二年六月之前,是西周前往荷兰留学前夕
写成的,由于接到幕府的留学命令,这份讲义稿并没有被实际使用。麻生把这份讲稿作为"日本西方
哲学研究的第一声"(《近世日本哲学史》,第 40－42 页),这是日本最初的哲学讲义。

③ 《西周全集》(第 1 卷),第 16－17 页。

④ 《西周全集》(第 4 卷),第 146 页。

西周将 Philosophy 译成"希哲学"进而又以"希贤学"来解释,来自于 Philosophy 的原意。在西周所掌握的荷兰语中,据说除了直接使用外来语"Philosophie"之外,还有"Wijsbegeerte"即"爱智学"这种翻译,那么西周的翻译当然首先是受到"爱智学"荷兰语译的影响,同时也是周茂叔"圣希天,贤希圣,士希贤"这一句启发的结果。"希贤"一词源于周茂叔,西周在《百学连环》中有明确表明。① 根据藤田的论文,津田也使用"希贤者""求圣学""希哲学"来翻译 Philosophy,所以藤田认为,这种翻译有可能是两者交流的结果,不会是其中某一位独自思考的产物。②

从这种译语的来源中,我们同样可以看到西周把 Philosophy 与性理学等同理解的问题。周茂叔所说的"圣希天,贤希圣,士希贤",应该与其"圣可学"思想结合起来理解,这容易让我们想起程颐的一句话:"人皆可成圣,而君子之学必至于圣人而后已。不至于圣人而后已者,皆自弃也。"③其实,周茂叔在这里揭示了士人求学的三个阶段,存在着三种不同层次的"希求"主体,同时也包含与之相对应的三个不同层次的"希求"对象,即圣人以天地之理为希求对象,为人生最高境界;贤人则以圣人作为自己追求的目标,而士人则只能以贤哲作为自己的榜样,自己的崇尚对象。④ 西周等则把这三者混淆,特别是把士人与贤者混淆。中国古代有"士农工商"的身份与等级的区分。"士"在古代是职业读书人,读书做官是士的本职工作。更进一步,"士"

---

① 《西周全集》(第 4 卷),第 145 页。

② 根据藤田的研究,津田在《天外独语》(1860—1862 写成)中,采用"求圣学",并注明"ヒロソヒー",在《性理论》中采用"志道希贤者"来表达,都说明津田的翻译也是来自于周茂叔《通书》的影响。所以,这种译法应该是两人交流的结果(藤田正胜:《日本如何接受"哲学"?》,《日本问题研究》,第 8 页)。藤田的这种观点,可能受到麻生观点的影响。麻生认为:"希哲学……应该考虑是(与津田)合作而摸索出来的用语。"(麻生义辉:《近世日本哲学史》,第 46 页)

③ 《河南程氏遗书》卷十八,见《二程集》,第 318 页。

④ 孔子曰:"人有五仪:有庸人,有士,有君子,有贤人,有大圣。"(《荀子·哀公》)这里指出了人之圣、贤、君子、士、庸人等不同层次的存在。"圣人"作为最高的存在,是需要修为而达到的境界。当然,在中国古代思想中,对"圣人"的理解是发展的,并非最初乃至一直就是如此存在,而人可以"成圣"的思想自孟子以后成为儒家圣人观的基础。关于周茂叔的"圣希天,贤希圣,士希贤"的含义,应该放在儒家思想之士、君子向学求贤直至"成圣"过程中来把握。

既是职业身份，又是文化精神，士者讲究风骨气节。士人以贤哲之人为目标，所谓"见贤思齐"，这是一种精神上的追求，但只是第一层次的追求。而当"士"上升、抵达"贤哲"境界之后，作为贤哲之人，其更高的目标是成圣，以圣人作为自己的更高境界，而只有圣人才能悟道，以道，即"天（理）"为探索对象，寻求与之达到一如境界。津田把"求圣学"与"希贤学""希哲学"等同理解，西周认为 Philosophy 就是"希贤学"等，他们显然把 Philosophy 之"爱智"的含义与周茂叔的"希贤"之意等同，既混淆了"士"与"贤""圣"的区别，又混淆了"爱智"与"希贤"的本质。根据西方哲学中关于哲人对于真知的追求，只有"希天"的境界才是与之相匹配的，只有"圣人"才与古希腊认定的"哲人"境界相似，这两者是属于同样层次的存在，而"贤人""士人"还不是"真知"的爱好者，还不具备古希腊意义的"爱智者"境界。然而，即使儒学中所谓的"圣人"与西方哲学的"哲人"在境界上相似，但也存在根本的不同。西方的哲人只是"爱智者"，而儒学之圣人却是"有智者"①，从这个意义上说，只有"贤人"的存在层次才能对应西方意义的"哲人"，可是从古希腊哲学意义来看，儒学中的"贤人""士人"都只是"臆见的爱好者"，与"真知的爱好者"，即"爱智者"有着本质的区别。就这样，由于儒学与 Philosophy 存在着本质的根本不同，两者是不具备类比性的。西周在翻译 Philosophy 时，如果对此有所把握，必然要陷入对应性译语的困境。

既有很高的汉学素养，并且可以用汉文写作的西周，不可能不会理解周茂树原文的意思，然而他却把 Philosophy 以"希贤"的意思来解释，显然是由于没有真正理解古希腊所谓的 Philosophy 的本质内涵所致。正是存在这种理解上的问题，才会出现在解释 Philosophy 时候，让"希哲学""哲学""性理学"三者相互诠释，出现认识上既强调此又顾及彼，明显表现出立场性徘徊即一方面努力想区别二者，另一方面又总把二者等同视之的结果。比如，他在《复某氏书》中说："大概孔孟之道与西之哲学相比大同小异，犹如东西彼此

---

① "所谓大圣者，知通乎大道，应变而不穷，辨乎万物之情性者也"（《荀子·哀公》）。

不相因袭而彼此相符合。"①（吴光辉译）而在《开题门》中表示得更为明确："东土谓之为儒，西洲谓之为斐卤苏比（ヒロソヒー），皆明天道而立人极，其实一也。"②这里所谓的"大同小异""其实一也"的表明，都说明了他把东方的"儒学（理学）"与西方的"Philosophy"等同并混淆着理解与把握的问题。

二、Philosophy 的两种含义

一般认为，西周通过"理学"来解释"Philosophy"，是由于当时知识界普遍接受的是"理学"，利用已有的知识基础来说明生僻陌生的"Philosophy"这门学问是一种传播上的需要，因为如上述所言，他并非不了解两者的不同。然而只要我们进一步对照他的其他文献，就不难发现其根本原因还不在这里。Philosophy 在古希腊拥有两种不同的含义，如果把这两种含义混淆了，不能理解哲学意义上的 Philosophy 的真正内涵是什么，那就势必会出现把 Philosophy 这门学问与中国的儒学，更确切地说与宋明理学等同理解的结果。

首先我们发现，西周把 Philosophy 翻译成自造的"希哲学"一词，并不是由于他把握到西方之"爱智学"与东方之"理学"的本质区别，而是仅仅为了区别两种不同地域的学问。比如，他在《生性发蕴》中注释"哲学原语"时表明了这种理由，他说："尽管可以采取直译的方式将之翻译成理学、理论之类，但是由此却会过多地引发与他者之间的混淆，故而如今翻译为哲学，与东洲之儒学一分为二。"③（吴光辉译）可见，他仅仅是为了区别西学与儒学之"东洲"与"西洲"的不同而采用了"希哲学"，而不是出于区别两种学问本质不同的考虑。

根据藤井义夫的考证，古希腊在哲学这门学问诞生之前或同时期，也存在着日常意义和哲学意义两种不同的与 Philosophy 即"爱智慧"相关的用语

---

① 《西周全集》（第 1 卷），第 305 页。
② 同上，第 19 页。
③ 同上，第 31 页。

现象。① 比如,在希罗多德的《历史》中记载的梭伦与留迪亚国王克罗伊索斯的对话中出现的 Philosopheon(寻求智慧),以及修昔底德的《战史》中伯利克勒斯在战殁者演说中赞扬雅典人热爱智慧时使用的 Philosophoumen(热爱智慧)等都是这种用法的例子。而在前苏格拉底自然哲学家中最初出现这种用语/用法的是赫拉克利特,在他的残篇中有"爱智慧的人们(philosophoi andres)必须是诸多事物的探索者"这种表达。不过,在这些文献中出现的与 Philosophy 有关的概念,都只是一般教养中好学、求知欲的日常意义,并不具备真正哲学意义上的爱智内涵。哲学意义的 Philosophy 自毕达戈拉斯始,而苏格拉底赋予了其具体内涵。这种哲学发展史在学术界已成共识,前面谈到的西周在最初"讲义"中,以及后来《百学连环》中解释 Philosophy 时都沿袭了这一观点。② 毕达戈拉斯用"奥林匹亚的比喻"说明"爱智者"的含义,他把人的超越现实功利、自由的、探索事物本质的求知活动,置于人的其他一切活动之上,从而赋予了哲学意义的 Philosophy 的本质内涵。然而,毕达戈拉斯所揭示的哲学意义的"爱智"只是突出一种精神性的意义,究竟这种"爱智"寻求怎样的"知"的问题并不明确,这个问题直到苏格拉底提出"自知其无知"的宣言开始,才拥有了丰富而具体的内容。

苏格拉底把知识分为"人的智慧"与"善美之知"两种③,人的智慧指的是作为人一般所能达到的知识,如医术、航海术、手工艺技术等,这些毋庸置疑对于人的生活来说都是不可缺少的、有用的知识。然而,人活着最重要的是如何活得更好,如何达到幸福。根据苏格拉底的理解,人要获得真正的幸福,对于善美之知的把握是最根本的条件。他认为"幸福"(Eudaimonia)与"行善"(Eu prattein)是相通的。也就是说,人要获得真正的幸福,离不开从

---

① 藤井义夫:《哲学の诞生——古代哲学入门》,劲草书房 1976 年,第 1—12 页。

② 不过,近年出现了新的质疑,认为毕达戈拉斯所说的 Philosophos(爱智者),也只是一般意义的求知欲,并不具备自苏格拉底开始的关于 Philosophy 的真正哲学意义的内涵。(B. チエントローネ『ピュタゴラス派—その生涯と哲学』)

③ プラトン《ソクラテスの弁明·饗宴》(戸塚七郎訳,旺文社,昭和 44 年)弁明 21D、23A。

善的行为。而人要行善,就需要善美知识。① 那么关于善美之知自然成为人活着的第一重要的知识追求。可问题是苏格拉底的知识标准与一般的理解不同,他追求的是一种不含任何杂质、任何逻各斯都驳不倒的真知,那是一种不受时空限制、放之四海而皆准的认识高度,即所谓"普遍定义"的追求。正是源于这个标准,他真正继承了古希腊人的精神传统,指出所有的人都是"无知"的存在,人充其量只是一个"爱智者",而不可能达到"有智者"的状态。显然,这种哲学意义上的"爱智"中所要求的"知"的状态,就不只是一般意义的知道、认识,也不只是一般意义的求知欲、好学,而是一种彻底的求知、求证的质疑精神。正因为如此,在西方哲学中权威是不存在的,一切经典都只是人们质疑、批评的对象,哲学史上不可能有永世的圣典存在。于是西方哲学史当然会成为一种"各自依据自己的发明讨伐前人学说……所以不断推陈出新"的历史。②

西方哲学的这种本质特征,我们可以从亚里士多德把泰勒斯作为哲学始祖这一认识中得到印证。在泰勒斯之前,存在过古埃及文明,也存在过辉煌的神话文明,然而,为什么亚里士多德没有把这些作为哲学(学问)的起源,而把泰勒斯的探索作为学问的开始? 这与从泰勒斯开始的求知的特点有关。因为古埃及文明所有的知识都是建立在现实的功利目的之上的,比如,医学知识的发达来自于制造木乃伊的需要,而数学知识的发达与建造金字塔及丈量尼罗河流域广袤的土地密不可分。也就是说现实的某种需要促成了某个领域的学问发达,这种学问只要现实目的达到就行了,不需要进一步深入探索,这是受制于现实、非自由的学问追求。而泰勒斯之前的希腊神话文明中关于世界的理解,是建立在故事性虚构(Mythos)基础之上的人与世界关系的认识,缺少对于认识对象的质疑精神,只是无条件地赋予神创造

---

① プラトン《ソクラテスの弁明・饗宴》(戸塚七郎訳,旺文社,昭和 44 年),饗宴 204E - 205A。
② 古希腊人的质疑求真的探索精神,一般认为与城邦市民所拥有的闲暇(schole)有关。但也有学者认为,苏格拉底的探索与城邦的民主制度密不可分,而儒学之泥古传统则是君主专制制度的结果。这个问题超出了本文的论述范围,留待另文阐述。

明学之"格物致知"都归入"空理"的原因之所在。①

西周当时对于"知"的理解,我们可以从《百学连环》的"总论"中看到端倪。② 在这里西周对于学、术、观察、实践、知、行等概念作了详细解释。其中对于"知"的来源的解释是:"知源于五官感知所发,是由外及内的东西。"③这与我们一般对于"知"的理解并没有多大区别。然而西方哲学所追求的"理论知(真知)"并非源于感觉器官,而是理性探索的结果,其与西周所解释的"观察(theory)",即"所谓观察,指的是万事极其理"密切相关。西周虽然认识到"观察"产生"单纯之学",是"对于理的论述",但他在这里仅仅把"理"作为一种"关系"中的存在进行把握,并没有进一步阐述"观察"之 theory 是需要脱离五官感觉的认识活动,属于纯粹理性的认知问题,叙述内容却在中途转向对"温故知新"与"知行"关系的说明,这里显然放弃了对于"感觉知"与"理性知",即"实践知"与"理论知"的辨别,于是我们想在这里找到"Philosophy"中所包含的严格峻别"真知"与"臆见"之不同是不可能的。而他在本书中介绍"理体学(本体论,Ontology)"时,他把"有"和"体"相对应,指出"理体学"之论并非论述其形,而是论述"真性(本质属性,本性 essential attribute)"。"所谓真性,一切事物都有,但唯有一个名称的时候,是其终极的东西……大凡万物各有一种名称,要知道其终极,就需要知道其原因"④在这里谈到了对事物的"原因"把握,似乎可以看成已经涉及了脱离五官感觉的认识问题。然而,他在此文之后仍然用"童子""杖""犬"三种实物比喻"体"的存在,以此说明诸"体"之间的关系。显然,他对于"知"的来源问题,依然停留在源于感官认识出发的层面。所以,桑木严翼指出,西周哲学"方

---

① 比如,与西周同时期的津田真道在其《论推动进化的方法》中指出:"夫论高远之空理虚无寂灭,犹如五行性理、或良知良能之说,虚学也。征之以实物,质之以实像,专说确实之理,犹如西方之天文、格物、化学、医学、经济、希哲学、实学也。"(转引自《日本问题研究》第 11 页)

② 《百学连环》(第四卷),第 13 – 17、43 – 47 页。

③ 关于"知"源于"五官",知与五官的关系在其《复某氏书》中有更为详细的阐述。(《西周全集》第 1 卷,第 297 – 304 页)

④ 《西周全集》(第 4 卷),第 153 页。

法服从于自然科学的精神方法,其学风倾向于经验主义以及由此产生的诸思想"。这种脱离形而上学的哲学倾向,不仅西周如此,也是整个明治初期知识界的一种普遍倾向。由此,桑木进一步指出:"明治初期的哲学倾向,一言以蔽之是以非形而上学的人生哲学作为根本,直接受到西方的实证主义经验论的影响。"①

就这样,受过良好的汉学教育、对宋明理学具有很高素养的西周,由于接触西方哲学时接受的是实证主义、功利主义的洗礼,所以他在理解"philosophy"这门学问时,容易把 Philosophy 与宋儒的理学进行对应认识,虽然他也常常谈及两者有所不同,但只是简单地把"理学"断定为"空理",仅此一言以蔽之,无法从根本上把握两者不同的本质所在。② 西方哲学之形而上学所探索的"存在(有,on)",与宋儒所追求的天地万物之"理",在西周看来基本属于同样的存在。尽管他把"体"理解成"有",却只是把其作为"性"来把握。西周认为:"西方如汉学理这个字不是别的……是口头无法说明的存在……无论心里怎么思考,还要更进一步思考到极致,以此谓之理。"③这里显然是把"理"作为纯粹的思维对象来把握,符合宋儒关于"理"的理解。他在《尚白札记》中解释"アイデア(イデア,idea)"时说:"此语今译作观念,看成好像其与理字没有什么关系。其深处是与宋儒所指之理,呈现理之同一意味的语言。"④然而,宋学之"理",若从存于天地而言,只相当于希腊语的"摄理(tuche)",若在事物内部只与亚里士多德的"内在形相(eidos)"相似,若从人的行为来看,只是一种"当为(dein)",相当于德语的 sollen,而西方哲学的探索却要抵达赋予这些"必然性""本然性"存在依据的"存在本身"(auto kath'

---

① 《日本哲学の黎明期》,第 21-22 页。

② 对于西周接受实证主义和功利主义的思想,学术界一般都从明治国家的现实需要的角度来理解,当时的日本社会"经世致用"的需要让西周选择了经验论的立场。然而,这只是表面的原因,其根本问题在于他对于"Philosophy"并没有达到本质的把握。如果他完全把握"philosophy"的真意,就不会把"理"与"idea,相、理念"等同理解。正因如此,他才会认为孔德之前的哲学也都是与宋明理学一样的"空理"学问。

③ 《西周全集》(第 4 卷),第 147 页。

④ 《西周全集》(第 4 卷),第 170 页。

hauto)，"存在本身"才是 philosophy 的最高对象和终极目标。而"存在本身"并非一种思维性存在，而是一种真实存在(ontos on)，与宋学之"理"不是等同的存在，只是在认识与把握上，需要通过纯粹思维才能把握。"理"与"存在"的共同点只是因为都与以思维把握有关，但从根本上却有巨大区别。儒学中的"理"内在于天地万物之中，它与万物属于连续性的存在，人通过"格物"可以"致知"，达到对于它的把握，这是儒学之"理学"的立场。但西方哲学的"存在"，虽然属于世界万物的存在依据，却不在万物之中，而是超越于万物而独立存在，与万物之间是非连续性的，人的探索可以无限接近它，却不能完全把握它从而达到"真知"。由于西方实证主义、功利主义之经验论立场的哲学否定这种超越性的"存在"，那么接受了这种哲学的西周，把"Philosophy"与"理学"对应类比，甚至等同理解是不可避免的。

结　论

通过以上的梳理分析，基本可以得出这样的结论：虽然西周采用了新造词汇"希哲学"翻译 Philosophy，但由于没有认识到西方哲学传统中对"知"的形而上学的独特追求，故只能从儒学中寻找"希贤""求圣"等与 Philosophy 之"爱智"表面含义相近的概念进行诠释，而没有意识到周茂叔的"希贤"之"希"的含义并无古希腊人那种彻底的求证求真的质疑、探索精神，也没有发现"贤"字虽然有"贤哲"之意，也与古希腊的 Philosophy 中所追求的"智慧(真知)"根本不同，这就决定了西周在翻译 Philosophy 时，只能在"理学"的框架中对二者进行对应性说明，从而出现理解上的偏差和误读。此为其一。其二，由于西周在引进 Philosophy 概念时，所接触和接受的是西方近代实证主义和功利主义的经验论哲学，这使他不能从古希腊哲学的源头来理解西方哲学的传统，即不能从哲学最本质的"知"的独特性来把握 Philosophy，而只能从其自身的汉学素养出发，简单地指出东西方学问之不同在于东方是"空理"，西方(近代)是"实理"；由于东方探讨"空理"，所以儒学不能抵达真理,只是重复于经典文献的诠释。这样,东方理学与"实"相对的"空",与西方古典哲学对"存在"本体无限探索之"空"的根本区别就被进一步模糊和混淆了。不仅西周如此,津田也如此,甚至整个明治时期的日本哲学界在这一问题上的认识都是如此,即没有认识到西方哲学最本质的"知"的追求与儒学的根本不同,才是两者呈现出"泥古"与"革新"之不同的根源所在。从这一意义上讲,西周对 Philosophy 的误读就成了一种宿命,在所难免。

——原载于《哲学研究》2012 年第 12 期,题目有改动。

(作者为中国人民大学哲学院教授)

西方哲学研究与中国哲学知识体系建设

詹文杰

[提　要]本文主要提出并论述了如下四个观点:第一,我们需要从大尺度的人类历史观来看待中西文化碰撞和交融,并由此来理解西方哲学传入中国的历史及其影响;第二,作为现代学科建制的哲学是从西方引入的,在中国化的过程中它的纯粹学理属性有所弱化,而它的民族文化属性和意识形态属性得到了增强;第三,我们要避免两种极端的方法论立场,一种是完全让哲学史研究替代哲学问题研究,另一种是认为哲学史研究毫无价值而只承认哲学问题研究才有学术价值;第四,在中国用汉语进行的西方哲学研究是"汉语哲学"的一部分而不再是单纯的"西方哲学",而且我们在相当长一段时间中仍然需要重视西方哲学的汉语转化和翻译工作。

[关键词]汉语西方哲学　知识体系　学科建设　哲学方法论

一、作为文化概念的西方与中国

西方跟东方相对,首先是地理概念,然后是文化概念,再是国际政治的概念。中国是东方的一部分,不过我们常常忽略东方的其他部分(这种忽略并没有什么道理),直接把中国跟西方相对而言。我们这里要谈论西方哲学,所以西方和中国在这里主要是文化概念,作为地理概念和国际政治概念的西方和中国不是我们主要考虑的。作为文化概念的中国不仅是中华人民共和国,它涵盖这片土地上几千年的历史和文化传承;作为文化概念的西方也不仅仅是当今的欧美,它同样涵盖了几千年的历史和文化传承:古希腊文化、古罗马文化、基督教文化、近现代的欧美文化,都是作为文化概念的西方所包含的内容。在中国真正遭遇到西方之前,并不存在"中国—西方"这样的二元话语,曾经存在的是"华—夷"或者"中华—四夷"这样的二元话语。百余年来,"西方"这个词对于国人而言意味着什么呢?一方面,它意味着军事、政治、经济、文化和科技等方面的强势力量,是学习的老师和追赶的目标,但是另一方面,它似乎又意味着文化、制度、宗教、价值观方面的异己存在,甚至曾经做过干涉和侵害中国的事,现在和将来也可能与中国竞争和对抗,因而是竞争者、对抗者和忧惧的对象。国人对待西方常常就处在这样矛盾的心态之中。在开放改革和追赶西方占主导的潮流中,西方似乎是个好词,在封闭保守和对抗西方占主导的潮流中,西方似乎又是个贬义词。

那么我们今天应该怎么来看待西方的哲学和文化呢?我认为要回答这个问题首先要明白我们所处的时代大背景。从文化的视野看,我们处于什么样的时代大背景之中呢?我们处于中国文化与外来文化的第三次大碰撞与大交融的时代背景下。历史上中土文化与外来文化有过不少碰撞与交流,如果不算细枝末节,那么从汉代开始佛教传入中土可以算是第一次文化大碰撞,明末清初基督教的传入是第二次文化大碰撞,而19世纪末20世纪初,包括科学技术、政治法律和经济制度、文学艺术、哲学和宗教、民俗和礼仪等等在内的西方文化的整体传入可以算是第三次文化大碰撞。最后这场文化大碰撞终结了有两千多年历史的君主专制制度,带来了前所未有的政治法律制度和经济制度变革,深层次改造了传统的民俗和礼仪,改变了城市面貌和日常生活方式,催生了新的语言文字形式、新的文学和艺术,重新塑造了教育和学术的体制和机构，引入了与传统学术迥异的哲学、社会科学、自然科学和现代技术，包括现代医疗科学和技术（所谓西医）。今天，我们的吃穿住用行，我们的政治、经济和社会生活，我们的文艺、体育和游戏方式，我们的教育和医疗方式，等等，跟一百多年前已经大大不同了。我们直接生活在中西文化大碰撞和大交融的后果之中，并且我们仍处于这次文化碰撞和交融的余波之中，这个余波可以是一两百年，也可能是几百上千年。

我们需要在这个背景下谈论西方哲学和文化对于中国的意义。不管我们喜欢还是不喜欢，外来的（主要是西方的）文化、哲学和制度已经进入中国，与中国传统的文化、思想和制度发生了碰撞和交融，形成了新的文化、思想和制度，并且塑造了今天中国的方方面面。西方的文化和中国传统文化的混合物或者化合物在滋养着我们，熏陶着我们，影响着我们，使得我们成为现代的中国人而不是传统的中国人。我们跟一百多年前的中国人不同，当时的人们还可以考虑要不要接受西方文化的问题，而我们今天的文化血液里已经流淌着大量的西方文化因子；如果把这些因子从我们身上排除出去，我们的文化有机体几乎一天也无法存活。不听西洋音乐只听民族音乐，不穿西服只穿汉服，这些可能还行，但是在学校里不学数理化只背四书五经，生病了完全不看西医只看中医，很多时候就行不通了。要是我们废除民主共和体制而恢复君主专制，取消现代法律体系而回到传统的刑律制度，我想，很多人就更无法接受了。我们想要有自己的特色，不想完全照搬"西方那一套"，这是完全可以理解的，但其实我们早就开始接受"西方那一套"当中最根本的东西，只不过我们可能已经习惯成自然，不觉得那是"西方那一套"了。当然，我们接受"西方那一套"不会是无条件的，也不会是无选择的，我们接受什么、不接受什么本身就受到传统文化的强烈影响，对马克思主义的接受也不例外。作为西方思想的一个分支和流派的马克思主义传入中国也要经历一个中国化的过程，而中国化的马克思主义就是中西文化碰撞和交融的产物。中西文化的交融是双向的，在西方文化传入的同时，中国文化当中真正有生命力的东西也在向西方和世界其他地方传播。这种文化交融本身需要一个漫长的过程，可能是几百上千年，因而我们需要有大尺度的人类历史观。站在这种大尺度的历史观来看问题，我们或许有可能突破特定时代和短时潮流加给我们的局限性，突破地域文化和族群偏见加给我们的局限性，突破自己的职业角色、机构归属、学科归属加给我们的局限性，突破个人利益、兴趣和偏好加给我们的局限性，从而为本族群也为全人类的福祉提供真正有益的思想和学术建树。

二、西方哲学的引入及其中国化

19世纪末，甲午战争失败后，一些中国知识分子认识到单纯学习西方的科学技术和军事工业是远远不够的，中国需要制度上的彻底变革和文化上的全面更新。正是在这种背景下，国人开始引进、介绍西方哲学。西方近代启蒙思想、进化论思想、古典理性主义、新兴的实用主义、非理性主义、社会主义等思潮纷纷涌入，其中就包括了马克思主义。最初，这种思想观念的引介并无严格的学术分科，是文史哲不分的，而且主要还是通过报章杂志来传播。例如，梁启超介绍和评论了包括柏拉图、亚里士多德、培根、笛卡尔、斯宾诺莎、霍布斯、洛克、卢梭、孟德斯鸠、康德、费希特、达尔文、孔德、边沁等在内的许多西方哲学家的学说。他从西方哲学中看到了求真的精神和自由的精神："思想之自由，真理之所从出也。"他所推崇和阐发的人格独立、思想自由，包括西方人道、人性、人权的思想，乃是五四运动提出的"科学与民主"这面旗帜的灵魂和思想基础。梁启超对康德哲学在近代西方哲学发展中的地位和重大作用，例如调和英国经验论与大陆理性论、开启德国古典哲学的先河等，都有相当清楚的理解和认识；他说，康德哲学"以良知说本性，以义务说伦理，然后抵住狂澜，使万物知所趋向"。再例如，严复非常重视英国的经验论和归纳逻辑，他对赫胥黎《天演论》进化论学说和穆勒《群己权界论》（即《论自由》）的介绍具有很广泛的社会影响；王国维对康德、叔本华和尼采三人（尤其是叔本华）的哲学有较深入的研究；章太炎对于柏拉图、斯宾诺莎、康德、费希特和尼采等西方哲学家的思想都有所借鉴,并且将这些思想跟佛学进行会通阐发。①

后来,哲学逐渐作为一门独立学科得到确立。北京大学 1911 年成立了理学门,后来改为哲学门,1917 年正式改名为哲学系。1925 年 4 月,中国哲学会成立;1927 年,哲学专业刊物《哲学评论》创立。这样,中国历史上第一次有了大学的哲学学科建制,有了专门的哲学学会和哲学刊物。在 19 世纪二三十年代,西方哲学的研究已经相当系统和深入了。② 应该说,哲学这个学科在中国是西学东渐之后产生的。中国传统学术谱系里面没有哲学这个学科,虽然曾经有经学、子学这样的分类谱系,也有理学、佛学等学术系统,但是哲学学科的建立是从西方借鉴过来的。

哲学这样一个学科门类进入中国之后,它很自然有一个中国化的过程。但是哲学的情况比较特殊,它跟其他某些学科有不一样的地方。物理和化学之类的自然科学进入中国之后,虽然它也有中国化的情况,譬如用中文来表述一些物理或化学的原理、定理,但是我们并不说这种物理学和化学是中国物理学和中国化学。更不存在跟外国数学不可通约的中国数学。这说明这些学科具有超越民族文化的普遍性。还有一些学科,譬如社会学、心理学等等,这些学科似乎也具有较高的普遍性,于是我们往往不说有西方社会学和中国社会学之分,或者有西方心理学和中国心理学之分。经济学的情况有点不同,有了所谓"西方经济学"的说法,不过"西方经济学"这个说法更多说的是研究范式,而不是地域文化的属性。然后我们就过渡到一类跟民族文化非常相关的学科,譬如说文学和历史学,这些学科在划分门类的时候很自然就被分为中国语言文学和外国语言文学,中国史和所谓"世界史"。哲

① 关于梁启超、严复、王国维和章太炎等人的工作的评介,引自王树人《中西哲学、文化在西学东渐中的融合》,载叶秀山和王树人著《西方哲学史》(学术版,第一卷),江苏人民出版社 2004 年,第 364－398 页。

② 参考朱德生《总序》,载赵敦华著《西方哲学通史》(第一卷),北京大学出版社 1996 年,第 1－7 页。

学在中国主要被归到了后面这一类,就是跟地域和民族文化紧密相关的某种人文学科。这样,很自然地,我们就有了所谓中国哲学和外国哲学。外国哲学当中有一个流派——马克思主义哲学由于后来占据了意识形态的主导地位,于是似乎从外国哲学中独立出来了,而外国哲学又主要被分为西方哲学和东方哲学,这样我们就得到了中国哲学、东方哲学、西方哲学、马克思主义哲学这四个门类。可是哲学这个学科除了具有人文性和历史性之外,还具有科学性和非历史性,它所涵盖的研究领域跟自然科学和数学一样有独立于民族文化属性的一面,譬如最典型的是逻辑学。实际上,形而上学、知识论、科学哲学本身也有很强的普遍性,有独立于民族文化属性的维度;伦理学和美学其实也是如此。这样,从科学性和非历史性的学科角度讲,哲学更应该划分为形而上学、知识论、逻辑学、科学技术哲学、伦理学和美学等门类,这种分类方式也是西方世界的哲学学科的主要分类方式。简单地说,中国的哲学学科分类强调"中西马"这种带有地域文化和意识形态属性的分类,兼顾逻辑学、科技哲学、伦理学和美学这种纯学理的分类;而西方学术体制中的哲学学科的门类主要是纯学理的分类,并不太重视民族性和意识形态属性。我们很难设想英国人把哲学学科主要分为"英国哲学"和"外国哲学",或者意大利人把哲学学科主要分为"意大利哲学"和"外国哲学";他们可以有"东方哲学"或者"中国哲学"的概念,但是可能更多地将其归入"区域文化研究"的领域,而很少纳入"哲学研究"的领域。对于西方学术界而言,哲学主要就是形而上学、知识论、逻辑学、科学技术哲学、伦理学、政治哲学和美学等等。对于中国学术界而言呢?哲学主要就是"中西马",然后"外加这些分支"。这种现象是很有意思的,反映了我们的侧重点是不同的:西方人比较重视哲学的纯粹学理属性、科学属性,而我们比较重视哲学的人文性、地域和民族文化属性、意识形态属性。

三、哲学史研究和哲学问题研究

前面讲到,我们比较重视哲学的人文性、地域和民族文化属性、意识形态属性,其实不仅如此,我们还特别重视哲学的"历史属性"。什么意思呢?就是说,我们容易把哲学跟哲学史混为一谈,认为哲学研究就是对于过去的哲学家的思想进行研究。既然过去的哲学家要么是中国的,要么是外国的,那么自然地,哲学研究要么是中国哲学,要么是外国哲学。"中国哲学"研究主要是中国哲学史研究,而"西方哲学"研究主要是西方哲学史研究。然而,除了哲学史的研究视角之外,其实还有一种以哲学问题为导向的研究,或者叫"哲学问题研究"。如果我们把哲学看作与物理学和化学更相似的学科,而不是看作与文学和历史更相似的学科,那么哲学研究就会在很大程度上摆脱民族文化属性和历史属性,而凸显科学的和纯学理的属性,这样的话,哲学研究就主要不是哲学史研究——也就是关于中国哲学和外国哲学的历史性研究,而是哲学问题研究——也就是关于形而上学、知识论、逻辑学、科学技术哲学、伦理学、政治哲学和美学等领域的特定问题的研究。这种从哲学问题出发的研究,有时候不免也带有某种地域文化的特征,但是更应该追求学理上的普遍性和思想上的创新性。

那么我们是不是只要哲学问题研究而不要哲学史研究了呢?当然也不是。哲学史研究和哲学研究的关系问题一直是国内哲学界讨论的重要话题,在这方面有两种针锋相对的观点,一种观点说,"哲学就是哲学史,哲学研究就是哲学史研究",另一种观点说,"哲学研究就应该直接面对哲学问题,不需要过多关注以往哲学家的观点"。我认为这两种观点都只看到了问题的一面,都有偏颇之处。一方面,我们可以直接研究一些哲学问题,并且未必把过去哲学家的观点拿来参考,在这个意义上,强调哲学研究不等于哲学史研究的观点是有一定道理的。哲学史研究与纯粹的哲学问题研究的确是有区别的,像"柏拉图的知识论研究""亚里士多德的形而上学研究""康德的自由理论研究""罗素的真理与意义理论研究""康德和海德格尔时间观的比较研究",等等,这些是哲学史研究的题目,而像"如何理解自由意志""道德行为归责的可能性""知识的本性究竟是什么""极小主义真理论研究",这些是哲学问题研究的题目;前一类题目主要是研究某个哲学家的思想,无论这个哲学家是过去的还是当代的,后一类题目的重点放在哲学问题本身上面,而不是特别关注过去的哲学家的学说。但是另一方面,许多哲学问题在历史上已经有哲学家讨论过了,完全不顾他们的观点而另起炉灶,对问题的讨论未必真正有所推进,因而重视以往哲学家的思想,尤其是那些在相关问题上具有代表性意义的哲学家的思想,理解它们并跟它们进行对话,就是很有必要的。在这个意义上,说哲学问题研究与哲学史研究不可分割也是很有道理的。

哲学史研究不是要替代哲学问题研究。典型意义上的哲学史研究其实兼有哲学和史学两方面的特征。作为史学,这种研究要求"尽可能忠实地"呈现以往哲学家或哲学文本的思想观念及其前因后果,并且给予"尽可能恰当"的评价,而作为哲学,这种研究要求澄清某些哲学概念和问题,甚至解决某些哲学难题,推进或完善某些理论。有些主要从事哲学问题研究的学者对哲学史研究的真正性质和任务有很大的误解,他们贬低哲学史研究的价值,视其为仅仅是复述或概述以往哲学家的观点,最多提供了一点注解,没有任何原创性,也不可能推进关于特定哲学问题的理解;这种评论或许适合那些比较差的、低水平的哲学史研究,但是对于真正优秀的、高水平的哲学史研究而言是不公允的。此外,把以往哲学家(尤其是古代哲学家)的观点统统视为已经过时的,不再具有借鉴的意义和讨论的价值,这种观念本身就是很成问题的。哲学在两千多年的发展中或许有很大的进步,但是这种"进步"在何种意义上可以与自然科学的进步相提并论,也是有疑问的。兴许,对于那些持续受到追问而没有标准答案的永恒的哲学问题而言,我们从古人那里能够学习到的东西不会比从今人那里学习到的东西更少。

四、中国哲学知识体系的建设与"汉语西方哲学"

国内学界似乎正在提倡建立有中国特色的学科体系和知识体系。对于哲学而言,这就意味着要建立有中国特色的哲学学科体系和知识体系。"中国哲学知识体系"这个说法实际是比较含混的,需要仔细辨析。首先,知识体系在德语中叫作 Wissenschaft,就是指全部学术或全部科学知识,哲学(Philosophie)从属于这样一个知识体系,是这个知识体系的一个分支——尽管在古代,Philosophie 本身就相当于整个 Wissenschaft,各门科学就是各个哲学分支。其次,从另一个层次上说,作为一门学科的哲学有其自身的分支或构成部分,因而它自身又可以说是一个知识体系。最后,"中国"这个限定语的意思是模糊的,尤其需要辨析清楚。我们可以说"中国的领土""中国的国旗"等,其中"中国"是个国际政治概念,表示特定国家政权所拥有的、所管辖的、所设定的。我们还可以说"中国的艺术""中国的价值观"等,其中的"中国"更多地是个文化概念,表示特定文化共同体的文化特质。"中国哲学知识体系"当中的"中国"很难说是国际政治意义上的中国,因为纯粹的学术理论根本上说是普世性的(应付时局的对策研究除外),譬如某个物理学家公开发表了一篇物理学论文,那么它实际上就属于全人类(知识产权问题是另一回事)。这样的话,"中国哲学知识体系"当中的"中国"可能更多地想要表达文化意义上的中国,那么建设"中国哲学知识体系"意思大概是说建设"带有中华文化特质的哲学学科"。这种"中华文化特质"可以有多重意义,譬如,用汉语表达,由传统汉语哲学的语汇和原理构成,传达中华民族传统的或现代的世界观和价值观,等等。这样,我们就需要思考所要建设的"带有中华文化特质的哲学学科"中的"中华文化特质"究竟由哪些东西所构成,它对于"哲学"本身而言究竟意味着什么。

哲学研究应该是开放的,因而研究者其实不应过多受学术分科限制,仅仅关注某一专门领域,例如中国哲学史、西方哲学史、马克思主义哲学等等,相反,在理想的状态下每个研究者都应当尽可能融会贯通各种思想资源,在创造性综合的基础上提出自己的观点、建构自己的学说。当然,现实中的每个人时间和精力都有限,因而不同研究者在现有学术分工体系中各有侧重也仍有它的道理。对于侧重研究西方哲学的学者来说,他们能够做的就是用汉语表达和阐释西方哲学,把西方语言中的哲学概念从西方语言转变、构造为汉语的哲学概念,从而丰富和改造汉语的哲学语汇和哲学思维方式,同时把西方哲学史上有价值的理论和学说介绍到汉语世界并对它们进行阐释和评价,而且在翻译、介绍、阐释和评价的同时,他们可以在力所能及的范围内推进关于特定哲学问题的研究,提出新的理论和学说,做一些"接着讲"乃至"自己讲"的工作。不管怎样,用汉语做的西方哲学研究是"汉语哲学"的一部分而不再是单纯的"西方哲学",就西方哲学史研究来说是这样,就纯粹的哲学问题研究来说更是这样。笔者不知道以前有多少人提过"汉语西方哲学"这个名称,不过笔者认为这个称呼值得向学界推荐。

笔者还希望强调一点,就是学术翻译的重要性绝不可低估。我们不能说,经过了百余年的翻译运动,我们对西方哲学经典著作的翻译已经大体完成了,或者说翻译的黄金时期已经过去了,相反,就像中古时期佛教经典的翻译历经几百上千年,西学经典的翻译也还有很长的路要走。在这点上,日本似乎已经走在我们的前面,如果我们不重视,距离还可能拉大。翻译可以说是西方哲学研究的基本任务之一,它或许可以分为两种,一种是原创翻译,一种是继承翻译。原创翻译的意思是,某个外文单词或者表达式还没有现成的译法,甚至没什么现成的外语词典可供使用,译者需要在本土语言中寻找或者创造一个译名。继承翻译的意思是,某个外文单词或表达式已经有现成译法,译者按照习得的译法或已有词典释义进行翻译。在严复的时代,学术翻译可以说基本上都是原创翻译,而今天的翻译主要是继承翻译,不过哲学类翻译跟其他许多文献的翻译不同,即使在今天也常常可以遇到没有现成译法或已有译法不妥帖的情况,这时候就要求译者具有原创翻译的能力。哲学翻译在很多时候是思想层面上的创造性转换,而不是简单文字对译。"翻译为能够用本土文字话语研究异域的异质哲学、文化并进而为实现两者的融合,开辟了通道或创造了前提……翻译不是简单地作文字对应的转换,而是一种科学性和艺术性的创作"①,"翻译这种初始的融合,乃是推进哲学、文化深入融合的一个必要的前提,或者说是为这种深入的融合打开了通道。实际上,译者能做出好的翻译作品,总是借助使翻译与研究结合来实现的,这种与翻译结合的研究,无论是对原著的哲学、文化内涵的研究,还是以原著的内涵为参照系对于本土哲学、文化的研究,都具有异质哲学、文化之间的沟通或融合的意义和价值,都是提高翻译水准所必须的"②。

贺麟先生在20世纪40年代曾经从民国政府最高当局争取到一笔经费资助,成立了"西洋哲学名著编译委员会",招揽全职的编译员,提供住宿和薪酬,做过编译员的有陈修斋、王太庆和顾寿观等人。这个编译委员会出版了相当可观的哲学译著。在中国社会科学院哲学所工作过的贺麟、杨一之和王玖兴等前辈学者都做过不少翻译,这些译著具有开创性意义,在学术界影响很大,而梁存秀和王炳文等人也继承了这种学术传统,高度重视学术翻译,把大量精力投入到哲学名著的翻译上,在翻译的基础上做研究,又带着研究来做翻译,做出了卓越贡献。我们今天也应该鼓励外语能力较强的学者至少分配一部分时间精力从事学术翻译,尤其是哲学经典的翻译,甚至可以鼓励一部分学者以翻译工作为主、以研究工作为辅,或者专设翻译工作岗位。陈康译注的《巴曼尼得斯篇》是应贺麟主持的"西洋哲学名著编译委员会"的要求而写的,他在"序"中曾说道:"现在或将来如若这个编译会里的产品也能使欧美的专门学者以不通中文为恨(这决非原则上不可能的事,成否只在人为!)甚至因此欲学习中文,那时中国人在学术方面的能力始真正昭著于世界;否则不外乎是往雅典去表现武艺,往斯巴达去表演悲剧,无人可

---

① 王树人《中西哲学、文化在西学东渐中的融合》,载叶秀山和王树人著《西方哲学史》(学术版,第一卷),江苏人民出版社2004年,第294页。

② 王树人《中西哲学、文化在西学东渐中的融合》,载叶秀山和王树人著《西方哲学史》(学术版,第一卷),江苏人民出版社2004年,第295-296页。

与之竞争,因此也表现不出自己超过他人的特长来。"①这段话常常被后人引用,它表达了中国的西方哲学研究者应有的抱负。

（作者为中国社会科学院哲学研究所副研究员）

---

① 陈康《序》,载柏拉图《巴曼尼得斯篇》(陈康译注),商务印书馆1999年,第10页。

"二重证据法"既往批评之回顾举例①

杨春梅

[提　要]"二重证据法"自提出以来,可谓众口交赞,有誉无毁,新旧学者共同推尊,咸无异辞。在"走出疑古时代",其意义和价值更被推崇到无以复加的地步。在这种情势下,要对"二重证据法"的局限进行反思批评似乎有些冒天下之大不韪。但不顾"二重证据法"自身的局限及过度夸张和滥用此法导致的种种弊端已不鲜见,而学术界也终究不是铁板一块,理智的声音虽然微弱,且被主流的喧嚣所掩抑,但毕竟顽强地存在着。且就所见,简要回顾和介绍五位学者的反思和批评,对促进现代学术史研究和当下古典学研究的健康发展当不无助益。

[关键词]王国维　二重证据法　局限性　封闭性　学风

《新史学九十年》的作者许冠三极为推重王国维,他说:"以古史新证名

---

① 十年前曾打算写一篇反思"二重证据法"主导下上古史重建困境的文章,后来半途而废,仅写成回顾既往批评概述一节。十年来对王国维"二重证据法"及其"新证"模式的反思又有新的进展,但本文提出对王国维新证模式现代性的重估,及由此而对上20世纪上古史重建运动中诸多学者和派别路向、地位、价值的重审,似乎还是值得继续关注和探究的问题。因此不揣浅陋贡献于此,或可供研究"二重证据法"者参考。

世的王国维(1877—1927),是新史学的第二号开山①,也是学界新旧各派共同推崇的先进。他生前的名声虽远不及梁启超显赫,但在当代史学史中的地位已早有定论。《观堂集林》初刻时已有人说,'海内新旧学者咸推重君书无异辞'。嗣后的历史进一步证明,这一论断洵非虚语。按六十年来,史界人士,无分中外新旧左右,凡通读《集林》的,莫不交口称赞他的学精识绝,一直推重他在殷周史研究上的空前突破。罗振玉一类旧派的称许,固在意中,不须多述,最值得注意的,是新派学人多愿认他为同道,连日后两京官方学术机构的掌权人傅斯年和郭沫若,也都能超越政治是非之外,撇开宗派门户之见,正视他在史学领域开拓区宇、树立规模的功绩。"另外,许氏还指出,如顾颉刚、陈寅恪、金毓黻等众多史学大家也都对王国维推崇有加。"总之,长期以来,史界对他是有誉无毁,虽在'文化大革命'(1966—1976)的'破四旧'浩劫中,他的令名亦未见受到亵渎"②。《新史学九十年》撰成于20世纪80年代中期,迄今已二十多年,目前的学界对王国维的赞誉有增无减,且何止是"有誉无毁",简直是奉若神明了。特别是在古书和古史研究领域,适逢"走出疑古时代",他的"二重证据法"及"古史新证"的意义和价值更是被推崇到无以复加的地步,不仅被一些权威人士推尊为上古史重建的不二法门,而且还被视为整个中国现代考古学理论和方法的基石③。在这种情势下,要对"二重证据法"的局限性进行反思批评,似乎有些冒天下之大不韪,或被视为蚍蜉撼大树,自不量力。但不顾"二重证据法"自身的局限,以至于过度夸张和滥用此法导致的种种弊端已不鲜见,而学术界也终究不是铁板一块,理智的声音虽然微弱,且被主流的喧嚣所掩抑、所曲解,但毕竟顽强地存在着。且就笔者所见,于远近各举几例:远举两位曾开民国学界新风气的老辈学者顾颉刚、李济,近举两位已是当今古典学界名家的少壮学者李若晖、曹峰,以

① 《新史学九十年》所称许的新史学第一号开山是首倡"新史学"的梁启超。
② 许冠三:《新史学九十年》,岳麓书社2003年,第81–83页。
③ 李学勤先生曾屡屡论及此意,参见《中国古代文明十讲》,复旦大学出版社2003年,第8、7、82页。

及作为中国史学史研究领域名家的乔治忠。简要回顾和介绍上述五位学者的反思和批评,对促进现代学术史研究和当下古典学研究的健康发展当不无助益。除此之外,肯定还有一些值得关注的批评意见,但全面的回顾介绍非笔者此时此刻所能及,姑且以此作为将来全面回顾的开头吧!

一、顾颉刚:受传统学说的包围而不敢大胆辨伪

1925 年,当王国维在清华学校国学研究院开设的"古史新证"课上将经过修正的"二重证据法"重新提出时①,即引起顾颉刚的高度关注,并及时将讲义第一章"二重证据法"之"总论"与第二章关于"禹"的考证,节录收入正在编纂中的《古史辨》第一册。顾氏在文后附跋中对王氏关于禹的考证结果表示认同,并引以为自己所持"层累说"的证据。众所周知,禹的故事的演变是顾氏"层累说"的重要依据。而《古史新证》第二章定秦公敦、齐侯镈钟为春秋时器,并将器铭所述禹事与宋、鲁二国颂诗加以比较,考定其内容意思相同,因据以断定"春秋之世东西二大国无不信禹为古之帝王,且先汤而有天下也"。顾氏非常兴奋,认为该考证结果进一步验证了自己两年前的假设。他推论道:"他们(秦、齐国人)都看禹为最古的人,都看自己所在的地方是禹的地方,都看古代的名人(成汤与后稷)是承接着禹的。他们都不言尧舜,仿佛不知道有尧舜似的。可见春秋时人对于禹的观念,对于古史的观念,东自齐,西至秦,中经鲁、宋,大部分很是一致。我在《与钱玄同先生论古史书》中说:'那时(春秋)并没有黄帝尧舜,那时最古的人王只有禹。'我很

---

① 据乔治忠先生考证,1913 年,王国维于《明堂庙寝通考》初稿中首次提出"二重证据法"的概念。1925 年在清华研究院"古史新证"课程中再次提出时,其意旨未变,而表述上已作出重要修正,即采用"新"学术语,从而使其明显属于旧学范畴之经史考证以"新发现之学问"的名义获得以科学相标榜的新史学各派的广泛认同,是一种有意识的"隐'旧'标'新'"策略。传统经史体系以及一整套价值观念、问题意识、方法原则因缘附所谓科学史学而获得其存续的机会和空间。参见乔治忠:《王国维"二重证据法"蕴义与影响的再审视》,《南开学报》(哲学社会科学版),2010 年第 4 期。

快乐,我这个假设又从王静安先生的著作里得到了两个有力的证据!"①顾的推论显然有悖王氏考证的本意②。

王氏举器铭与《诗》文互证,意欲推出的结论原本是禹乃毋庸置疑的古之帝王而非虚无缥缈的天神。由此更进一步推论尚未得到此类地下器铭材料证明的尧舜,乃至上溯至黄帝的其他传说中的古帝王,"亦不能否定"其为古史上之实有人物。而顾氏运用其考证成果所推出的结论,与王氏自己意欲推出的结论显然相悖。王氏讲义中包括此条在内的全部考证,其宗旨都是证明、补正古史的,而其意欲纠正的学风则是"疑古之过乃并尧舜禹之人物亦疑之",其矛头所指,倡论"疑古"的顾氏确实是首当其冲,无可闪避,实际上他也无意于闪避,否则就不会堂而皇之节录王氏文字入《古史辨》了。但是跋语中他取王氏之成材筑自己之营垒则确是事实。然而这并不奇怪,也并非要不得的事情。对相同的材料、同一个或者同一组史实,不同的人解释不同,用以推出的结论也不同,这是很正常的现象;于其他学者之研究成果,舍其立场、结论而取其材料、史实,这也是很正常的现象。而且从证据的逻辑规则来看,王氏所考结果本身只能做春秋时人"无不信禹为古之帝王"的证据,而不能做春秋时人也信尧舜为古之帝王的证据,更不能做尧舜禹确为古之帝王的证据。因此,顾氏据之证成春秋时"并没有黄帝尧舜,那时最古的人王只有禹",虽然并不充分,但也不算违背证据推论逻辑。比较而言,反倒比王氏据之证明推论尧舜禹确为毋庸置疑的古帝人王似乎更合理些。

不论怎样,两人对相同证据的解释以及据此推出的结论虽然相悖,但各

---

① 顾颉刚:《〈古史新证〉第一二章附跋》,载《古史辨》(影印本)第一册,上海古籍出版社1981年,第267页。

② 李锐博士曾对此有所讨论,说"对于同样的材料,两人得出的结论却不同,这表明二人的'预设路数根本不一样'"。不过李锐博士显然不以顾颉刚的做法为然,并因此对顾氏立意动机有探幽发微式的揣测。见《新出简帛的学术探索》第409 – 416页,北京师范大学出版社2010年。该著于简帛材料及相关学术史的"研究反思"多有发明,启人神智。承李锐博士惠赠一部,至为感谢。至于对顾颉刚与"古史辨"以及与之相关的其他学者的评价,对20世纪古史研究潮流和取向等问题,以往笔者与博士多有交流,异义商榷,彼此皆不以为忤。兹处对顾颉刚据王国维考证结果而得出有悖王氏本意的推论,笔者看法也与之不同,本节偶有商榷引用,恕不另注。

有其成立的理由,虽然都不充分。如无新的证据和新的解释方法,就难以判定究竟谁对谁错。作为不同的学术探索,理当容许其并行。即是说,学术上"对于同样的材料","得出的结论不同",以及由此显示出根本不一样的"'预设'、路数",这在学术上应该是一种正常状态,是完全可以理解的现象,而未必是一方刻意和另一方"立异"或"一较高下"所致。且顾氏在跋语中虽然反王氏考证之意而用之,但并未"特意驳斥",对王氏受传统学说包围而信从伪史的批评,在跋语中并无表示。这个批评是在《古史辨》第一册《自序》中提到,而那段话的主调也显然是褒扬崇敬而不是批评贬抑。在这篇有名的序文中,顾氏在肯定罗(振玉)、王"对于古史已在实物上作过种种的研究"之后,怀着敬仰的心情继续写道:"我读了他们的书,固然不满意于他们的不能大胆辨伪,以致真史中杂有伪史(例如王静安先生《殷周制度论》据了《帝系姓》的话而说'尧舜之禅天下以舜禹之功,然舜禹皆颛顼后,本可以有天下;汤武之代夏商以其功与德,然汤武皆帝喾后,亦本可以有天下',全本于秦汉间的伪史),但我原谅他们比我们长了二三十年,受这一点传统学说的包围是不应苛责的;至于他们求真的精神,客观的态度,丰富的材料,博洽的论辩,这是以前的史家所梦想不到的,他们正为我们开出一条研究的大路,我们只应对于他们表示尊敬和感谢。"[1]只要不抱成见,应该不会怀疑顾颉刚这段话的真诚。至于并非此处主调的批评,不过是他疑古立场的一贯表达、"古史辨"的中心所在。他所针对的是王国维所据守的"传统学说",对立是因对"传统学说"的不同评判而起,而不是对王国维本人有什么不敬,更不是刻意和王国维本人闹对立,或者"刻意要绕开王国维"。退一步讲,如果在王国维的立场和观点之外确有自己认为更稳妥的立场和观点,那么为什么不可以对立提出?因为不同意他的立场观点而关心他的研究、指摘他的疏漏有什么不可以呢?难道这不是学者相互探讨、共同促进学术进展的方式吗?学术的发展不正需要这类有价值的包括"预设、路数"不尽一样的多种探讨

---

① 顾颉刚:《古史辨》(影印本)第一册《自序》,第50-51页。

吗？实际上，就王国维和顾颉刚而言，正是他们彼此的相知相异，为中国现代古史研究提供了两种有价值的可供观摩和借鉴的不同模式。今日，一些"走出疑古时代"的人因先已认定王氏模式为唯一正确，所以对顾氏模式不屑一顾，甚至不愿意正面了解其学术旨趣和取向所在，仅凭"耳食"，或凭误解、曲解，只愿相信王氏批评顾氏"疑古之过"完全正确，而不肯正视顾氏批评王氏"受传统学说的包围"之合乎情理。更因成见太深，往往离开学术是非而搞"诛心"之论，这是令人深感遗憾的。

平心审论，顾颉刚批评王国维"受传统学说的包围"并未误解或曲解他。《古史新证》第一章"总论"在举出《尚书》《诗》《易》《五帝德》及《帝系姓》《春秋》《左氏传》及《国语》《世本》《竹书纪年》《战国策》，以及周秦诸子、《史记》等十类"纸上材料"之后，于"地下之材料"仅举二种，即甲骨文和金文。然后即明白布告本课程内容道："今兹所讲，乃就此二种材料中可以证明诸书或补足纠正者一一述之。"这是王国维"古史新证"以"证经补史"为旨归而无意于突破古书所传旧古史系统以重建新古史系统的明证。坚信"纸上之材料"所载旧古史系统基本框架之可靠，并以新的"地下之材料""证明""补足""纠正"之，这一点王国维自己从不讳言，后人也没有必要为其掩饰。迄今，在诸多中国现代史学史叙事中，王氏被尊奉为"上古史重建"的开山鼻祖，现在看，这一定位有必要加以重审。因为作为现代史学核心构成的"上古史重建"运动，是在旧古史系统疑点重重、漏洞百出、信誉权威崩溃之后发生的，而其目标是在已经崩溃的旧古史系统的废墟上，充分运用新旧各种材料，特别是不断扩张的新材料和新方法，以重新建构一真实可靠的新古史系统。重新建构新古史系统，而不仅仅是在旧古史系统的框架内用新材料证明、补充或纠正，这是"疑古"之后"上古史重建"运动的根本要义。如果旧古史系统在"上古史重建"者这里不是作为材料，经重新审查后纳入新系统，而是作为基本框架继续保持其可信性，一切新材料、新方法仅被用来证明、补充和修正它，那么这就不是真实的新古史系统的重建，而是古书及其所载旧古史系统可信性的重建。可在当时，"疑古"已在学术上深入传统经史内部，"层累说"则是炸开其内核的一颗重磅炸弹。废墟之上，真实的新古史系统已经不能在旧的框架下进行了，必须用新的材料——当时主要是考古材料——与新的方法构筑新的框架，这已经成为新一代古史学者的共识。其实王国维比任何人都更清楚这一点，他不是用"重建"而是用"新证"来定位他的研究成果，表明他对自己与那些新进后辈之间立场宗旨的差别洞若观火，以"好趋时"[1]闻名的他对"疑古"这个时流却明确表示异议。坚持古书及其所载旧古史系统基本可信，并用新材料证明它、补正它，这是王氏所有"趋时""趋新"之举的最后底线，一切时新事物的接受吸收，都绝不容许逾越这条底线。他只能是"新证派"或"证古派""正古派"[2]，而不是"重

---

[1] "好趋时"乃邓之诚比较张孟劬、王国维、孙德谦三人时对王国维所下评语。其文云："（孟劬）居上海时，与海宁王国维、吴孙德谦齐名交好，时人目为海上三子。国维颇有创见，然好趋时，德谦只辞碎义，篇幅自窘。二子者，博雅皆不如君。"见邓之诚：《张君孟劬别传》，载卞孝萱、唐文权编：《民国人物碑传集》，团结出版社1995年，第451页。

[2] 廖明春先生曾认为，"在王国维看来，'纸上材料'记载的'历史旧说'虽然有一定的缺陷和问题，需要'地下之新材料'的补充和印证，但基本上是可信的"；"二重证据法"就是"以基本承认'历史旧说'为前提"，然后以"地下之新材料""进一步补充、修正"，这种由王国维创始而被视为"走出疑古时代"古史研究唯一正确方向的"新证"模式，廖先生认为就是"证古"。郭沂则认为"证古"只能表示"证明"古书或古史之意，如果将"二重证据法""补足""纠正"古书或古史这层含义也纳入进来，他认为"正古"这个概念更能体现王国维"二重证据法"之下"古史新证"的内涵。"所谓'正古'，就是修正传统史学。'修正'传统古史学，一方面意味着传统古史学基本是可靠的，只需'修正'；另一方面意味着它也有缺陷，所以需要'修正'。"廖、郭两位先生对王国维的把握应该说是不错的。但对中西学术皆深有造诣的王国维，无论是传统考证学的家法，还是西学的实证逻辑，都不允许他把话说满，断然肯定古书之"已得证明者"之后，对"未得证明者"，尽管他也许很想说"基本肯定"，但最终却只说到"不能加以否定"为止。而这个消极的考证学底线在"走出疑古时代"显然也已经不需要了。参见廖明春：《试论冯友兰的"释古"》，载《原道》第六期，贵州人民出版社2000年，又收入廖明春：《中国学术史新证》，四川大学出版社2005年；郭沂：《从"疑古"走向"正古"——中国古史学的发展方向》，《光明日报》2002年7月16日第三版，又刊于《孔子研究》2002年第4期，副标题改为"中国古典学的发展方向"。笔者在撰写《去向堪忧的中国古典学——"走出疑古时代"述评》（《文史哲》2006年第2期）时，曾对"证古"或"正古"说是否合乎王国维旨趣有怀疑，现在看来已无须怀疑。原先之所以会怀疑，是仍受一种成见束缚，对王氏古史研究的现代性估价过高。实际上，就立场、宗旨和方法而论，王氏的"古史新证"都未能脱出传统经史之学的范畴，一向被推崇为现代科学方法的"二重证据法"，其"地下材料"局限于文字这层且不论，即便是兼及实物，也未超越"道咸以降其学新"的境界，套用张之洞"中体西用"一词，王氏在趋时纳新上的超乎俗流，可谓之"旧体新用"。陈峰博士曾谓傅斯年在学术上是"趋新反入旧"（陈峰：《趋新反入旧：傅斯年、史语所与西方史学潮流》，《文史哲》2008年第2期），王氏则正好相反，似乎是"入旧反趋新"。这也是中国现代学术史上诸多吊诡复杂的现象之一。

建派"。

如此定位并不是贬低王氏的成就和贡献,更不是否定王氏成果对"上古史重建"的资源价值①,而是觉得今天参与"上古史重建"事业者似乎当对自己持有的立场宗旨有所反省。如果只认同王国维的"新证"立场,那自然无话可说;如果不能认同,那么顾颉刚当年对王氏"受传统学说的包围而不能大胆辨伪"的批评即当重新正视,而顾颉刚的立场和宗旨是否如某些"走出疑古时代"者所说的已经过时而应一概予以否弃,恐怕也当重加考量了。

二、李济:"地下材料"以文字为限

适逢"走出疑古时代",顾颉刚的意见可能让不少人侧目掩耳,那么对于曾对"疑古"和顾颉刚"颇有微词"②、而对"二重证据法"及王国维一直推崇有加的李济,他的意见,即使不尽以为然,至少不会让人侧目掩耳吧?

1953 年秋,在菲律宾举行的第八届太平洋科学会议上,李济做了题为"安阳的发现对谱写中国可考历史新的首章的重要性"的报告,其中指出,"在 20 世纪初,即被称为中国文艺复兴的那个短暂时期以来,知识界有很重要的一伙人自称是'疑古派'。这些不可知论者怀疑整个中国古代传统,声称所谓的殷代不管包含着什么内涵,仍然处在石器时代";"随着安阳发现的公开,那些疑古派们也就不再发表某些最激烈的胡话了";"由孙诒让倡导、继而通过王国维教授和史语所同人的卓越努力开创的对甲骨文单个文字和准确内容的系统研究,得出一个重要的结论:司马迁记载的殷代王室的谱系是准确的,几乎没有任何差错";"事实上,司马迁《史记》中《殷本纪》记载的帝系上的名字,几乎全都能在新发现的考古标本——卜辞上找到";"已故的王国维教授,正是在这类卜辞的基础上成功重建了殷王室的谱系,并重新肯

---

① 王氏之前,包括清代以及更早时期所有传统经史考据成果都仍是现代古史重建的重要资源,何况具有自觉和强烈的近代学术革新意识的王氏的考据成果。

② 李锐:《新出简帛的学术探索》,北京师范大学出版社 2010 年,第 409－416 页。

定了两千多年前司马迁在《史记》中所载原始材料的高度真实性";"在他的
研究成果中,我们不但看到考古记载与历史传说的根本一致,而且看到历史
和史前的牢固联系。中央研究院的考古学家们在田野工作中沿着这条路线
进一步做了许多工作,在各种不同的墓穴和窖藏中发现了各种新的联系:带
字的甲骨结合着青铜器,青铜器结合着陶器,乃至可以追溯到更古老时期的
各种器物。通过这些联系,中国早期历史就跟原史、而原史则跟史前史紧密
地衔接起来了"①。李济对王国维成就的肯定和推崇由此可见。

上引李济的评述还透露出另一个信息,即由王国维的"二重证据法"到
中研院史语所的考古发掘及古史研究,其间确乎有着极为密切的脉络关联。
但是,如果因此忽略或抹杀史语所特别是李济与王国维之间立场宗旨上的
根本差别,那么不仅作为中国现代学术核心部分的"上古史重建"与传统经
史之学的区别将失去基准,就连现代学术与传统学术的区别也会变得茫昧
迷离。② 在一篇讨论《安阳发掘与中国古史问题》的文章中,李济曾指出,王
国维 1925 年在清华研究院开设的"古史新证"课上力倡"二重证据法",是中
国学术界安阳发掘前期酝酿的一个重要环节,而王国维独特研究和积极倡

---

① 李济:《安阳的发现对谱写中国可考历史新的首章的重要性》,张光直,李光谟编:《李济考古
学论文选集》,文物出版社 1990 年,第 790 – 791 页。
② 王国维"二重证据法"研究对安阳考古发掘的正面促动,以及王国维与李济曾一起任教于清
华研究院,都是"走出疑古时代"中一些学者喜欢讲述的故事,而借以推出的结论不外是:王国维的
"二重证据法""从理论和方法上为中国的现代考古学奠定了基础"。"古史新证"因此成为这些学者
笔下 20 世纪科学古史学的正统和主线。但颇堪玩味的是,在这类学术叙事中,李济似乎被视为局限
于田野考古因而偏离了考古学和古史学正统的人。究竟真相如何? 现代考古学和现代古史学的本
质规定——或者说理论和方法的基础——究竟应该是什么? 在现代考古学、古史学发生发展的过程
中,应如何定位诸如王国维、李济、顾颉刚、傅斯年等学者的成就及他们各自所起的不同作用? 他们
之间究竟有怎样的学脉关联以及学术立场和宗旨上的差别? 所有这些问题,都值得学术史研究者进
一步加以探究。另一个有趣的相关问题是:究竟有没有"清华学派"? 如果有,则其统绪何在? 有的
学者在诠释所谓"清华学派"及其"释古"传统时,明确将梁启超、李济、赵元任及冯友兰等逐之门外,
似乎"释古"的清华学派前面只是立统讲"古史新证"的王国维,后面绍继此统的则是今日"走出疑古
时代"之人。但另一些学者讲法颇不同,比如徐葆耕、何兆武、何炳棣三位先生就各有各的讲法。参
见李学勤:《重写学术史》,河北教育出版社 2002 年,第 217 页,《〈走出疑古时代〉自序》,辽宁大学出
版社 1997 年;廖名春:《试释冯友兰的"释古"》,《原道》第六期;徐葆耕:《释古与清华学派》,清华大
学出版社 1997 年;何兆武:《也谈"清华学派"——〈释古与清华学派〉序》;何炳棣:《读史阅世六十
年》,广西师范大学出版社 2005 年。

导的一个重要结果，"实为中国的史学界，接受了'地下材料'这一观念"。正是基于他的成就和贡献，"所以当他在讲堂上提倡二重证据法时，安阳的发掘已经是我国进步的学术界所公认的一种紧要的，急待进行的工作了"。但是李济也指出，"王氏所指的'地下材料'，仍以有文字者为限"，而秉持"近代纯学术的立场""纯学术的观点"的安阳发掘，其最本质的表现之一就是突破了这一局限——"殷墟发掘团全部同人所接受的基本观念"是"'地下材料'这一观念，应由王国维氏的定义加以扩大。考古学家必须根据现代考古学的定义，把'地下材料'再作一番新的界说，即凡是经过人工的、埋在地下的资料，不管它是否有文字，都可以做研究人类历史的资料"。他强调："地下出现的资料是否重要，重要到什么程度，自然都是很大的问题。站在中国学术史的立场看，这些发现的真实影响，为由这些新问题引起的新认识，中国史学界对于史料之范围及采集史料之方法，产生了一种革命性的变化。'地下材料'这四个字，取得了一种全新的、很具体的内涵。中国史学界已渐渐地相信，人类历史开始的一段——这自然包括中国上古史的部分——不能以文字的记录为限。"①按引文中的着重号为原文所有。以上表述已足以说明在李济心目中，"地下材料"的内涵、范围及其采集方法都绝非本质上依然未超出传统金石学范畴的"罗王之学"所可想象，而"革命性的变化"一词，更足以让所有想把王国维推尊为中国现代考古学开山宗师的人反躬自省：自己对考古学的理解是否仍囿于传统金石学笼罩之中而未能"走出"？李济曾颇为痛心地指出："讲起古史研究的新运动，如考古一类的工作，我们并感觉不到什么特别的愉快。这种事业在中国，犹同别的自然科学研究一样，至少要比别人落后80年。固然有时我们也可以拿宋人的几部书籍，强为自慰地说，我们中国人考古的兴趣已经有800多年的历史了，但这只是兴趣而已。有兴趣而无真正的办法，所以始终没得到相当的收获。要是把现在的考古

---

① 李济：《安阳发掘与中国古史问题》，张光直、李光谟编：《李济考古学论文选集》，第796－798页。

学与我们固有的金石学放在一个宗派里,岂不成了中国的胡人用改姓的办法冒充黄帝子孙的那一套把戏。"又说:"这话毫不带着藐视古人的意味。我们在这民生凋敝的时候,居然能为社会所容许,做一点考古的工作,一部分的理由不能不说是受了宋人传下来的民族好古癖所赐。可是话只能说到如此而止,此外全是中国学术界向所没有的自然科学的办法。"①虽然可能引起一些人的不快,但还是得不能不说:由王国维做到极致的所谓"罗王之学"无论成就如何之大,就其本质而言仍然不出传统金石学范畴,与现代考古学根本不能放到一个宗派里面,又怎么能做现代考古学的开派宗师呢?

实际上,现代考古学不仅在"地下材料"的内涵、范围及采集方法上有"革命性的变化",而且在材料的鉴定、整理、分类和解释上也有一套全新的理论和方法,绝非传统古物学所能涵括。至于现代考古学发现的全部材料所引起的新问题和新认识,则更远远超出传统经史学者的想象。这些新的问题和新的认识单从时、空两方面即可看出其全新的意义和规模。从时间上来说,现在不少治上古史的人都好讲"五帝时代",甚至于"三皇",以为不回到自古相传的这套古史系统就是"腰斩"中国历史,就会导致中国上古史的"空白"。但是"三代"以上的"三皇五帝",讲来讲去也就是三代以下传下来的那几句书,且充其量只敢讲到"五千年"。而现代考古学新材料所展示出来的作为"全部人类历史的一部分"的"中国历史",正如李济所说,"它比传统的历史远得多。远到什么时候呢? 至少比传统的历史长到几倍,或十几倍,甚至于几十倍"②。至于在空间上,李济曾在《再谈中国上古史的重建问题》中以"中国民族的人种构成"和"中国文化的开始"这两个中国上古史领域亟待解决的问题为例,认为"表面上这两个题目的范围,都受了同一的限制,就是说,均以中国区域为限。如果我们要追踪它们开始的一段,我们

---

① 李济:《中国考古报告集之一城子崖发掘报告序》,张光直、李光谟编:《李济考古学论文选集》,第189—190页。

② 李济:《中国上古史之重建工作及其问题》,张光直、李光谟编:《李济考古学论文选集》,第81页。

也许发现,这两组研究,并不能在这个区域限制以内解决"。他明确表示:"中国历史是人类全部历史最光荣的一面。只有把它放在全体人类的背景上看,它的光辉才显得鲜明。把它关在一间老屋子内孤芳自赏的日子已经过去了。"①在《中国上古史编辑大旨》中他又指示说:"中国上古史须作为世界史的一部分看,不宜夹杂偏狭的地域成见。"张光直曾在《〈李济考古学论文选集〉编后记》中评论说:"这个看法,并不是一个人的个人胸襟问题,而代表在上古史资料研究上的一种实事求是的基本态度。"他特别强调李济对殷商时代中国文化来源问题的见解所昭示的那种深邃的世界眼光。李济的见解是:"殷商时代的中国文化……发展的背景,我们认为是一种普遍传播在太平洋沿岸的原始文化。在这种原始文化的底子上,殷商人建筑了一种伟大的青铜文化。而青铜文化本身却有它复杂的来源。在这些来源中,有一部分我认为是与两河流域——即这与亚细亚有密切的关系。若是我们把欧亚非大陆,在最近1200万年所经过的变迁,及动植物移动的历史弄清楚了,这一现象可以说是并不奇怪。史学家研究这一阶段文化,所面临的最要紧的问题,一部分是如何把殷商的考古材料与史前的考古材料比较贯穿;通史要把若干不能解释的成分,找出它们可能的来源。这些问题,在我看来,都不是凭想象所能解决的。它们的解决,需要更广阔的田野考古工作,及更深度的比较研究。"②

殷商文化与环太平洋原始文化间的关系,是自李济和张光直师徒一直关注和探索的重大课题。不仅如此,李济在《〈记小屯出土之青铜器(中篇)〉后记》中还指出,殷商与亚洲中部、西部同时的文明之间也有若干类似性,他以充满激情的生动笔调写道:"两千年来的中国史学家,上了秦始皇的一个大当,以为中国的文化及民族都是长城以南的事情;这是一件大大的错误,我们应该觉悟了。我们更老的老家——民族兼文化的——除了中国本

① 李济:《再谈中国上古史的重建问题》,张光直、李光谟编:《李济考古学论文选集》,第92、97页。

② 李济:《再谈中国上古史的重建问题》,张光直、李光谟编:《李济考古学论文选集》,第96页。

土以外,并在……以及西伯利亚一带;这些都是中华民族的列祖列宗栖息坐卧的地方;到了秦始皇筑长城,才把这些地方永远断送给'异族'了。因此,现代人读到'相土烈烈,海外有截'一类的古史,反觉得新鲜,是出乎意外的事了。"张光直认为:"这种把中国文化放在世界文化里面来研究的态度,也是李济先生在学问研究上留给我们的宝贵遗产的一个重要部分。""李济先生是中国现代的第一个人类学家。他也是中国的头一位科学考古工作者;他的考古学的一大特色正是它具有人类学的特点,是广博的,不是狭隘的、专业化的;是重比较的、向外开放的,不是闭关自守的。"[1]试问:面对现代考古学打开的这一广阔的历史时空,"二重证据法"支配下立足于旧古史系统的"古史新证"如何能容得下?

以文字为限的"地下材料"的立足点在"纸上之材料",即古来相传的文献材料。李济在论及考古学对中国史的贡献时,对纸上材料的证实确实是很重要的一个方面,但仅仅是一个方面而已。考古发现无疑为纸上材料以及其中旧问题的解决提供了种种可能,但其更大的价值是引起新问题,而有的问题是传统经史学家所梦想不到的。更应引起关注的是,在李济的视野中,中国上古史重建不仅不是以文字为限的王国维式的"二重证据法"所能完成的,也不是超越文字局限的"二重证据法"所能完成的。"二重证据法"无论将地下一重证据如何扩充,其问题意识和思维方式、解决办法都难以摆脱传世文献所铸就的框架和套路,这不仅从根本上限制了"二重证据"研究者材料关注的视野范围,而且也大大限制了他们对材料信息的充分提取,即便他们突破文字而兼顾到实物,所发现和提取的信息也很难超越文献所蕴

---

① 见张光直:《〈李济考古学论文选集〉编者后记》,第 980 – 981 页。按:关于李济的分析及材料线索多得自《编后记》的启发和指示,上引《再谈中国上古史的重建问题》,有几段为张氏所引;《中国上古史编辑大旨》与《〈记小屯出土之青铜器(中篇)〉后记》则转引自《编后记》。

含的范畴,这就必然造成如有的学者所批评的考古信息的闲置和浪费①。实际上,由于文献史学框架套路及某种狭隘的民族主义情绪的纠结,即使从材料范围上看,其视野的狭隘也很明显。也就是说,由于"二重证据法"本身先天的局限性,其材料和方法的扩充是有限的。在《再谈中国上古史的重建问题》一文中,李济曾就"材料的范围"胪列了七类:第一是与"人类原始"有关的诸种材料;第二是"与研究东亚地形有关的科学资料";第三是史前考古发掘出来的"人类的文化遗迹";第四是"古代人遗留下来的身体的骸骨"为研究对象的"体质人类学";第五是"狭义"的考古学发掘出来的,属于有文字记录时期的材料;第六是民族学家所研究的民族材料;第七是"历代传下来的秦朝以前的纪录"②。七类材料中,"二重证据法"所关注的仅为第五、七两类。至于面对"一切有关的资料"时,如李济所表现出来的超越了"一个狭隘的考古专家的地位",当然也超越了任何其他狭隘的某一门学科专家的地位,而以"'人类学'者的地位,也就是注重比较兼顾各科的地位"的姿态,那种"在选材上和观点上代表人类学兼容并包的比较方法和综合性的理论观念"③,就更不是局限于"二重证据法"之中所能有的了。

总之,面对新发现、新材料所展现出来的新的历史时空,是运用"兼容并

① 陈淳先生曾反思说:"文化历史考古学关注的主要信息是文化的时空分布及其民族属性,文化的差异常被视为民族群体的差异而并不被看作是生态环境不同造成的文化适应差异。所以这种分析仍然是表象的归纳和总结。特别对于从民族历史学观点来观察问题的考古学家来说,只有具史学价值的信息才是考古学家所关注的方面。由此可见,考古材料的价值深受研究人员本身学术思维方式与价值观的影响,而且材料所含信息的提炼与利用也完全因研究者所拥有的分析手段及其兴趣而定。"又说:"中国的金石学没有能向科学考古学转变,究其根本原因是证经补史的偏狭学术定位。20 世纪 90 年代中国的一些考古学者仍偏爱文化历史学范例,归根结蒂也在本学科的历史学地位上,将考古学仅仅看作是为历史学提供资料,而不像欧美考古学把本学科看作是整个人文学科的一部分。""文化历史学的学术定位使得许多学者将类型学奉为基本方法,专致于分类方法的改进而很少注意器物内在的功能关系和象征意义,造成考古材料在信息利用上的浪费。"见陈淳:《考古学的理论与研究》第一章首篇《考古学研究与信息提炼》,学林出版社 2003 年,第 1－20 页。

② 李济:《再谈中国上古史的重建问题》,张光直、李光谟编:《李济考古学论文集》,第 90－92 页。

③ 张光直:《〈李济考古学论文选集〉编后记》,张光直、李光谟编:《李济考古学论文选集》,第 979－980 页。

包的比较方法和综合性的理论观念"，综合"一切有关的资料"，重新建构全新的作为人类早期历史一部分的中国早期历史，为人们了解中国、了解人类打开一扇新的知识之门，还是将历史时空回缩到文献所传老旧的历史叙事框架中去，这是我们重温李济后不能不郑重思考的问题①。

三、李若晖:长于微观考据短于宏观把握
及"方法自身的封闭性"

就笔者孤陋所见，李若晖大概是今日大陆学界较早从理论角度对"二重证据法"作深度反思和批评且明确提出"二重证据法之局限"的学者。2004年，若晖先生在所著《郭店竹书老子论考》上篇专列第二章《"二重证据法"之反思》，"深入到思想层面"，从逻辑上对"二重证据法"的特点、局限作了简要精辟的分析和批评，认为受实证主义影响，此法具有先天不足和局限。而运用此法进行研究的结果，"我们所得到的仍是个别的事实——如在静安先生的考据文章中所看到的那样"；"'二重证据法'作为方法本身即只能针对微观事实，因此无法从其中衍生出宏观论题，并进而上升到对社会结构和历史规律的把握"。"实证主义"的"基本思路还造成了方法自身的封闭性"，"于是'二重证据法'作为一种方法，自静安先生提出后，数十年间只有复述却无发展"，后继者提出的一些含义不尽相同的所谓"三重证据法"与"二重证据法"无异，"仅为微观领域的历史研究方法，我们现在需要的是能综合微观成果的宏观理论。以往的研究都将'二重证据法'视为可以运用于

---

① 陈淳先生曾指出:"虽然李济后来被誉为中国考古学之父，但是他的许多理念和成果对大陆考古实践和研究并没有太大影响。""早在1930年代，李济就批评了'惟有文字才有历史价值'的偏见，指出现代考古学的一切发掘就是求一个整体的知识，不是找零零碎碎的宝贝……遗憾的是，李济的这种问题意识和追求整体知识，以及超越文字来进行独立研究的科学理念，在建国后大大陆考古实践中即便不能说基本缺失，也是十分薄弱的。""对于那些至今仍坚持文献学导向、倡导用'二重证据法'来重建上古史的学者来说，其旨趣和眼界还不及20世纪初的傅斯年和李济，遑论21世纪的国际水准了。"见陈淳:《安阳小屯考古研究的回顾与反思》，《文史哲》2008年第3期。按，鉴于当下中国考古学界和古史学界存在的种种问题，重温李济也许是一件值得提上日程的事情。

任何场合之下的方法,但其在历史研究中已充分暴露出来的在宏观把握上的无能为力,就已经宣告了它在思想史研究上更甚于前者的无能为力"①。

　　与传统校勘学不同,李若晖在校勘《老子》的过程中提出一种新的校勘学——"存异校勘学",即"取消原本"②,因为"并不存在《老子》'唯一的原本',于是我们必须'引进一种类似考古标型学的方法,以代替传统校勘学所习惯采用的那种单纯堆积版本和考核字句异同的方法。'③亦即将每一种本子都依其系统、时代编排序列,从而使对古籍的校勘整理及其流传研究合二为一,达到'辨章学术,考镜源流'",“我们也由此而得以站在思想史的高度来进行校勘";“为了避免那种无差异性的混沌局面再次出现,在对任何一个时期、系统的本子进行校勘时,我们都不应当随意根据其他时期、系统的本子改动文字,要使每个本子都能说:我是我所是"。李若晖因此将校勘学提升到思想史的高度,由考证而进入解释。考证依然必要,但不能局限于考证,于是,方法的突破就成为必然。他说:"无疑,从来不存在什么'普适方法'。因此,我们需要在中国思想史的研究中摸索出一套属于该学科自身的方法,而不是照搬其他学科的工具,无论它拥有怎样显赫的声威——尤其当我们面对的是出土思想史文献时。"④李若晖所期待的这套中国思想史研究学科自身的方法,不论其内容构成若何,有一点是很清楚的,即:它必然不是"二重证据法"及"古史新证"模式所能涵盖的。由此我们不难看到中国新一代少壮学者超越先贤的雄心,而这是令人欣慰的,也是值得期待的。

---

　　① 李若晖:《郭店竹书老子论考》,齐鲁书社2004年,第60、61、63、65-66页。
　　② 参见李若晖:《郭店竹书老子论考》第三章、第五章。
　　③ 《郭店竹书老子论考》原注:李零:《关于〈孙子兵法〉研究整理的新认识》,载李零:《〈孙子〉古本研究》,北京大学出版社1995年,第283页。
　　④ 李若晖:《郭店竹书老子论考》,第87、109、67页。

四、曹峰:"二重证据法""没有可以 指导具体研究的方法论成分"

《出土文献可以改写思想史吗?》是曹峰在学界过度炒作出土文献的价值及滥用"二重证据法"导致学风"轻率、粗糙"和"研究方法的简单化"情势下,倾力撰写的一篇大作,刊于《文史哲》2007 年第 5 期。作者首先肯定了"利用出土文献改写中国思想史的可能性",认为"出土文献为我们提供了大量新鲜的材料,丰富了思想史的内容,开拓了新的研究领域,盘活了一批长期未受重视的传世文献,引发了史料的重新评估和排列,为一些长期未能解决的问题提供了新的机会,从各个侧面对中国思想史产生了影响,使所有研究古典学的人都不得不关心出土文献。从这些意义上讲,出土文献具备了改变思想史面貌的可能性"。但是,曹峰也明确指出"利用出土文献改写中国思想史的局限性",并作了有说服力的分析和论证。他说:"在新材料频繁出土,不断引起学者们的期待和兴奋的过程中,人们对出土文献所具备的神奇作用谈得多,仿佛出土文献是灵丹妙药,可以解决所有的问题,而忽视出土文献自身所存在的局限。"他从四个方面对出土文献的局限性作了分析,因为这些局限,出土文献"所能发挥的作用是有限的",不顾这些局限过度相信和夸张其神效,尤其是在研究尚处于初级阶段,诸多问题讨论和解决的前提"不明确"、文本"不完善"的情况下,"匆忙利用问题成堆的原始资料去'改写'思想史","只会越改越模糊"。

曹峰在文章中专节讨论了"出土文献研究的方法论问题",指出,"在出土文献研究的方法论问题上,出现了两种值得注意的现象,第一种现象是将'疑古'学派的研究方法和出土文献的研究方法对立起来,似乎不'走出疑古',就无法有效展开出土文献研究,就不能真正改写思想史。应该看到,这种通过理论上推翻'疑古'来为改写思想史铺平道路的做法是不合理的。诚然,出土文献的出现在客观上改变了许多疑古学派的结论,尤其是古书辨伪和古书年代断定上的结论,但在否定有些结论的同时,并不应该否定疑古学派对文献的批判态度、怀疑精神,不应该否定'层累'学说的丰富内涵,不应该否定其对历史文本'不立一真,惟穷流变'的科学立场。'疑古'思潮在20世纪中国的出现有其合理性和必然性,'疑古'学派的理论、方法、实践依然值得当代学者发扬和继承";"第二种现象是王国维'二重证据法'说的再度盛行。目前,几乎所有从事出土文献研究的人都会提到'二重证据法',这似乎已成为出土文献研究中无往而不胜的法则,成为出土文献研究方法论的支柱。但在笔者看来,这其实是一个不言自明的前提,其中并不存在内在的逻辑体系,也没有多少可以指导具体研究的方法论成分。因为,现在已经没有一个学者愿意抱残守缺,无视日益增加的出土材料,而仅仅依据传世文献作为研究对象了。出土文献研究,将出土文献和传世文献对照起来只是第一步,是不是可以简单对照,应当在怎样的前提下进行对照,才是研究的核心部分"。曹峰指出:"'二重证据法'其实有一个隐含的前提,那就是,只要出土资料就是'真实可信'的。"而这是一种误解。如王国维当年考校的甲骨文材料,其性质特殊,"基本上是据实而录",因此与《史记》中之世系资料比较印证,"很容易形成清楚明白的结果"。但"思想史资料就大不一样了",很难进行这种简单直接的比较印证。由于历史资料、思想史资料和考古学资料三者性质不同,其"真实"性在"界定和意义上有很大不同","不能将三种不同的真实简单等同起来",当然也就不能简单对应印证,因此也就"很难简单地用'二重证据法'说明所有问题"。

曹峰还认为,"对'二重证据法'的过度推崇导致了许多不良后果,这些后果其实是不利于思想史之'改写'的。其中最主要的问题是滋长了轻率、粗糙的学风,促使了研究方法的简单化";"有一些学者不顾出土文献中也有历史资料和思想史资料的区别,不顾思想史文献往往真伪相杂的事实,根据出土文献就一定是'真'的原理,通过出土文献和某传世文献中个别真实之处、局部真实之处的对比,便宣告某传世文献整体不伪。这实际上大有以偏概全,从一个极端走向另一个极端之嫌";"将这些文献中出现的人物和历史上存在的人物及其时代直接挂钩的现象比比皆是,过去谨慎的学风、绵密的文献批判传统被抛弃了";"有的学者看到出土思想史资料中出现历史内容,便忙于将其同文献中的历史记载相对照,以此确认哪些历史记载是真实无误的,殊不知,在很多思想史资料中,历史内容只是一个背景,可以借用或编造,很难确认其真伪"。

曹峰批评的关键在明确指出"二重证据法"本身并没有提供真正有价值的具体的方法指导,至于将传世文献和出土文献两种资料证据比较参照,这应该是不言而喻、自然而然的事。这让我们想到,"二重证据"研究有成就,并不一定意味着在方法上有意义。传世文献和出土文献需要对照比较,即便在晚清民初,也是多数研究经史者所认同的,后来的古典学者就更不用说了。王国维运用"二重证据"进行"古史新证",确实取得了了不起的成就,但实在说来,当"二重证据"作为一种方法从他主要攻治材料和问题范围推广开来时,对种种性质复杂"二重证据""是不是可以简单对照,应当在怎样的前提下进行对照"这类真正方法论的"核心"问题,王国维并没有切实具体的意见,相反,由于他思想深处难以剪掉的辫子的拖累及所受实证主义的影响,他对照的前提很成问题。又因为他当时接触资料和所见问题的限制,他对照的方法和过程也难免简单,其实用李若晖所引孔德对"实证精神最初的发展阶段"特点分析,也可以说是"幼稚",或者干脆说得彻底一点,根本不成为严格的逻辑意义上的方法。曹峰所说"'二重证据法'是一个不言自明的前提,没有可以指导具体研究的方法论成分",大概可以这样去理解吧?如果是这样,那么对"二重证据法"作为方法论的意义和价值及其在现代史学史上的地位可真就要重新审视和评价了,因为出土文献和传世文献"是不是可以简单对照,应当在怎样的前提下进行对照"这些真正有指导意义的方法论的核心问题,不仅王国维没有解决好,现在也还没有解决好。一个被推崇了数十年且正被学界奉若神明借以走进新时代的所谓方法,竟然连方法论的核心问题都没解决好,这种怪异的事情本身就很值得反思。

五、乔治忠:"二重证据法""阻断史学革命"并"将传统史学过早衔接于新史学"

乔治忠的《王国维"二重证据法"蕴义与影响的再审视》一文,刊于《南开大学学报》2010年第4期,是新近对王国维"二重证据法"的局限及近些年学界夸张、滥用此法导致种种弊端的现象批评最激烈的一篇文章,其中不乏远见卓识。

前述几位学者所批评的问题,有些在乔文中也有讨论。如李济曾指出的"二重证据法"只局限于"文字材料",文章参照王国维的史学实践而予以指明;曹峰认为"'二重证据法'是一个不言自明的前提,没有可以指导具体研究的方法论成分",乔治忠则认为"可以赞誉王国维对殷商历史的考据成就,但标榜为'二重证据',并且将这种标榜提上到普适性的方法论层次,多少有炒作之嫌。甲骨文、金文资料,具有明显的记事内容,用于考订上古历史是个很自然的学术趋势,必当会随着材料的大量发现、文字辨识的进展而广泛展开,无须打起'二重证据'的旗号来鼓动"。其表述不同,但意思还是相通的。另外,乔治忠认为"王国维并非盲目相信所有的古书,但却有其笃信的古书范围,他的考证古史,就是欲图尽力证明一些古籍记载的确实可信。如果没有办法考证,他还是要相信经典、正史的记载,例如对于尧、舜、禹,王国维虽然拿不出有力的'二重证据',仍然抨击'疑古之过,乃并尧、舜、禹之人物而亦疑之',明显表现了学术立场守旧性",这与顾颉刚"受传统学术包围而不敢大胆辨伪"的批评也相近。

乔先生对"二重证据法"批评的独到之处则有如下几点:

第一,指出"二重证据法"的要害。有人推崇并解释说:"'二重证据法'就是'纸上之材料'与'地下之新材料'的互相结合,彼此印证。"乔先生援引此说后指出:"这里'结合'与'印证'两语,就是这种史学方法论的要害,就是仅从结合、印证上用心着力,排斥怀疑精神。""王国维之'二重证据法',实际不过是以新的文字材料印证原有的文字材料。这种方法仅强调'印证'而排斥否定,具有片面性和学术思想的守旧性。因其守旧观念做出的推想,在逻辑上是错误的。因此,将'二重证据法'夸大和发挥,将会使历史研究更多地进入误区。"

第二,从史学史的角度考察"二重证据法"的负面作用。"从史学史的角度考察,王国维'二重证据法'对史学发展的作用,是将旧有的上古史体系与新史学的建设过早地衔接起来,在旧史学的糟粕未能充分清扫的条件下,这种传统史学过早而且以不适当方式衔接于新史学,携带了大量庞杂成分、落后理念、虚假记述,降低了新史学的健康环境。这虽然不应由王国维承担责任,但追溯渊源,'二重证据法'及其滥用则起到了杠杆作用。这个杠杆一方面拨动起上古史研究的嘈杂与兴旺,一方面搅得沉渣泛起,其影响值得深入反思。"

第三,对"'二重证据法'滥用的不良影响"分析得比较全面和透彻。他分析道:"当'二重证据法'大力推行于考古发掘与古籍记述的结合,其研究方法大部分立足于直接的比附和穿凿。通行的思路是:根据考古发现遗址的地区与所测定的年代,从各种古籍描述的上古'先王'和朝代中选一相似者予以指认,随之对出土之物与古籍的描述做最大限度的比附解说,将考古发现与某些古籍的叙述交叉编织,完成一个具有所谓'二重证据'的故事。编织的故事也会参照考古文物,对古籍的记述做出一些补订,但在历史的整体线索上则总不离上古史旧说的框架。""在扩大的'二重证据法'的指导下,对考古学新发现的一些有资格的解说家,不仅没有接受顾颉刚对上古史的扫除工作,就连顾颉刚预言地下之材料'寻不出'的三皇五帝,也披上考古学的外衣,从他们口中卷土重来。"他以对炎帝故里的争夺争论为例,批评那种几个地方以同样的"二重证据"争夺同一个传说人物并争相兴建气势恢宏的陵墓、举办规模宏大的祭拜活动这类闹剧,认为"古籍记述本已纷乱",那种不同地方以似是而非的遗址古迹指认传说中的"先王""先圣"的争论,"与西方中世纪基督徒争论'一个针眼里究竟能住几个天使'有什么区别?毛泽东《贺新郎·读史》曰:'五帝三皇神圣事,骗了无涯过客。'现在是行骗的与被骗的一起狂欢,有人为之辩解,说是增强民族凝聚力。可是具有讽刺意味的是:炎帝一身,就至少建筑了分布陕西、湖南、山西的三座'国家级'、'省市级'的豪华陵墓,墓主连自己尸体都不能'凝聚',怎么能够对现代人们产生凝聚力? 现代中国真的有赖于上古圣王来凝聚吗?"他指出,"上古传说乃至于神话,都包含了历史的信息,都可以用社会发展史的知识、民俗学的知识等等予以历史的解读。但是传说、神话只能作为被重新解读的材料,而不能当成被证实的对象","对待三皇五帝的传说,均应从传说中解读其中反映的古代社会状况,而不是企图坐实其人的存在。但一些有学问的学者如王晖教授却声称:'战国时期流传的五帝时代这些著名领袖人物及其重要事迹还是应该可信的,也是应该根据出土古文字资料和古文献相互印证并重新整理的'。而审视其引用的'出土古文字资料',不过是战国时期的郭店楚简等,虽为新出土资料,但对于东周以前历史的研究,并不比传世的《国语》更有价值"。如果结合前述曹峰先生对历史资料、思想史资料和考古学资料不同性质及其"真实"意义的区别来看,则乔先生分析和批评的合理性是毋庸否认的。乔先生批评说,考古发现的山西襄汾陶寺文化遗址,"早就被许多人风风火火地鼓吹为尧、舜故地,王晖教授怎么不收揽为'二重证据'呢? 大概因为陶寺文化遗址显示出那里发生过惨烈的大屠杀、大毁灭,而王晖教授是力主尧、舜、禹禅让的吧? 将陶寺文化遗址指认为尧、舜故地的学者,只好承认《竹书纪年》所云'舜囚尧于平阳'的篡夺也可能真实,这其实还是不能解释宫廷政变式的篡夺,何以会有陶寺遗址中的毁城、掘墓、杀人分尸的惨烈战争";"由此可见,用'二重证据法'令考古来印证古籍,不仅穿凿附会,而且挑挑拣拣、各取所需,还常常会想不周到,顾此失彼。这样搞出的古史新证,鲜不成为秽史"。乔先生最后总结说:"现代史学可以从远古传说中解读和提取关于社会生活状况的信息,而不能轻易相信其中英雄人物及其具体事迹,更不能够把考古的发现,装入陈旧的上古史体系的框架。'二重证据法'的滥用,正是一种将考古学装入古籍记载框架的错误方法,应当及早摒弃。以考古发掘的实物、实迹，经科学的分析，摆脱纠缠，独立地重建中国远古文明发展的历史，是当今历史科学之要务。"

前引李若晖《郭店竹书老子论考》在分析王国维运用"二重证据法"研究的结果"所得到的仍是个别的事实"时，曾注引李冕世在《金文学、甲骨学的研究与中国上古史的关系》一文中的意见曰，《殷周制度论》"虽于殷代之礼与殷周制度异同多所阐发，但采用甲骨文资料甚少，而取'帝系篇'旧说，认为舜禹皆颛顼之后，汤武皆帝喾之后，落入因袭窠臼，至于'说自契至于成汤八迁'、'说亳'、'说耿'、'说殷'等文，亦甚少涉及卜辞，且采用了今本《竹书》的资料及后世推演的说法，以今日研究中国上古史的眼光来看，王氏对殷商史的了解是不够深入的，因王氏民国十六年自尽于北平昆明湖之时，殷墟尚未正式发掘，当时甲骨资料整理出来还远不如今日之多，故不必以此深责王氏也（《成功大学历史学系历史学报》，第 8 期，1981 年 9 月，第 43 页）"。对李冕世的意见，李若晖评论说："仅以资料为托词，而未能深入到思想层面发掘静安先生方法论自身的局限性，因之最终流于经验性描述。然而这经验性的描述也切中肯綮：'二重证据法'对于宏观把握无能为力，因此只得沿用旧史学的叙事框架。"①照李若晖的意见看，"将考古学装入古籍记载框架"并不单单是当今一些人滥用"二重证据法"所致，而是"静安先生方法论自身的局限性"所必致的结果。既然如此，那么面对当下古史学界的种种混乱和弊端，只对滥用"二重证据法"的现象加以批评恐怕并不能真正解决问题。上述五位学者的批评意见有些或者容有商榷，但必须对王国维的"二重证据法"及其"古史新证"模式"自身的局限性"加以反思，进而必须对迄今仍以"二重证据法"为主导方法的上古史重建的路向加以反思，这可以说已经是无可怀疑的了。

（作者为曲阜师范大学《齐鲁学刊》编审）

---

① 李若晖：《郭店竹书老子论考》上篇第二章第三节注释①，第 67－68 页。

走出疑古与释古时代的庶人经学[①]

成祖明

[提　要]在疑古运动冲击下传统经学轰然倒塌，儒学因之成为无处归栖的游魂。传统信古一派则竭力辩护和拒斥，然终因有违于现代科学不获于当世。释古一派通过"二重证据法"的方式，根据出土与传世材料的相互解释以重建古史和确认经典的价值，于当代影响最大成为主流。然则考古材料的有限性和解释的趋同性注定了这一方法的局限。事实上，无论是疑古学派的否定，还是释古学派的肯定，都存在一个本质上相同的非现代性前提，通过否定或肯定经典古老的历史和圣人创作以否定或肯定经典的价值。而经典的价值并不在经典之外，经典之所以成为经典，乃是由于其自身的价值。这就需要观念的转换，由经典之外渺茫无稽的古史转向经典之内凝聚的悠远绵长的价值和时代之思，由对经典之外圣人的崇拜转向经典之内庶人智慧的认同，从而在现代和后现代语境中重新确立经典的合法性，实现经学和儒学的现代重生。

[关键词]疑古　信古　释古　庶人经学

---

① 本文为国家社科基金一般项目：《〈摩西五经〉与〈周礼〉的跨文本比较研究》（批号：12BZJ018）前期成果，得到江苏省"青蓝工程"和南京大学人文基金的资助。

在现代科学思潮影响下,疑古运动以摧枯拉朽之势掀起了中国史学、经学的革命,传统的经学在其冲击下轰然倒塌,儒学因之成为无处归栖的"游魂"。本文从梳理儒学坍塌之路入手,借鉴西方重建的经验,提出"庶人经学"概念,以寻求在现代与后现代语境中重建现代儒学之路。

一、困扰儒学重建的疑古运动

与其他宗教不同的是,儒学从一开始就是人文的,尽管有对孔子的圣人崇拜情结,但孔子之所以为圣,终究也是建立在对礼乐文明的认知与实践的历史权威之上。这也就是为什么在后世儒学的集体记忆中,六经一定是孔子编写,因为没有了六经也就没有了孔子之圣,孔子赋予了六经权威,六经也书写了孔子之圣。二者连体共生,一旦将六经剥离了孔子,六经的权威将扫地无余,孔子就无处归栖,儒学也随之无处归栖,成为游魂。这也是近代以来六经的价值和权威被声势浩大的疑古运动摧毁后,儒学难以重建的重要原因。因此,要重建儒学,首先要面对疑古运动所摧毁的儒学经典的价值和权威问题。

关于疑古运动的兴起,童书业先生曾将其概括为三个来源:"第一个便是胡适的实验主义的'考据学',第二个是康有为一派的经今文学,第三个是乾嘉考据学派的支流崔东壁的'疑古'史学。"[①]陈其泰又将这三个来源概括为两个:一是传统学术中疑古风气的发展;二是"五四"时期中西学术交融出现高潮的产物。[②] 事实上,无论受传统学术影响还是西方学术冲击,二者都有一个共同的特点,就是指向承载古史的经典的合法性和正当性。其主要途径:一是考证经典成书的晚近,进而否认和质疑其所承载古史的真实性,从而否定经典的真实性;二是由经典成书晚近否认经典非传统所指称的圣

---

① 童书业:《批判胡适的实验主义考据学》,《胡适思想批判》(第 3 辑),生活·读书·新知三联书店 1955 年,第 249 页。

② 参见陈其泰:《"古史辨派"的兴起及其评价问题》,《中国文化研究》,1999 年第 1 期。

人之作,从而否认经典的权威和价值。中西方概莫如此。早在启蒙运动时期,霍布斯、斯宾诺莎等人就对基督教最重要的经典之一《摩西五经》成书于摩西之手提出了质疑,从而开启了西方经学领域的疑古运动,至威尔豪森(Julius Wellhausen)而达至高潮,通过历史考证的方法,系统地论证了《摩西五经》乃是成书于更为晚近的流放后这一事实,并由是推动了一个专门学科——《圣经》批评学(Biblical Criticism)在西方的确立。不过,西方疑古运动从一开始就与启蒙和理性主义相伴随,是启蒙运动向传统文化和学术领域深化,虽然有反宗教政治权威的成分,但总体上学术理性大于政治,特别是进入专业的圣经批评学时期,学术更占据了绝对主导地位。

但在中国其源头则与不同政治派系的斗争有关,尽管其中也不免有怀疑精神。渊源可追自宋代,一些儒者对部分古文经典(尤以《周官》为甚)开始发难,指斥其为刘歆助王莽篡汉而伪造,借此打击拥趸这些经典的政治对手,以全盘否定经典的价值。这一路数一直延续至晚清,至康有为集大成,整个古经系统都被贴上了"新学伪经",即"刘歆助莽篡汉之学"的政治道德的恶名。近代疑古运动秉承其续,如顾颉刚先生所说:"我深信一个人的真理即是大家的真理。《伪经考》这书,结论或有错误,但是这个中心思想及其考证的方法是不错的。他虽没有完工,但已指示我们一条继续工作的路。"①由此可见二者的因承关系。不过,相比康氏,顾氏则将之纳入一个更为科学的体系中,始具备启蒙精神,提出了"层累地造成的中国古史"的著名论断。其具体内容为:"第一,时代愈后,传说中的古史期愈长;第二,时代愈后,传说中的中心人物愈放大;第三,我们在这上,即不能知道某一件事的真确的状况,至少可以知道某一件事在传说中的最早的状况。"②对此,胡适从方法论上将之概括为"不立一真,惟穷流变",即①把每一件史事的种种传说,依先后出现的次序,排列起来;②研究这件史事在每一个时代有什么样子的传

---

① 顾颉刚:《五德终始说下的政治和历史》,《清华学报》,1930 年第 1 期。
② 顾颉刚:《与钱玄同先生论古史书》,《古史辨》(第 1 册),上海古籍出版社 1982 年,第 60 页。

说；③研究这件史事的渐渐演进，由简单变为复杂，由陋野变为雅驯，由地方的（局部的）变为全国的，由神变为人，由神话变为史事，由寓言变为事实；④遇可能时，解释每一次演变的原因。① 从史学角度讲，这一论断的科学性自不待言。对此，胡适评价说："顾颉刚的'层累地造成的中国古史'一个中心学说已替中国史学界开了一个新纪元了。中国的古史是逐渐地层累地堆积起来的，'譬如积薪，后来居上'；这是决无可讳的事实。"②傅斯年："史学的中央题目，就是你这'层累地造成的中国古史'。"③蔡元培："层累地造成的中国古史"观是"颠扑不破的方法"④。我们说，顾先生获此殊荣是实至名归的。

然而问题是，在顾颉刚这里"造成"更多地是指"伪造"，更具体地说，接续康有为认为是西汉末年刘歆所伪造的。如其所云："刘歆从小就受有很好的家学，稍长又博览秘府藏书，他也希望自己的学说立于学官，竟被他发明了一个新途径。秘府中的书有用古文写的，他就从这上得到暗示，觉得倘在今文经书之外别出许多古文经书，一定可使经学界中开出一个新面目。所以他在三家诗之外别出一种《毛诗》，在欧阳、夏侯书之外别出一种《古文尚书》，在大小戴礼之外别出一种逸礼，在《公羊》《穀梁》春秋之外别出一种《左氏春秋》，这四种新经和新传都是以'古文'为标帜的。"⑤其观点于康氏甚至过之而无不及。在其后来的名篇《五德终始说下的政治与历史》中更对此加以系统地论证。对这篇著作，童书业先生称之"是当代史学界一篇最伟大的作品，他把从战国到新代因现实政治造成的各种伪古史系统，和伪古史说造成的现实政治，整盘清理了一下，详细地说明它发生和经过的情形，其搜证的严密，论断的精确，在在足以表见作者头脑的清晰和目光的锐利"⑥，由此可见这篇文章的影响。

---

① 参见胡适：《古史讨论的读后感》，《古史辨》（第1册），第193页。
② 胡适：《介绍几部新出的史学书》，《古史辨》（第2册），第338页。
③ 傅斯年：《谈两件〈努力周报〉上的两件事物》，《古史辨》（第2册），第297页。
④ 蔡元培：《致顾先生函》，高平叔编：《蔡元培史学论集》，湖南教育出版社1987年，第223页。
⑤ 顾颉刚：《五德终始说下的政治和历史》，《清华学报》，1930年第1期。
⑥ 童书业：《五行说起源的讨论》，《古史辨》（第5册），第660－661页。

在这篇文章中,顾颉刚首先注意到了《史记》中先秦自邹衍以来的五德终始说与秦汉国运的关系。在这个五德终始中,五德是相克关系,而五德起自黄帝土德,历史发展先后经历黄帝(土德)←——夏(木德)←——商(金德)←——周(火德)←——秦(水德)←——汉。似乎在司马迁时代自天地剖判以来,人们只知道这一五德终始秩序。但这个秩序发展到了刘歆、王莽时代已变得异常复杂,并与《周易》的阴阳卦象说紧密结合。首先德运已由原来的相克转变为相生,德运的开始亦从黄帝那里上推至太昊,至汉已是第三次德运流转了;而在这一德运流转的系统中,汉也从原来克秦的土德变为了火德。对此,顾颉刚认为这主要是为王莽篡汉服务。首先王莽既为汉臣是假以禅让的方式顺取的,所以五德相克理论显然不相适应,自然取相生理论;之所以德运流传变得如是复杂,因为原来简单的相克系统,无法解释新莽的德运。王莽又自认为舜后,又希望自己继承居中"厚德载物"的土德,所以汉必须是火德;因为在汉末普遍流行着一说法,即汉为尧后有传国之运,那么尧既为汉的祖先,尧也必须是火德,而黄帝为土德是写在名字里的,无法改动,所以为了使这一体系完整,不得不造出更多的德运以适应这一系统。而为了适应这一系统,在推算的过程中秦又成了汉为火德的障碍,因秦统治时间较短,所以造出一个闰水以配秦的德运,进而再造出共工、帝挚等古帝作为闰水,以与秦的德运呼应。由于这样一个复杂甚至有些强拗的系统完全合乎新莽政权的德运系统,由是顾先生得出结论,这一系统完全是为新莽政权服务的,其最后完成也当是在这一时期。我们说,顾先生的这一结论,是经得起推敲的,文章的伟大之处也正在于此,透过纷繁浩博的文献记载,将这一五德终始系统与汉代政治历史之间若隐若现的线索清晰地呈现出来。

既然整个德运系统为新莽时期所造,而与此相契合承载这些古史系统的文献自然与新莽政权脱不了干系。而在这方面晚清以来今文学派已有现成的成果,特别是康有为的《新学伪经考》将这些经典斥成刘歆助莽篡汉而伪造,影响甚巨。对这一学派观点的吸收自然成为最为便利的事。如前文所述,顾先生甚至认为其所做的工作正是康氏所指示的道路上的继续,是完成其未竟的事业。但是接绪今文学派这一观点就使得整个疑古运动出现了由疑古到疑经的逻辑混淆，从疑古的科学问题滑变为疑经的政治伦理问题。事实上尽管二者有一定关联，但史的真伪与经的真伪则属两个领域不同性质的范畴，并不可混淆等而视之。就古文经典而言，自今文学派至疑古运动至少存在以下几个严重问题：

首先是理论前提的问题。观康氏最重要的证据，《汉书》所言诸经出于河间与鲁共王处，《史记》缺载，由是认为所谓古文诸经全系后来的歆、莽伪造。在《史记经说足证伪经考第二》一文中康氏说：

> 古文诸伪经，皆托于河间献王、鲁共王。以史迁考之，寥寥仅尔。若有搜遗经之功，立博士之典，史迁尊信六艺，岂容遗忽？若谓其未见，则《左氏》乃其精熟援引者，"天下遗文古事靡不毕集太史公"，不容不见矣。此为无古文之存案，并《儒林传》考之，古文经之出于伪撰，"铁案如山摇不动，万牛回首丘山重"矣。①

在这里，康氏预设了司马迁尊儒崇经，如果古文诸经真的存在，不可能不见，也不可能遗忽漏记。这一观点几被后来疑古学派完全接收，成为这一运动最重要的理论依据之一。事实上，康氏的司马迁尊儒崇经这一前提是有问题的。遭受"李陵之祸"的打击后，太史公身心和观念发生了巨大的变化："仆以口语遇遭此祸，重为乡党戮笑，污辱先人，亦何面目复上父母之丘墓乎？虽累百世，垢弥甚耳！是以肠一日而九回，居则忽忽若有所亡，出则不知所如往。每念斯耻，汗未尝不发背沾衣也"（《汉书·司马迁传》）。也正是这种愤懑交叠的心态，使其历史观发生了深刻的转变，从而影响了《史记》的编纂。由之前"废明圣盛德不载，灭功臣世家贤大夫之业不述，堕先人所言，罪莫大焉"，转变为"夫诗书隐约者，欲遂其志之思也。……诗三百篇，

---

① 康有为：《史记经说足证伪经考第二》，《新学伪经考》，古籍出版社1956年，第19页。

大抵贤圣发愤之所为作也。此人皆意有所郁结,不得通其道也,故述往事,思来者"(《史记·太史公自序》)。而这种变化集中反映在其通贯全书的"欲以究天人之际,通古今之变,成一家之言"(《汉书·司马迁传》)这一历史编纂学的理论中。历来解释者对此往往不得要领。如果说天代表人间历史嬗变的规律,那么这个规律则在与人际会处呈现。徐复观注意到了史公之所谓天"为人类理性照射所不及的幽暗面"①。实际上,与其说天为不可照射的幽暗不如说是人本身的幽暗。在史公看来他的任务就是穷察这一幽暗以揭示古今之变的真相。因此,在其笔下,决定历史变化事件背后的幽暗阴私总是被不厌其烦、深入细致地呈现。如"田氏代齐",在史公的笔下清晰地呈现了田氏如何通过各种阴谋从兴起到代齐的过程,而其中至为重要的一步,竟是"田常乃选齐国中女子长七尺以上为后宫,后宫以百数,而使宾客舍人出入后宫者不禁。及田常卒,有七十余男。田常卒,子襄子盘代立……使其兄弟宗人尽为齐都邑大夫,与三晋通使,且以有齐国"(《史记·田敬仲完世家》),从而完成了从专齐到有齐以至代齐的过程。在历史嬗变中,人事的丑陋和幽暗尽显无遗。再如对鸿门宴不厌其烦,甚至带有文学化笔墨的描写,在史公看来这是决定楚汉成败最为关键的一个转折点,项羽的失败就在于太仁慈道义,而刘邦的胜利就是其狡诈。而在首传《伯夷列传》中,史公更将这一幽暗直接撕开:"或曰:'天道无亲,常与善人。'若伯夷、叔齐,可谓善人者非邪? 积仁洁行如此而饿死! ……余甚惑焉,傥所谓天道,是邪非邪?"直抒自己对天道的不信任。对待儒家经典亦然,班固批评其"论大道则先黄老而后六经",这在《太史公自叙》中,史公父子的态度非常明显:"夫儒者以六艺为法。六艺经传以千万数,累世不能通其学,当年不能究其礼,故曰'博而寡要,劳而少功'。"事实上,批评十分刻薄,言下之意,儒家所学的没有多少有用的,特别儒家的六艺经书有用的没有多少。而对道家则充满溢美之辞。因此,《史记》非但不尊儒崇经,而且对儒学和经典是持深刻成见和批评

---

① 徐复观:《两汉思想史》(第3卷),华东师范大学出版社2001年,第200页。

的。因此,就整个文献系统而言,比起《汉书》都甚为草略,诸经也多为表彰作者功业出现。这与《史记》理念相符,而对此康氏却认为是刘歆伪窜。刘歆若真得伪窜何不直接在《五宗世家》河间王传中伪窜更为直接。且史公也说自己"十岁诵古文","六艺经传以千万数",其时如没有古文诸经,仅今文诸经则很难有如此规模。

其次,一直为学者所未认识到的,也是造成《史记》未载的一个重要原因是,其时无论古文诸经还是今文诸经,都是秦火余烬的产物,多是在汉初整理完成和"著之竹帛"。事实上,战国以降礼崩乐坏,尤其是秦火造成了历史文献严重灭失和历史记忆的断裂,汉初在秦火余烬之后,出现了一次"著之竹帛""成书复典"运动,即书写或整理恢复先秦旧典运动(关于这一问题将专文论述)。如今文经《公羊传》隐公二年,何休注:"春秋有改周受命之制,孔子畏时远害,又知秦将燔诗、书,其说口授相传,至汉公羊氏及弟子胡毋生等,乃始记于竹帛。"[1]这是史籍材料明文《公羊传》的著之竹帛情况。而《穀梁传》著之竹帛亦当在此前后。又《诗》"遭秦而全者,以其讽诵,不独在竹帛故也"(《汉书·艺文志》),但书之竹帛的过程中,三家诗与古文《毛诗》则存在诗序和说诗系统上的极大差异,虽都是经过汉人的整理完成。与今文诸经"著之竹帛"不同,除《古文尚书》等部分经典出自孔壁外(也可能存在整理),其他诸经则多由"聘求幽隐"集合文献,恢复整理而成。这些被著之竹帛或整理恢复的旧典在当时并未产生多大影响,而河间儒学集团消散之时,司马迁尚年幼,也未到过河间。这些经典何时进皇家秘府,史书言语未详,大约是天汉之后,其时司马迁可能已死。而秘府乃皇帝私人所藏,多为禁书,司马迁作为太史令所主掌"'天官'(观察天象),同时还保管、整理国家文书"[2],这些皇家私密禁籍也并非司马迁所职和能见。

再次,刘歆作伪的可能性及与古文诸经思想差异的问题。对于刘歆伪

---

① 《公羊传》卷二《隐公二年》,《十三经注疏》,中华书局 1980 年,第 2203 页。

② 祝总斌:《说"史记"—兼试论司马迁〈史记〉的得名问题》,《田余庆先生九十华诞颂寿论文集》,中华书局 2014 年。

造经典的可能性问题，钱穆先生在《刘向歆父子年谱》中详加论述，限于篇幅此不一一赘述。总之，如其所云："然治经学者犹必信今文，疑古文，则以古文争立自刘歆，推行自王莽，莽、歆为人贱厌，谓歆伪诸经以媚莽助篡，人易取信，不复察也。南海康氏《新学伪经考》持其说最备，余详按之皆虚。要而虚之，其不可通者二十八端。"①二十八端主要针对刘歆伪造的可能性问题，切中康氏要害，在当时产生了极大的影响。②事实上，就今古文之争与疑古运动而言，虽然晚清廖平以降已认识到了二者的学术分野，但从现代学术的角度对刘歆与古文经学思想分野进行考察的并不多见。根据笔者这些年来的研究，尽管刘歆对古文经学情有独钟，但二者存在明显分野，古文经学是以礼制本位公共性所建立起来的儒学系统，本人称之为"天礼之学"，强调礼"经天纬地"，"与天地并"，天不变，礼亦不变。因此，它不接受五行学说，也不存在终始五德学说。正如钱穆所指出的，"《周官》书亦并未采及五德转移及受命帝的说法，此一层尤为显著"③。不仅《周官》，实际上《毛诗》《左传》皆无终始五德之说，所强调的都是一个恒常的天地四方宇宙秩序，这与歆莽推崇终始五德说以承篡汉家之运有根本差别。

最后，就古史传说而言，古文诸经并不对终始五德说负责。因为这些古史传说多零星地散布记载于各种文献中，就这些文献个体而言，并不能构成这一古史系统。这一严密古史系统的出现乃是后人勾辑建构的结果，与这些文献本身并无直接关系。换言之，这一古史系统出现于新莽时期，并不意味着这些文献也出现于同一时期。不但如此，事实上只有当这些文献在之前业已出现且为人们普遍接受的情况下，这一古史系统的勾辑与构建才有被人们接受的可能性。因此，顾先生此论反而表明了这些文献成书要比新

① 详见钱穆《两汉经学今古文平议》，商务印书馆2001年，第1–7页。
② 钱先生1929年在《燕京学报》上发表了《刘向歆父子年谱》，根据《汉书》中史实，系统驳斥了康有为《新学伪经考》。这是轰动学界的一篇大文字，使晚清以来有关经今古文争论告一结束（余英时：《钱穆与中国文化》，上海远东出版社1994年，第134页）。
③ 钱穆：《周官著作时代考》，《两汉经学今古文平议》，商务印书馆2001年，第336页。

莽时期早得多。

综上所述,疑古与疑经是两个不同领域的问题。就疑经而言,从今文学到疑古运动都存在从前提到论证等一系列问题。但这些问题在逻辑混淆中被强大的疑古科学性给遮蔽了。对于顾颉刚承晚清今文学之伪造说,钱穆的批评可谓一针见血:

> 伪造与传说,其间究是两样。传说是演进生长的,而伪造却是可以一气呵成,一手创立。传说是社会上共同的有意无意——而无意为多——的一种演进生长,而伪造却专是一人或一派人的特意制造。传说是自然的,而伪造是人为的。传说是连续的,而伪造是改换的。传说渐变而伪造突异。……不过顾先生传说演进的古史观,一时新起自不免有几许罅漏,自不免要招几许怀疑和批评。顾先生在此上,对晚清今文学家那种辨伪疑古的态度和精神,自不免要引为知己同调。所以古史辨和今文学,虽则尽不妨分为两事,而在一般的见解,常认为其为一流,而顾先生也时时不免根据今文学派的态度和议论来为自己的古史观张目。这一点,似乎在古史辨发展的途程上,要横添许多无谓的不必的迂回和歧迷。①

这里钱穆不仅指出了其与晚清今文学之间的本质不同,亦指出了二者的相因相承。更为重要的是,钱穆实际上提出了一个一直未引起学者重视的论断,即"层累成长的中国古史"。一词之别其意义截然不同,在顾先生那里,"造"更多地是指"伪造",特别是刘歆和王莽的伪造;而"成长"则是历史尚未成熟时代或者说历史断裂(大的社会动荡或灾难造成的文献灭失或传统弥散)之后,在社会历史和集体经验变迁中集体意识和记忆不断重构、成长的结果。而承载这些古史传说的文献则是对这一成长的集体记忆的书

---

① 钱穆:《评顾颉刚五德终始说下的政治和历史》,《古史辨》(第5册),第620-621页。

写,因此不是人为的伪造,而是在集体意识与记忆中历史的重构。

然而对于钱穆的批评,顾颉刚先生并没有接受,仍旧服膺于康氏之学,坚持刘歆伪造说。① 又由于其古史理论的科学性和巨大影响,疑经的逻辑混淆被忽视和遮蔽,并相互推波助澜将整个近代疑古运动推向高潮,而儒学经典权威与合法性也在其冲击下扫地无余。

二、信古学派拒斥与释古学派的努力

如何拯救坍塌的儒学或者说溃陷的传统文化,一直是对传统文化怀有深厚情感的知识分子努力思考的问题。20 世纪 30 年代,冯友兰先生将中国史学分为三个趋势,即"信古、疑古及释古"②。信古一派(其实更准确地说是尊古一派)则对疑古派持拒斥的态度。这派学者一般都具有深厚的古典文化的素养,对之亦有深厚的感情。针对疑古学派对经典文献的否定,他们则持拒斥的态度。如柳诒徵所指出的:"治历史者各有其主观,吾国之群经诸史,皆以道德观念为主。杜预论《春秋》经传五例,结之曰'王道之正,人伦之纪备矣'。……今人疑经疑古,推翻尧、舜、禹、汤、周、孔,而转喜表彰王莽,即由根本观念不同,故于古史争辩最烈也。"③对于顾颉刚先生提出"层累造成的中国古史"的《与钱玄同先生论古史书》一文,尊古一派学者从不同方面给予了批评和驳斥。针对顾颉刚据《说文》"禹,虫也,从内象形",进而推断禹的传说可能起源九鼎所图之怪物初并非人王这一说法,柳诒徵撰写了《论以〈说文〉证史必先知说文之谊例》一文并给予了尖锐的批评:

> 本书固数举禹,如"鼎""吕"之说皆以禹为人,非为虫也。……胡许

---

① 参见顾颉刚:《跋钱穆评〈五德终始说下的政治和历史〉》,《古史辨》(第 5 册),第 631 – 635 页。

② 冯友兰:《中国近年研究史学之新趋势》,《三松堂小品》,北京出版社 1998 年,第 178 页。

③ 柳诒徵:《史学概论》,《柳诒微史学论文集》,上海古籍出版社 1991 年,第 100 – 101 页。

君既知禹为虫，复引禹之事实，初不自病矛盾；而千数百年读《说文》者从未致疑及此，独某君始具明眼，发前人之所未发乎？以《说文》证经考史，必先明《说文》之谊例。不明《说文》之谊例，刺取一语，辄肆论断，虽曰勇于疑古，实属疏于读书。何则？说文者解字之书，非为后世作人名字典也，故于字之形谊可解者不引古人作证。如'尧'如'舜'，如'汤'，如'弃'，如'昌'，如'发'，如'旦'，皆不释为某帝某王。"①

而针对顾氏据《閟宫》"是生后稷……奄有下土，缵禹之绪"论证西周时人的观念中"并没有黄帝尧舜，最古的人王只有禹"②，胡堇人认为"至不说黄帝尧舜而单说禹，自因禹的水功和稷的土功有连带关系，所以单单说他决不能就此断为这时人的心目中最古的人王只有禹"③，而刘掞藜则针对文中"下土"是相对"上天"而言，由此做出"禹是上帝派下来的，是神不是人"，大量列举《诗经》中"下土"用例均指人王言，而非指天神。尤有进者，刘掞藜并以子之矛攻子之盾的方法，揪住顾氏论证中认为"因为《生民》作者以后稷为始事种植的人，用不到继续前人之业，所以无须把禹的事牵连进去"，同理，《閟宫》也用不着黄帝尧舜，也不必将他们牵连进诗中，何以能得出《閟宫》以前无黄帝等观念呢？④ 尽管顾颉刚对此都作了回应和辩解，但无论如何这些批评确显出其论证不够周延。

而相比数子攻其一点不及其余，张荫麟方法论上的批评则更为全面和根本，几乎动摇了顾氏的根基。事实上，刘掞藜的批评已经涉及了顾氏方法的问题。如上文所述，整个疑古学派的方法是"不立一真，唯穷流变"，而穷其流变的基础则是根据既有文献记载的先后，而判断历史传说的先后。张

---

① 柳诒徵：《论以说文证史必先知说文之谊例》，《古史辨》（第1册），第218页。
② 顾颉刚：《与钱玄同先生论古史书》，《古史辨》（第1册），第62页。
③ 胡堇人：《读顾颉刚先生论古史书以后》，《古史辨》（第1册），第94页。
④ 参见刘掞藜：《读顾颉刚君〈与钱玄同先生论古史书〉的疑问》，《古史辨》（第1册），第83—85页。

荫麟将这一方法称之为"默证法"，并提出默证的限度：

> 是以默证之应用，限于少数界限极清楚之情形：一、未称述某事之载籍，其作者立意将此类之事实为有统系之记述，而于所有此类事皆习知之（例如塔西佗 Tacitus 有意列举日耳曼各民族 Notitia dignitatum，遍述国中所有行省，各有一民族、一行省为二者所未举，则足以证明当时无之）。二、某事迹足以影响作者之想象甚力，而必当入于作者之观念中（例如倘法兰克 Frankish 民族有定期集会，则 Gregory 之作《法兰克族诸王传》不致不道及之）。此乃极浅显之理而为成见所蔽者，每明足以察秋毫之末而不见舆薪。谓予不信，请观顾氏之论据："《诗经》中有若干禹，但尧舜不曾一见。《尚书》（除了《尧典》《皋陶谟》）中有若干禹，但尧舜也不曾一见。故尧舜禹的传说，禹先起，尧舜后起，是无疑义的。"此种推论，完全违反默证适用之限度。……呜呼，假设不幸而唐以前之载籍荡然无存，吾侪依顾氏之方法，从《唐诗三百首》《大唐创业起居注》《唐文汇选》等书中推求唐以前之史实，则文、景、光武之事迹，其非后人"层累地造成"者几希矣！①

张荫麟的这段批评也被后来反对疑古学派的学者反复征引。事实上，这里面涉及历史证据有效性的问题。默证的使用更多是在既有证据不构成有效证据的情况下，如传说诸史纵然不使用默证，也不能否认黄帝尧舜禹为传说而非历史这样一个事实；据既有材料，纵然不能断然否定禹之前黄帝尧舜的存在，但更不能断然肯定他们的存在。如张荫麟所举唐以前史实文景光武事迹，盖《史记》《汉书》构成了有效证据，故史实不能移。倘使唐以前史书遗失久远或未有史书，则据《唐文汇选》等文献并不能构成证据，仍然需要考证辨析，就如后来顾颉刚先生考证的《孟姜女》传说一样，在《唐文汇选》中

---

① 张荫麟：《评近人对于中国古史之讨论》，《古史辨》（第 2 册），第 271 页。

必然又是另一种呈现。因此,如确如张氏所言"不幸而唐以前之载籍荡然无存",同样"文、景、光武之事迹"亦将退变成传说的历史,而进入"层累的成长"中。总之,古史层累成长,这一科学观察没有问题。换言之,疑古不容否定,在不构成有效文献证据下,怀疑理性仍旧是现代科学史学之魂,离开了这一灵魂我们就有向前现代沼泽退陷的危险。

相比信古一派的拒斥,释古一派则相对温和,更多是从新出土材料出发对古史的努力重建。如冯友兰指出的,"释古一派,不如信古一派之尽信古书,亦非如疑古一派之全然推翻古代传说","须知历史旧说,固未可尽信,而其'事出有因',亦不可一概抹煞"①。此尤以王国维的"二重证据法"最为著名:

> 吾辈生于今日,幸于纸上之材料外,更得地下之新材料。由此种材料,我辈固得据以补正纸上之材料,亦得证明古书之某部分全为实录,即百家不雅驯之言,亦不无表示一面之事实。此"二重证据法",惟在今日始得为之。虽古书之未得证明者,不能加以否定;而其已得证明者,不能不加以肯定,可断言也。②

"二重证据法"提出后,被很多古史研究者奉为圭臬,甚至被称为"具有划时代的意义"③,其对古史研究的影响,可以说一点不亚于顾氏之"层累造成的中国古史"说。随着大量简帛材料的出土,"走出疑古时代"已然成为当今最具影响的学术主导话语。然而这一方法从其开始就存在严重局限性,一是考古材料的局限性,因为考古材料本身鸡零狗碎,迄今为止能用来作"二重证据"的直接性材料仍非常有限,如赵敦华所指出的,王国维先生所提出的二重证据法,只是"一个理想的方法,在大多数情况下,实物材料与文字

---

① 冯友兰:《中国近年研究史学之新趋势》,《三松堂小品》,第178页。
② 王国维:《古史新证第一二章》,《古史辨》(第1册),第265页。
③ 梁涛、白立超:《"二重证据法"与古书的反思》,《清华大学学报》,2013年第3期。

材料是不对称或不对应的,并且需要一定的解释才能发现两者的对应关系"①。而为了确定科学有效性,要么将之限制在一个很窄的范围内,从而失去其重构历史的意义,要么就脱离科学根据,陷入"一种由已知推未知、不完全归纳的思维陷阱"②;二是考古材料的解释多重性,这就使得其所谓证据存在先天不确定性,并不能形成真正证明;三是证据材料解释相互趋同性,由于已先在地预设了与纸上文献互证的前提,这势必造成对地下材料方向性趋同的解读,这不但造成对地下材料的误读,也可能造成对纸上材料的歧误;四是更严重者,则是在这种学术思潮的诱使下,大量矛盾性或关键性材料可能被有意无意忽视或遮蔽,而一些能够趋同的材料不断被附会,甚至真伪难分地泛滥。在这方面西方已有深刻教训。传统圣经考古学的坍塌、新考古学派的崛起已为我们提供了殷鉴。

传统圣经考古学是指发端于 19 世纪,旨在回应西方疑古运动,试图在圣经地理世界寻找证据以说明圣经记载为信史的考古学。用其巨擘奥伯莱(William F. Albright)的话说:"圣经考古学是一个比巴勒斯坦考古学范围更广的用词,虽然巴勒斯坦本身当然是其中心点,但圣经考古覆盖了圣经里所提及的所有地方,因而与人类文化摇篮所涉及的范围一样大。那地区从地中海以西伸展到印度,并且从俄罗斯南部伸展至埃塞俄比亚和印度洋。在这辽阔的地域当中,每个部分的发掘都会直接或间接地说明了圣经的部分实况。"③换言之,即"圣经考古学家主要是关注怎样重新看清圣经的事迹,以致我们能够得到圣经信史的亮光"④。

由于大量的考古发现,加之奥伯莱等人的努力,20 世纪 20 年代至 60 年代,在奥伯莱的领导下这一学派的观点几乎统治了西方圣经史学界。几十年间,圣经史学界一度非常乐观,除了德国以诺斯(Martin North)为代表的传

---

① 赵敦华:《考古哲学在西方的发展以及在中国的任务》,《求是学刊》,2003 年第 9 期。
② 李锐:《"二重证据法"的界定及规则探析》,《历史研究》,2012 年第 4 期。
③ William F. Albright, *New Horizons in Biblical Research*, Oxford University Press, 1966, p1.
④ Walter. G. Williams, *Archaeology in Biblical Research*, Abingdon Press, 1965, p15.

统历史批评学派(traditional history criticism)外,在欧美学术界统治长达一百年之久的疑古运动理论几乎被抛弃,一种新的共识渐渐达成,学者相信考古已照亮了圣经的历史,圣经的记载具有历史性。如奥伯莱所说,1925年以来,"除了少数极顽固的老学究以外,圣经史家无不以那些具体支持族长遗传之历史性之史料迅速堆积而兴奋。①又如怀特(G. Ernest Wright)所指出的:"我们或许永远不能证实亚伯来罕真的存在过,他做这或做那,或说这说那,但我们能证明他的生活和时代,如圣经关于他的故事所反映的,完全与第二个千年相匹配,并且与任何较晚的时代不相容。这是一个极重要的结论,是考古学在过去的四十年对圣经研究最重要的贡献之一。"②持相类似看法的还有奥伯莱的学生布赖特(John Bright),尽管他相比奥伯莱更为谨慎,但仍难掩其兴奋乐观之情:"我们所提的已经足使我们清楚知道,族长们的故事实与主前第二千年代初期中的情况相符合。"但一段时期乐观之后,圣经史学界越来越趋于谨慎,因为认真检视考古的发现,能给圣经提供直接证据的并不多。对此,布赖特也不得不承认:"要把以色列起源的历史,真是当为写历史般地写出来,是不可能的。因为从考古学和圣经本身而来的证据,都很有限。即使我们根据表面价值去接受圣经的记载,要把以色列起源的历史重建出来,也是一件不可能的事。我们所不晓得的事,委实是太多了。……除了圣经告诉我们的以外,我们对于亚伯拉罕,以撒,和雅各的生平毫无所知。"③

到了奥伯莱晚年,对传统圣经考古学派的质疑和批评更是不断。针对奥伯莱将族长时期定在公元前第二千年期所依据的考古证据,塞特斯(John Van Seters)将圣经中所描述的族长们的生活方式与考古发现的第二千年文献和第一千年文献的记载作了比较,结果发现,圣经中记述的族长生活方式

---

① 参见奥伯莱:《圣经的时代——从亚伯拉罕至以斯拉》,胡联辉译,台北道声出版社1971年,第4页。
② G. Ernest Wright, *Biblical Archaeology*, Westminster Press, 1959, p.40.
③ 布赖特:《以色列史》,萧维元译,基督教文艺出版社1972年,第66、57-58页。

与第二千年的游牧民族的生活方式在主要特征上都有所不符,更多地反映了第一千年定居以后的生活方式。这主要表现在:①在第二千年人们普遍生活在临时搭建物(Shelter)中,文献中很少提到帐篷(Tent),帐篷作为游牧民族的主要居处要到第一千年中叶。作为游牧民族的最重要特征之一,就是整个家族都随着季节的转换不断地迁徙。这些在族长时期都很少反映。②骆驼虽然第三千年在阿拉伯世界有少量的饲养,但没有证据表明在第二千年这些民族与这一地带有过接触,或者说骆驼被这一地区普遍饲养。只是到了第一千年第七、八世纪,骆驼才被普遍地饲养用来作为交通运输的工具。至于牛显然是定居民族所特有的。而驴、牛、绵羊、山羊,甚至骆驼在巴勒斯坦一起都被饲养,则肯定是王国以后的事。③社会组织结构方面,在第二千年与圣经所描述的也很少有类似之处。如族长故事中的术语"*gōy*"并没有在马里文献中术语 *gāyum/gāwum*,家族联合体的意思,而是与后来的较晚民族和政治国家相关。相对游牧民族更注重血缘纽带,先祖时代所反映的却是单一的拥有多层奴隶结构的膨胀的大家庭。这种以奴隶为经济基础的不是第二千年的游牧民族生活方式,而是定居的城邦经济基础。这种复杂的多层级大家庭结构反映的乃是定居社会经济复杂的系统。①

　　一系列的证据动摇了奥伯莱所统构的圣经历史世界的基础。奥伯莱去世之后,学者更对以近东考古来证实圣经记载这一方法的科学性提出了质疑,特别是一些考古学者为证明圣经的记载,甚至将考古的发现加以曲解,更引起了考古学界的不满,曾被人寄予很大希望的"圣经考古"在西方一度声名狼藉。② 不仅如此,越来越多的材料发现,"二重证据法"已难以解释和满足近东世界的考古发现,并严重滞碍了考古学本身的发展。考古学已到了必须抛弃两重证据法的时候了。正是在这种背景下,以威廉·迪华(William Dever)、斌福德(Lewis Binford)、屈臣(Patty Jo Watson)等为代表的新圣

---

① John Van Seters, *Abraham in History and Tradition*, Yale University Press, 1975, pp. 13 – 20.
② See J. M. Holt, *The Patriarchs of Israel*, Vanderbilt University Press, 1964, p. 25.

经考古学派兴起,主张将圣经与考古完全分离,即圣经是圣经,考古是考古,考古不以圣经记载为前提、预设和目的,考古学应有自己的独立地位和自己的理论体系。由是在 20 世纪 70 年代末 80 年初,随着新考古学派的崛起,奥伯莱以"二重证据法"所统构的圣经历史世界轰然倒塌,传统考古学也随之走到了尽头。[①]

西方的经验业已表明,试图以二重证据法的方式来确认和重建经典的历史世界并非是一条科学通途。尽管它的方法可能是科学的,但实质上它却是以科学方法挑战现代科学怀疑理性这一本质精神,所以它与信古派一样先天就存在着极大的局限,注定很难取得大的成功。历史的前鉴已雄辩地告诉我们,怀疑理性依旧是现代科学史学的灵魂,这一灵魂一旦失落,史学无疑将再次退陷到前现代的沼泽。中国经学不可能也无法在挑战这一现代史学的灵魂中实现突破和重生,也不可能以此为中心重建现代儒学。

总之,近代以降疑古运动的本质乃是以科学怀疑理性为宗旨的现代性运动。它的重要意义乃在于使怀疑理性的科学精神在最为保守的传统学术领域得以贯彻,从而根本上巩固和推动了现代文明的成果和进程。而挑战这一运动最本质精神——怀疑理性,事实上是挑战这一现代性运动。在现代性面前,如马克思所说,"一切坚固的东西都烟消云散了",因此这一挑战不可能也无法取得成功。这就需要我们重新检视我们过去的努力,也就是说,我们需要从起点上重新出发,作一个范式转换。

三、走出疑古与释古时代的庶人经学

事实上,无论现代科学主义疑古运动对经典的否定,还是保守主义对经典的尊信,抑或释古对经典的证信,都存在一个本质相同的潜在的非现代性

---

① 关于传统考古学的坍塌与新考古学派兴起参见 Thomas W. Davis, *Shifting sands: the rise and fall of Biblical archaeology*, Oxford University Press, 2004;高伟乐:《圣经、历史与考古学:过去可有未来?》,《山道期刊》,总第 8 期,2001 年 12 月。

预设:即经典的合法性来自其古老的历史和圣人创作,通过否定或肯定其历史和圣人而否定或肯定其经典价值。这背后实际上仍然没有跳出前现代厚古薄今和圣人崇拜的情结。经典的价值并不在于经典之外,经典之所以为经典,乃是因为它凝聚着人类悠远绵长的传统和时代智慧的结晶,从而成为人类精神价值的源泉,而不是来自经典之外的古老历史和圣人。事实上,不是经典因圣人而成经典,而是圣人因经典而成为圣人。在人类历久弥新的历史长河中,人们不是因为圣人崇拜而不断获得精神源泉,而是在经典的阅读、阐释中获得并创造精神资源和思想价值。一部思想贫困、精神资源枯竭的书籍,无论以圣人之名如何推崇如何神化都将在历史的长河中被人们所抛弃。因此,这就需要我们走出疑古与释古时代的迷思,从过去将经典价值寄寓于渺茫无稽的古史转向经典之内积聚的悠远绵长的传统和时代的沉思,由对经典之外圣人的崇拜转向经典之内庶人智慧、精神价值的认同。

经典不再也不必是圣人的经典,而是庶人的经典,经学也不必是圣人的经学,而是庶人的经学,发现其在庶人历史世界中的价值和意义。以儒学言之,也就是说,我们需要这样一种观念的转变,儒学经典的意义不在于经典之外,不在于它是否出自周公、孔子或其他什么古圣先贤之手,或成书多么古远,而在于它是否凝结了庶人——也即人类悠远绵长的历史传统、经验价值和时代的沉思,这些历史传统、经验价值和时代沉思对于作为庶人的我们的现代意义。这就在现代和后现代科学语境中重新确定了经典的合法性,实现了经学的现代重生。而现代经学也只有实现这一源于庶人面向庶人的倒置才能真正确立。

作为"庶人的经学"意味着首先要破除圣人观念,认同庶人的价值。对于现代以来儒学的重建,余英时认为"它怎样和一般人的日用常行发生实际的联系(如王阳明所谓"与愚夫愚妇同的便是同德"),现在还不容易预测",由此余先生将现代儒学称之为"游魂"。造成这种现象的一重要原因就是儒学的观念和话语系统一直未能根本上破除传统圣人、圣王的观念,从而与现代人生活愈来愈疏远。在前现代由于家父长帝制社会,受之浸润形塑的儒学强调的圣人、圣王观念深入社会人心,有着强大的社会基础。人们总是将最美好的事物归给理想的圣人,而不认同和忽视庶人的智慧和价值。然而现代社会已根本上摧毁了这一基础。现代人已深刻认识到所谓圣人不过是庶人的理想化,将本应属于庶人的智慧赋予了圣人。进入现代和后现代就是要把本属于庶人的还给庶人,发现和认同庶人的价值。作为悠远绵长的文化传统积聚凝结的象征,我们尊重历史上所有的古圣先贤,但这绝不意味着要重回前现代,将圣人重新推上神坛。而是要自觉认识到所有圣人都是人,是庶人中的一员。现代社会不需要圣人,也不存在着圣人。借助圣人观念和话语系统儒学也不可能真正复兴,一旦在复兴传统或国学名义下大行其道,必将造成社会滑向前现代的危险,终将再次为现代社会抛弃,跌入万劫不复的深渊。这里"庶人的经学"的提出,首要的意义就是根本上破除传统儒学圣人、圣王观念和话语系统,将经学置于庶人的语境,认同庶人的生活,庶人的思想,尊重庶人独立自由的人格,重建经学属于庶人的话语系统,将儒学真正的和现代社会"一般人的日用常行发生实际联系"。唯如是儒学才有希望和未来,才能重建现代儒学。

其次,对经典形成问题有一个事实求是的客观认识,给经学现代合法性一坚实基础。诚然,破除圣人的观念,认同庶人的思想和庶人的成就,并不是否认历史上"圣人"的成就,而是实事求是平等地对待所有人类的成就。也就是说,无论是圣人的创作,还是庶人的创作,只要其承载着悠远绵长的文化传统和时代沉思,创造出能为人类文明存续和发展的精神文化资源,在人类的历史长河中经得住洗练,它们都可以成为经典。如上所述,经典的合法性不在经典之外,不在于它是否是圣人的创作。一旦出现这样一个现代观念的转变,便克服了疑古运动以来经典因作者问题而引发的真伪的纠缠和困扰,经典便在现代社会中找到了它的合法性,现代儒学也就有了它坚实的根基。不仅如此,这也使我们对经典形成问题能有一客观认识,形成现代经学研究的坚实起点。在圣人崇拜和厚古薄今的观念下,人们要么将经典归之圣人名下,要么推溯至渺茫无稽的古老历史。如《汉书·艺文志》在评价《易经》时所说:"《易》道深矣,人更三圣,世历三古。"可以说是这一思维之典型,但对于"人更三圣,世历三古",我们并没有任何证据。造成这一现象的根本原因,还是人们厚古薄今和圣人崇拜的观念在作祟。在人们的观念预设里总是认为越是久远的越是好的,只有圣贤做的才配得上经典,这即是在传统文化回归的背景下经典成书越来越被推向渺茫无稽的重要原因。一旦我们破除了这一观念的缠累,将经典视为人类悠远绵长的历史传统经验和价值的积聚,时代的沉思、创造与突破,就能客观面对经典所出现的时代,即使晚近也能坦然接受,认真研究其出现与时代的关系,由此建立一个经典成书时代和来源问题的现代确定的客观起点。总之,对庶人价值的肯定,就让我们能够勇于面对经典晚出时代的确切历史,给现代经学一坚实起点。

最后,更是方法论上一重要转向——由皓首穷经于历史源流的追溯与重构,转向一个开放多元的经典世界的意义阐释。我们说,走出疑古与释古时代,就是从过去将经典价值寄寓于渺茫的古史转向经典之内积聚的悠远绵长的传统和时代的沉思,由对经典之外圣人的崇拜转向经典之内庶人智识、精神价值与历史的经验的认同。也就是说,虽然经典成书问题仍然需要关注,但我们关注的中心是经典文本的价值和意义世界。对此,西方已有现成的经验。传统圣经考古学倒塌之后,"正典的进路"在西方异军突起,无疑给我们很大的启示。而关于"正典的进路"(Canonical approach)的创立者蔡尔兹(Brevard S. Childs)和它的详细内容,本人在几年前曾有过引介,具体内容可以参见,此不赘述。① 尽管对蔡尔兹"正典的进路"国际圣经学界一直存在争议,但无可否认,自提出以来,其一直是国际圣经学领域一个重要的焦点。随着近年来一些著述的出版,尤其是北美圣经学会 2013 年再度出版其纪念文集《圣经作为基督徒的经典:蔡尔兹的工作》(The Bible as Christian scripture: the work of Brevard S. Childs)②,说明"正典的进路"目前仍然是西

---

① 参见拙作:《走进正典时代》,《江海学刊》,2011 年第 4 期。

② See Edited by Christopher R. Seitz and Kent Harold Richards, Society of Biblical Literature Biblical Scholarship in North America, 2013.

方圣经学界关注的重要方面。而包括之前 1988 和 1998 年出版的两部对其圣经学领域做出卓越贡献表达敬意的文集①,在这样短的时间内,圣经学界连续召开及出版三部纪念性会议和文集,在当代圣经学界也是很少见的,足见其影响。随着这些年来研究和思考的深入,更坚定了本人的初识:这一进路为中国经学和现代儒学的重生提供了一个成功范式。简明地说,"正典的进路"就是关注经典成书的最后形式的研究理路。它与以往历史批评方法的根本不同在于,历史批评是以历史为起点,通过探寻文本源头或背景的历史来对文本进行研究,而"正典的进路"强调以经典的最后文本——正典为起点探求其历史和现实价值,以寻求正典所承担的对社会的建设性任务。因此,导语是起点和方向的转变,尽管历史仍为其关注,但研究的中心不再是文本之外的历史,而是正典本身内容的价值和意义。如 Christopher R. Seitz 所指出的,"我之所以提这些(按:相关蔡尔兹的争议),是因为二十五年后,情况出现了戏剧性的变化。一切都已过去……具有讽刺的,在这个时代的今天,从来源到形式到传统再到编辑批评阶段,比起他们的反对者或消解者,竟是蔡尔兹在以旧约作为经的名义下,更可能成为圣经批评学学科和学术方法的守护者"②。这里 Seitz 不仅指出了其当代影响,也指出了其方法在实践方面对现代以来批评理论甚至古代学术传统的继承和超越。

焦聚经典最后文本价值,这也为中国现代经学与史学的分途提供可能。从学科分途上分开疑古的史学与价值的经学之间的纠缠,使各自在现代领域轻装上阵,大步向前,以实现各自领域的突破,承担起重建中国现代文化的任务。这也意味着文本从历史研究中解放出来,成为一开放性、多元性的文本。所以蔡尔兹之后,西方各种批评理论纷呈迭出,批评的多元性已然成

---

① See Canon, Theology, and Old Testament Interpretation. Essays in Honor of Brevard S. Childs edited by Gene M. Tucker, David L. Petersen, and Robert R. Wilson, Philadelphia, Fortress, 1988; Theological exegesis: essays in honor of Brevard S. Childs edited by Christopher Seitz and Kathryn Greene – McCreight, Cambridge, U. K.: W. B. Eerdmans, 1998.

② Christopher R. Seitz, Tribute to Brevard S. Childs, The Bible as Christian scripture: the work of Brevard S. Childs, Society of Biblical Literature Biblical Scholarship in North America, 2013, p. 3.

为圣经批评的潮流。而这种开放多元性也成为儒学的开放性、多元性的基础，从而根本上阻断了在回归传统中，"罢黜百家，独尊儒术"的历史臆想，使儒学永葆开放性、多元性的现代活力，并为一个开放多元的充满活力的现代中国文化重建做出积极贡献。这种开放性、多元性也为马克思主义与中国传统文化的结合敞开了路径。如西方圣经马克主义社会学批评的先驱，歌德瓦（Norman K. Gottwald）所指出的，"正典的进路"与社会学批评之间有着天然契合性和互补性。他说："我深信正典的批评与社会学批评并不互不相容，它们彼此具有天然的契合和互补。"①事实上也是如此，在正典的三个"解释学循环"中②，无论哪一个解释循环都离不开对文本与文本所面向的社会世界的深入分析。而与马克思主义社会学批评相关，或具有马克思主义背景的各种相关的圣经批评理论也层出不穷，如女权主义圣经批评、后殖民主义圣经批评、少数族裔圣经批评等。这些批评或多或少都与马克思主义有着直接或间接的渊源。事实上所有这些批评都是从庶民世界出发、面向庶民的解释系统。与以往的批评不同的是，这些批评多是从现实需求出发，不仅在学术界，在西方基督教世界也产生了全面而深刻的影响。正是在这个意义上，我们说，在没有马克思的西方基督教世界发生了一场真正的马克思主义的深刻革命。这就为马克思主义与传统儒学经典的结合提供了一个适切的现代思路。

——原载于《江海学刊》2016 年第 3 期。

（作者为南京大学历史学院教授）

---

① Norman K. Gottwald, Social Matrix and Canonical Shape, *Theology Today*, Vol 42, No. 3 October 1985.

② 关于正典的三个解释循环参见拙作《走进正典时代》,《江海学刊》,2011 年第 4 期。

自由与权利

——以严复为中心的观念研究

陈 静

[提 要]中文的"自由"最早出自郑玄的《礼记》注释。郑玄在注释《礼记》时三次使用到"自由",并以"帷薄之外"为"自由"的场所,划分了"行自由"和"不敢自由"的界限。因此,中文传统含义的自由不能与人际关系和礼仪制度发生关系,一旦发生关系就必定贬义化为挑战制度。严复用"自由(自繇)"翻译 Liberty,强调"自由"的权限含义,才使自由进入社会生活,成为重建新中国的重要原则。自由含义的改变也改变了"人"的含义,使中国传统的"道德人 – 社会角色"的理解模式转向了"自由个体 – 公民"的确认和构建。

[关键词]自由 帷薄内外 权利 责任 角色 个人

1895 年,严复在天津《直报》上发表了他的文章《论世变之亟》,这是他第一篇正式发表的文章。在这篇文章中,严复指出:"夫自由一言,真中国历古圣贤之所深畏,而从未尝立以为教者也。"①

八年之后的 1903 年,严复翻译的《群己权界论》在商务印书馆出版。在

---

① 严复:《论世变之亟》,《严复集》(第一册),中华书局 1986 年,第 2 页。

为译本撰写的译者《自序》中严复写到："十稔之间,吾国考西政者日益众,于是自繇之说,常闻于士大夫。顾竺旧者既惊怖其言,目为洪水猛兽之邪说。喜新者又恣肆泛滥,荡然不得其义之所归……学者必明乎己与群之权界,而后自繇之说乃可用耳。"①

严复这两段话的含义极其丰富,其中至少有四点值得特别注意。首先,严复指出,中国传统的政教体系里是没有自由的,不仅没有,"中国历古圣贤"还"深畏"自由。第二,甲午战争后的十年间,自由渐渐成为话题,而自由话题之热与"吾国考西政者日益众"相关,因此,自由源自西方,源自中国士大夫对于西方社会的见闻和对西方近代观念的了解。第三,因为自由的话题,中国的士大夫阶层分裂了,"竺旧者"如"中国历古圣贤"一般,继续畏惧自由,而"喜新者"则表现出欢迎自由的立场。第四,尽管"竺旧者"和"喜新者"面对自由有不同的立场和态度,但是都误解了自由,他们之所以共同地误解了自由,就在于他们都不懂得"自由"的"权界"含义。所以严复最后说:"学者必明乎己与群之权界,而后自繇之说乃可用耳。"

严复在这里用了"自繇",而不是"自由",下文对此将加以分辨。就严复上两段话所指点的问题,我们需要追问,为什么中国历古圣贤深畏自由,从不立此为教?守旧者为何视自由为洪水猛兽之邪说,而喜新者又如何误解了自由的含义?严复以"群己权界"为理解自由的关键,对于中文的"自由"二字究竟意味着什么?

一、"自由"的中文词源

尽管中国历古圣贤深畏"自由",从未"立以为教",中国传统的政教体系里也没有自由的位置,但是没有自由的传统并不意味着中文里没有"自由"

---

① 严复:《译〈群己权界论〉自序》,《严复集》(第一册),中华书局 1986 年,第 131 页。严复既使用"自繇",也使用"自由",二者的区别下文将进一步分析。

的语词。下文的考察将表明,至少在东汉末年,中文里就已经出现了"自由"的语词。我们知道,严复当年翻译西方典籍,"常苦于难言其真"①。之所以难,就因为许多西方观念是中土所没有的,严复不得不造作新词来勉强传达,而一旦使用中文,中文语词的历史积淀就不可避免会被带入,造成西方概念的失真,严复为此备受煎熬。他在《〈天演论〉译例言》中说:"新理踵出,名目纷繁,索之中文,渺不可得,即有牵合,终嫌参差……一名之立,旬月踟蹰。"②极言翻译之艰苦。无中生有的创制固然艰难,而借用中文的旧有语词来传递全新的观念,则是另一种难,严复用中文的"自由(自繇)"来翻译英文的"Liberty"就是这样。他翻译穆勒的 On Liberty,不是直接译为《论自由》,而是译为《群己权界论》,就是因为纠结于中文"自由"的传统含义。

中文"自由"的传统含义为何? 这需要考察"自由"的中文词源来回答。应当说,"自由"在中文里出现是很早的,东汉末,大儒郑玄注《礼记》,三次用到了"自由"③。这说明,至少从东汉时代起,中文里就有"自由"这个语词了。④ 那么自由的含义是什么?

《礼记》卷二说:"帷薄之外不趋。"郑玄注释说:"不见尊者,行自由,不为容也。"卷三十五又说:"请见不请退。"郑玄注释说:"去止不敢自由。"还有一个语例与肉食的软硬有关,郑玄的注释是:"欲濡欲乾,人自由也"。这里只分析前面两个语例。

"趋"是身体前倾的一种行走姿态,《辞海》的解释是:"小步而行,表示恭敬。"见尊者要以"趋"的姿态,表示对尊者的敬意,这是礼的要求。但是在帷薄之外,还没有见到尊者,这时步履可以自由:自如地走,不必"为容"、做出趋的姿态。所以郑玄在注释《礼记》的"帷薄之外不趋"时就说"不见尊

---

① 严复:《论世变之亟》,《严复集》(第一册),中华书局 1986 年,第 2 页。
② 严复:《〈天演论〉译凡例》,《严复集》(第五册),中华书局 1986 年,第 1322 页。
③ 在郑玄的《礼记注》中,"自由"二字连称出现了 12 次,其中的 9 次是用"由"来解释"自",所谓"自,由也"。只有 3 个语例是自由连用成为一个片语的用法。
④ 参见赵歧(约 108—201)撰《孟子章句》,也使用到"自由"一词。《孟子·公孙丑下》:"则吾进退岂不绰绰然有余裕哉!"赵歧注:"居师宾之位,进退自由,岂不绰绰然舒缓有余裕乎?"

者,行自由,不为容也"。拜谒尊者也有礼制的具体要求,不是想见就见、想走就走,所以见面要事先提出请求,见面后却不能率意离开,所以郑玄注释"请见不请退",称"去止不敢自由"。

这两个语例里的"自由",都是"随心所欲,自己做主"的意思。见尊者一定要趋,这是礼制的要求,没有见到尊者之前,想怎么走就怎么走,自己能够决定自己的步姿,这就是"自由"。而拜见尊者,无论是去拜谒,还是告辞离开,都不是自己能够做主的,也就是"不敢自由"。"自由"最初出现在中文里,基本含义就是礼仪行为上的"自己做主"。严复说:"自繇……初义但云不为外物拘牵而已,无胜义亦无劣义也。"从"自由"的词源来看,应当说严复的理解是准确的。

有意思的是,中文里一出现自由,就同时出现了"行自由"和"不敢自由"的对举。那么什么情况下能够"行自由",什么情况下又"不敢自由"呢?"帷薄之外"是一个重要提示。没有掀开帘子进入厅堂,是可以"行自由"的,一旦进到"帷薄之内",就不能自由了,而是必须遵守礼制的规定,该趋的时候趋,该拜的时候拜。"帷薄之外不趋"是一个具体的礼仪规定,也是一个影响深远的隐喻:帷薄之内喻指礼义制度的范围之内,而帷薄之外则为礼仪制度的范围之外。由此也可以说,在礼义制度的范围之内,人的行为必须遵从礼义制度的规定,是"去止不敢自由"的;而在礼义制度的范围之外,就可以自己做主,可以"行自由"。所以,虽然郑玄注释《礼记》只是用"自由"来解释具体的礼仪规范——见尊者应当如何,不见尊者可以如何——但是在抽象的意义上,也可以说郑玄以一个具体的礼仪宣布了一项最基本的原则:自己决定自己行为方式的事情,只能是自己一个人的事情,不能与他人有关。因为一旦与他人有关,就涉及安排人际关系的礼仪和制度,这时候,就必须遵守礼仪制度而"去止不敢自由",就没有"自由"的空间了。

据此也可以说,传统中文里的"自由"是"无关系的自由",或者说是"在外的自由",因为这种自由发生在制度的规定之外,不涉及人与人之间的关系,不涉及安排人际关系的人伦秩序。这种无关对象或他者的自由,与庄子的逍遥游类似。庄子的逍遥发生在"无何有之乡",不是"人间世"的事情,人们在"无何有之乡"可以逍遥,而在"人间世",则一切皆"寓于不得已",必须遵循人世间的各种规则。正是在这个意义上,可以说传统中文里的"自由"如同逍遥游一样,是一个人独处时候的自在随意,与他人没有关系,与人际没有关系,与安排人际关系的礼仪制度没有关系。自由的含义是一个人在人际之外、制度之外、规矩之外的自得自在。

二、自由语义的贬义化

严复说自由(自繇)的本义是中性的,含义是"自主无罣碍"。从上文对"自由"的词源考索来看,应当说严复的理解是准确的。但是严复又说,"自繇之义,始不过自主无挂碍者,乃今为放肆、为淫佚、为不法、为无礼","常含放诞、恣睢、无忌惮诸劣义",这些劣义"自是后起附属之诂,与初义无涉"①,这就不太准确了。下文的考察和分析将表明,尽管自由最初是一个中性词,但是自由的贬义却也是自由初义的必然引申,并非与初义无涉。

为什么自由的贬义是自由初义的必然引申?就因为自由是规矩之外的事情,不能与制度和人际发生关系。用"帷薄之外不趋"来说,就是在"帷薄之外"固然可以"不趋",可以"行自由",但是如果在"帷薄之内"也"不趋",也"行自由",大大咧咧地想怎么走就怎么走,这时候"行自由"所表达的"自我做主",就变成了擅自做主、为所欲为,甚至变成了恣意妄为,变成了对礼制的挑战,因此自由是不能与制度和规矩发生关系的。

自由与制度相互外在的关系,也使自由与制度构成了相互反对的关系。不能与制度发生关系的自由,恰好在提示着制度的背景:制度拒绝自由。或者说,"帷薄之内"必须"趋",绝对不能"行自由"。而自由的贬义,就发生在

---

① 诸引文皆见严复:《〈群己权界论〉译凡例》,《严复集》(第一册),中华书局1986年,第132 – 133页。

不允许自由的制度之下。在史书中,可以看到"自由"与"明制"对举,表达着违背制度的否定性含义。例如,晋武帝司马炎下诏指责王濬"忽弃明制,专擅自由",吓得王濬上书自辨,称"伏读严诏,惊怖悚栗,不知躯命当所投厝"①。这里"忽弃明制,专擅自由"的"自由",显然是指违背制度的擅自做主,否定性的含义不言而喻。又如《后汉书·阎皇后纪》记载阎皇后的亲戚专权,用了"自由"的语词来描述阎氏"兄弟权要,威福自由"②。《后汉书·五行志》称赤眉军立刘盆子为天子,却"视之如小儿,百事自由"。其他如《晋书》的"杀生自由,好恶任意"③,"挠乱天机,威福自由"④等等,自由无不与制度的规范和应当相对立,表达着否定的含义。直到现在,"自由"的这层贬义还保留在中文的语义之中。1937 年,毛泽东著写了《反对自由主义》一文,列举了自由主义的 11 种表现。他所列举的 11 种表现以自由主义来冠名是否恰当,不是这里讨论的问题。但是在《反对自由主义》这篇文章中,与自由主义相对的是"组织""组织纪律""革命的集体组织"和"集体生活的原则""党的集体生活"等观念。这就说明,毛泽东所反对的自由主义,主要是指违反制度、违背纪律的自由。严复说,自由的劣义"自是后起附属之诂,与初义无涉"⑤,而据我们的考察,无涉关系的自由一旦进入关系,一旦涉及制度,其贬义化几乎是必然的,因为对于制度来说,"自由"是一种异己的危害性力量。

在中国走向现代化的社会转型中,富强是全社会高度认同的一致目标,

---

① 《晋书·王濬传》。
② 阎皇后的故事是宫廷权力之争的典型故事。阎皇后是东汉安帝(107—125)皇后,"后有才色",她的兄弟"显及弟景、耀、晏并为卿"。汉顺帝当时是皇太子,阎皇后废他为济阴王,安帝死后,又秘不发丧,安排"济北惠王子北乡侯懿立为皇帝",称少帝,现在的历史年表上没有这个皇帝,这个少帝被在位仅仅二百来天就死了。少帝死后,阎皇后的兄弟们又想重玩旧花招,再立一个小皇帝,"太后征济北河间王子,未至,而中黄门孙程合谋杀。江京等立济阴王,是为顺帝。显、景、晏及党与皆伏诛"。《后汉书·阎皇后纪》称阎氏"兄弟权要,威福自由",就是指他们在少帝时实际掌握了朝廷大权。这里用"威福自由"来描述他们的专权行为,自由的含义显然是否定性的。其他故事也有相似的语境。
③ 《晋书·刘琨传》。
④ 《晋书·王敦传》。
⑤ 严复:《〈群己权界论〉译凡例》,《严复集》(第一册),中华书局 1986 年,第 133 页。

国家要富强,人民要富足,几乎没有人对此心存疑虑。但是在一致追求富强的共同努力中,在社会核心价值的建构和认同方面,却明显存在着差异。严复时代的"竺旧者"和"喜新者"对于自由就有分歧,据说现在仍然有人不赞同把自由列为社会的核心价值。如果询问这些对自由心存疑惧的人们,探问他们存疑的理由,恐怕在他们的潜意识中,"自由"仍然意味着违背制度,意味着不守党纪国法,"自由"的中文传统语义,很可能就是他们对自由心存畏惧的潜在原因。

严复说中国历古圣贤深畏自由,从未立以为教。如果在传统中文的语境下,自由的含义是一个人独处时的自在,是无涉关系的自由,不能与制度发生关系,一旦发生关系就只能是否定性的,我们的先圣先贤如何可能以自由作为基本的价值原则而立以为教呢? 而这样的自由又如何能够不令"竺旧者"惊怖其言,并视之为洪水猛兽之邪说呢? 要知道,我们的传统是以上下有等、长幼有序为社会理想的,这样一个以身份安排秩序的社会确实没有自由的位置。更何况,传统语义的自由本身就不能涉及关系,喜新者如果用这种"无涉关系的自由"强行于社会并据以抗拒秩序,在不能"行自由"的"帷幕之内"执意"行自由",又如何能够不进入恣肆泛滥的迷乱之中,从而造成社会的无序和混乱呢?

严复对自由所表现出来的"为放肆、为淫佚、为不法、为无礼"的劣义深为不安,所以在翻译《群己权界论》时,用了"自繇"来取代"自由"。其实,就文字本身而言,"繇"与"由"是相通的,《尔雅·释水》:"繇膝以下为揭,繇膝以上为涉。"足以为证。而就语词而言,"自繇"也不是严复的新造之词,而是历史的旧有之词。《册府元龟》摘记阎皇后的故事,称阎氏"兄弟权要,威福自繇"[①],用的就是"自繇"而不是"自由",而我们知道,《后汉书》用的是"自由"。类似的语例《册府元龟》里还有。显然,由于"繇""由"相通,至少从宋代开始,"自繇"就与"自由"通用了。但是,虽然"自繇"的写法复杂一些,却

---

① 宋王钦若等撰:《册府元龟》卷三百六《外戚部》。《册府元龟》里多次用到"自繇"一词。

是一个比"自由"晚出的语词。严复在《〈群己权界论〉译凡例》中解释自己
选用"自繇"的理由时,说"今此译遇自繇字,皆做自繇,不作自由者,非以为
古也"①,他似乎把笔画比较繁难的自繇当作更加古远的语词。这多少有点
不准确。不过,接下来他的解释才是更有意义的,严复说,西文的 liberty 是
一个很实在的术语,不是拘虚之说,所以"写为自繇,欲略示区别而已"。区
别什么? 显然是区别于"自由"。传统的自由不能进入社会生活,是"虚"的;
一旦与制度相关,又将附着"为放肆、为淫佚、为不法、为无礼"等诸多贬义,
是"劣"的。严复用不甚流行的"自繇"来翻译 liberty,再加以自己的批语和
说明,就是为了克服自由的虚义和劣义,只取自由不为外物拘限的初义,由
此初义来接引西方近代的自由观念,并由此宣示出传统中文的自由语义不
曾拥有的近代内涵。

三、自由语义的近代转化

由于严复及其同代人的努力,到了近代,中文的"自由"增加了它原本没
有的新含义。这个新增的含义一言以蔽之,就是"自由"蕴涵了"权利"的含
义,蕴含了在社会生活中划分人与人之间权利界限的含义。

中国传统社会讲究上下有等、长幼有序,这种形态的社会关注的是人的
身份资格、道德责任,而不会在意人的权利问题。"权利"一词虽然在中文里
出现也很早(见《史记》),但直到美国传教士丁韪良主译《万国公法》,用"权
利"来翻译英文的 Right,才具有了现代含义。丁韪良不知中文有"权利"一
词,认为"权利"是他本人"入一权字"并"增一利字"组拼出来的新词②,这虽

---

① 严复:《〈群己权界论〉译凡例》,《严复集》(第一册),中华书局 1986 年,第 133 页。
② 《万国公法》于 1864 年刊行。丁韪良在《公法便览》说:"公法既别为一科,则应有专用之字
样。故原文内偶有汉文所难达之意,因之用字往往似觉勉强。即人一'权'字,书内不独指有司所操
之权,亦指凡人理所应得之份;有时增一'利'字,如谓庶人本有之'权利'云云。此等字句,初见多不
入目,屡见方知不得已而用之也。"转引自赵明:《近代中国的自然权利观》,山东人民出版社 2003 年,
第 104 页。

然是一个误会,却也说明传统中文少用"权利"一词,且完全没有 Right 的含义。因此,中国传统思想从不讨论人的权利(Right)问题,尤其没有从个人出发的权利意识,就不是一件奇怪的事情,而是与传统社会的性质彼此匹配的观念现象。严复等人从西方引进自由、民主、平等、博爱等近代思想之后,中文的"自由"才成为与权利相关的观念了。上文提到,严复翻译约翰·弥尔的 On Liberty,不是译成《论自由》,而是译为《群己权界论》。他用"群己权界"来界定自由,就是为了表明,自由既是对权利的伸张,同时也是对权力的限制,并不是为所欲为,更不是恣意妄为。后来梁启超在《十种德性相反相成义》中,直接用"权利"来定义"自由",称"自由者,权利之表证也"①。从严复的时代之后,中文的自由才成为与权利(Right)相关的概念。

于是,自由与权利相关了,与权利划界相关了。传统的自由只能在"帡薄之外"享用,进入"帡薄之内"就是挑战制度,就是作乱。但是当自由拥有权利的含义之后,它恰好就是"帡薄之内"的事情了,因为正是在人与人之间,才有伸张自由和限制自由的问题。严复说,如果一个人独居世外,一切活动皆自作主张,无论做什么,自己决定即可,因为不存在他人,所以也不存在禁止和限制的问题。但是进入社会就不同了,"但自入群而后,我自繇者人亦自繇,使无限制约束,便入强权世界,而相冲突。故曰人得自繇,而必以他人之自繇为界"②。

这是对传统自由语义的扭转。在传统的语境下,只有帡薄之外才能自由,而严复说,在帡薄之外不存在自由不自由的问题;在传统的语境下,帡薄之内是不允许自由的,而严复说,只有入群之后,在人与人之间才有自由和限定自由的问题。显然,经过了近代思想的洗礼之后,中文的自由具有了两种很不相同的含义。一种是传统的语义:独处时的自得自在。一种是近代语义:社会的团体生活中的自由权利和对权力的限制。可以说,畏惧自由的

---

① 《梁启超全集》(第一册),北京出版社 1999 年,第 429 页。
② 严复:《〈群己权界论〉译凡例》,《严复集》(第一册),中华书局 1986 年,第 132 页。

人都潜藏着自由的传统语义,而伸张自由的人未必完全懂得自由的近代含义。在严复的时代,"竺旧者"固然畏惧传统含义的自由,而"喜新者"之所以"恣肆泛滥,荡然不得其义之所归",恐怕还是没有跃出自由的传统含义。民国初年的两通政令充分显示出"自由"新旧含义的交缠。民国二年的大总统通令说:"惟民国以人民为主体,非任其自由信仰,不足以征心理之同……值此邪说充塞,法守荡然,以不服从为平等,以无忌惮为自由,民德如是,国何以立。"①民国三年的大总统通令说:"近自国体变更,无识之徒,误解平等自由,逾越范围,荡然无守,纲常沦弃,几成为土匪禽兽之国……"②通令一方面抱怨无识者"误解平等自由","以不服从为平等,以无忌惮为自由",另一方面也把自由民主作为正面价值标立起来,作为立国的原则。拿这种原则与现实的实际情况相对照,其间无疑还存在着巨大的距离。尽管如此,立国的基础毕竟变了,不再是君臣父子的传统纲常,而是自由民主的现代政治原则。这就表明,严复借由翻译和评语赋予自由以正面含义,已经成为中国走出传统,敞开新路的重要方向,而中国人在自由民主的道路上艰难行进时,也一直纠缠在自由的新旧含义之中。

陈宝琛在《严君墓志铭》中写道:"君以为自由、平等、权利诸说,由之未尝无利,脱靡所折中,则流荡放佚,害且不可胜言,常于广众中陈之。"③《清史稿》也采录了这一段话。可以想见,面对自由含义的新旧纠缠,面对"竺旧者"和"喜新者"对自由的共同误解,严复在他的时代要正面传播西方近代的自由观念,是一项多么艰巨的时代任务。

四、自由与责任

严复改变了"自由"的含义,而自由含义的改变其实改变了对"人"的理

---

① 转引自程潎:《历代尊孔记》,第 36 页。
② 同上,第 37 页。
③ 陈宝琛:《严君墓志铭》,《严复集》第五册,中华书局 1986 年,第 1542 页。

解,改变了"人"的含义。在中国的传统社会里,"人"表现为"角色",也只能是角色,每个人都有许多不同的角色提示此人在各种不同社会关系中的身份,例如君臣、父子、夫妇、兄弟、朋友等。当然,中国传统思想对于人的普遍性也有深刻的思考,但这种思考越来越清晰地认为,人性的普遍性特征在于人的德性,而德性的外在显现就是人在社会的人伦关系中完美地担当"角色",实现"角色"之当然。在宋儒的论说中,"赤子之心,见父自然知爱,见兄自然知敬,此是天理源头",这种观点随处可见。① 舜遭遇问题家庭,"父顽,母嚚,象傲,日以杀舜为事"②,而舜持守为子为兄之正道,终于使"瞽瞍底豫",也是宋儒津津乐道的故事。③ 总之,中国传统思想没有跃出道德的考量来理解"人",而依据"本末一源"的理论,德性的外显,就是伦理身份之当然的完美实现。所以在中国传统思想中,人与人在社会的团体生活中相遇,从来不是"人"与"人"的关系,而是"角色"与"角色"的照面;"人"与"人"之间从来不能平起平坐,相互见面只能依据身份实行不同的礼节,浅不得也深不得。④ 假如剥离人的角色身份,"人"就消失了。因此,在中国传统的社会形态下人要"行自由",只能离开角色,离开角色关系,到"帷薄之外"去。只有在那个无关他人、无关社会的"无何有之乡",人才可能自我做主。人不必顾虑角色身份的地方,无须遵奉礼制规范的地方,是没有社会的地方。换一句话说,在传统的社会形态下,人要成为"人"就必须四旁无依,做一个孤独的"自己",他不可能在社会中成为"人",尤其不可能成为"个人"。

但是当自由成为权利的表征之后,"个人"就出来了。也正是因为近代自由所设想的"人"是"平等的个人",才需要设想同样是权力主体的"人"或

① 黄宗羲:《孟子师说》卷下。
② [宋]方闻一编:《大易粹言》卷四。
③ 例如朱熹的《孟子集注》说:"舜尽事亲之道而瞽瞍底豫,瞽瞍底豫而天下化。瞽瞍底豫而天下之为父子者定。此之谓大孝。"
④ 例如朱熹曰:"致敬于人,当拜于堂上乃拜于堂下,当揖却拜,皆是不中节,适以自取辱。"又曰:"谄媚于人是取辱之道,若恭不及礼,亦能取辱。且如见人有合纳拜者,却止一揖,有合不拜者,反拜他,皆不近礼。不合拜固是取辱,若合拜而不拜,被他责我不拜,岂不是取辱!"见《朱子语类》卷二十二。

者"个人"在社会中相遇,如何才能避免可能的争斗,于是自由必须在声明自己的权利时承认他人的权利。严复说,人人各得自由,彼此不得侵害,便是法制昌明的社会,反之则是强权社会。在法制昌明的社会,每一个人的自由都受到保护而不得被侵害:"侵人自由者,斯为逆天理,贼人道……故侵人自由,虽国君不能。"①

自由使人成为"人",而人之为"人"是有条件的,这个条件是人必须自己承担自己,担负起对于自己的责任。因为自由固然不能侵害,但也不能指望他人赐予,自由是自我担当。严复在《原强》中说,现在举国上下都追求富强,但富强是有条件的,富强的条件是人人都能够自由地追求自己的利益,自由是富强的条件。同样,自由也是有条件的,自由的条件是人有能力自治。严复说,有能力承担管理自己的责任,才有资格享有自由,如果"民不自为,徒坐待他人之仁我",那么,得仁君便得仁政,若是遭遇暴君,"则向之所以为吾慈母者,乃今为之豺狼"②。如何杜绝慈母变豺狼的可能?严复说,必须"权在我",权在我,则我有约束的力量,使那些即使有豺狼之心的统治者也不得为豺狼,如果权在彼,则免不了慈母变豺狼的可能。严复说:

"在我者,自由之民也;在彼者,所胜之民也。必在我,无在彼,此之谓民权。"③

从严复的相关论述中可以看到,自由在他这里是与民权、与群己权界相关的概念,是与自由之民的责任担当相关的概念。也就是说,当严复改变了自由的传统语义之后,他改变的不仅仅是自由的含义,他还改变了中国人对于"人"的想象,改变了中国人对于理想社会的想象。据说,烈士黄继光在托起炸药点燃引线即将牺牲之时,喊的口号是"为了新中国,冲啊",国民革命以来,无数先烈抛头颅洒热血,也是为了建设"新中国",而中国之新不是在君臣父子的旧观念上重建一个新朝廷,而是旧邦新命,变换立国基础,在自

---

① 严复:《论世变之亟》,《严复集》(第一册),中华书局 1986 年,第 3 页。
② 严复:《原强》,《严复集》(第一册),中华书局 1986 年,第 14 页。
③ 严复:《〈法意〉按语》,《严复集》(第四册),中华书局 1986 年,第 872 页。

由、民主、法治、公正的新观念体系下，建构一个现代社会。在这个社会里，政府不再是君临百姓的官府，而是"为人民服务"的机构；人民不再是循规蹈矩的臣民，而是自由自主的公民；人与人相见，虽然也各有身份，但亦有共同的身份即平等的个人铺垫其下，这保障也要求人与人之间相互尊重，这层尊重是任何身份都不能忽视和僭越的，体现在制度上，则是一切人都同等地受到法律的保护，没有例外。新中国是一个新社会，这个新社会要求新人，这个新人就是能够自我担当的"自由之民"。

严复曾经评价梁启超"以笔端搅动社会"①，生动描绘出梁启超的文章在当时社会中的巨大影响。今天的我们隔了上百年的时间、距离来看严复的历史作用，对于他的评价恐怕不止说他影响了当时社会，更应当说他改变了中国社会。中国古代有立德、立言、立功三不朽之说，就德、言、功三项而论，严复在他的时代似乎没有立功，他只是在翻译西书、添加按语、撰写论文、发表演讲、授徒讲学，"不与机要，奉职而已"②，似乎没有做出轰动一时的赫煊伟业。但是严复引进和推介的思想从根本上改变了中国人的视野，使熟稔天理人心、华夷文野的中国人在思想的天空中看到了自由、民主、科学、进化等观念的灿烂云霞，在心里升腾起新的理想。从严复的时代到现在，虽然有很多曲折艰辛，但中国社会实际上在朝着新的理想迈进，在按照新的理想重建新中国，在开创着自身"旧邦新命"的新历史。就此而论，严复经由立言而立大德大功，这样的功业绝不是一时之壮举可以比拟的。严复曾经自谓所译之书完成之后，"仆亦不朽矣"（与张元济书）。确实，他推介的新思想引导了中国的历史进程，严复是不朽的。

——原载《哲学研究》2012 年第 11 期，本文在原文基础上修改而成。

（作者为中国社会科学院哲学研究所研究员）

---

① 严复:《与熊纯如书》(1916 年 9 月 10 日),《严复集》(第三册),中华书局 1986 年,第 646 页。
② 陈宝琛:《严君墓志铭》,《严复集》(第五册),中华书局 1986 年,第 1542 页。

"仁"何以是超越的？

——重探《论语》中仁的超越性面向

刘乐恒

[提　要]本文重提与重探《论语》中仁的精神的超越性义涵。首先,本文辨析仁对于血缘关系的超越性,揭示出血缘关系是孝弟的道场,孝弟则是仁的道场,因此仁的精神超越血缘关系。其次,本文指出仁与君主制度有着不可化解的张力,仁的精神超越了上下、尊卑的权力关系,而现代的民主制较之君主制更能与仁的精神相容。再次,本文探明仁的精神对于关系脉络的超越,指出仁的核心在于主体性而非关系性。最后,本文自仁的超越性,进论仁的普遍性问题,据此辨析出公与私两个层面的普遍性,指出仁不能作为公共层面的普遍性准则,但可以成为私领域的其中一种普遍性。

[关键词]仁　关系　超越性　主体　普遍性

传统文化或传统思想的现代性转进,离不开"返本"的工作。而返本工作的重要一环,就是对经典(classics)或原典(original classics)的重新诠释。经典或原典的意义,在于它体现出一个思想、文化、哲学传统在其形成、创立、演进的过程中,是如何初步而原始地呈现其核心的精神与理念的。这是后世的文本与思想所不可取代的。同时,与此相关,经典或原典中的内容及其思想,往往具有两个维度:第一,它含有对于本原性问题的最原初的思考,这种思考往往具有突破性与简易性。所谓"突破性",是说它相对于其之前的思想传统来说,它能有全面的突破性,并提出原创性的思想;所谓"简易性",是说它所提出的原创性思想,较为朴素但同时又是其所开启的传统的核心性理念①;第二,它体现出当时的社会、政教、权力、性别等方面的具体内容。这是说,经典或原典虽然是对其之前的传统的突破,但其自身亦多不能摆脱当时的现实的影响。② 而上述这两个维度,又往往是融合在一起的。粗略地看,希腊、希伯来、印度、中国等地的经典或原典,都或多或少地具有这两个维度。而与此同时,每个文化传统在其演进的过程中,也往往会遇到它应该如何与当时时代的导向相互动,以及它应该如何回应该这一导向的问题。这促使当时具有责任感的思想家、哲学家、宗教家,重新回到经典或原典的突破性思考中去,立足经典或原典的简易、核心之处,同时通过古今乃至东西之辨,反思和超化经典形成过程中所体现出来的政教、权力关系,以此回应时代问题。

我们以儒家的《论语》为例,《论语》是孔子及其弟子的言行录,此书的核心精神就是"仁"的精神。孔子之后,孟子为了维护孔子的仁学,重新回到仁的精神,并从孔子的言行与思想中(当时未必有《论语》之书,但孔子的言行则在儒门中流传)引申出其性善论、仁义论、养气论、心性论,以回应当时不同学派对孔子仁学的批判与冲击。而宋代的儒者则为了与佛道抗衡并摆脱

---

① 对这一问题最为深入同时亦最具原创性的研究,大概是卡尔·雅思贝尔斯(Karl Jaspers, 1883—1969)受马克斯·韦伯(Max Weber, 1864—1920)之启发而所著的《历史的起源与目标》一书及其所提出的"轴心突破"的观点。(参见 Karl Jaspers. *The Origin and Goal of History*, translated by Michael Bullock.)此书出版之后,西方学界围绕"轴心突破"(axial breakthrough)的问题,讨论甚多。而通过对中国思想史的考察而回应、充实"轴心突破"的观点的研究,其新近的成果可参见余英时:《论天人之际——中国古代思想起源试探》,台北联经出版公司 2014 年。

② 笔者的这一视角与观点,在一定的意义上受到了哈贝马斯(Jürgen Habermas, 1929—)的"批判诠释学"的启发(参见 Jürgen Habermas, *On Hermeneutics' Claim to Universality*, in *The Hermeneutics Reader: Texts of the German Tradition from the Enlightenment to the Present*, edited by Kurt Mueller-Vollmer);同时也是在定位儒家"仁"的核心精神的过程中,因反思孔子"仁"的思想与当时社会与政治结构的张力,而得出的反思性、批判性视角。

佛学的影响，深化了《论语》的仁的精神，并建立了以讨论性与天道为特色的儒家形上学。而到了现代，现代新儒家也返回到《论语》的仁的精神中去，以西方哲学作为参照，从哲学上诠释仁的精神，并超化《论语》中的某些与当时的政教、权力关系相结合的内容，以推进儒学的现代性转进。①

可以说，儒学思想史的各次关键性的演进，都离不开儒者对于《论语》这一经典的重新诠释。而每一次诠释，都是一方面回到《论语》的核心精神也即仁的精神上去，另一方面则通过其对仁的阐发，超化原始儒学的某些局限。例如，孔子尚囿于当时"生之谓性"的传统，而尚未将仁与人性结合起来，以建立儒家的明确的人性论，而孟子则能够从仁的精神中开拓出儒家的性善论与心性论传统。② 另外，孔子有尊周的祈向，以恢复周代的宗法制度与礼乐文明为己任，孟子则超化了这一维度，不再"从周"（《论语·八佾》），而提倡"地方百里而可以王"（《孟子·梁惠王上》）的王道仁政观。又如，宋代理学延伸了孔子仁的精神，建立了性理之学，并通过性理之学在一定意义上超化了《论语》以伦理、文理为中心的导向。③ 至于现代新儒家，则通过回到《论语》的仁的精神，阐扬了道德的主体性，并与现代性精神接轨，据此超化《论语》中所蕴含的政治与权力的关系，揭示出现代的民主制而非君主制最能与仁的精神相融。

---

① 笔者赞同当代的一些儒家学者将儒学分为三期（即先秦孔孟儒学、宋明理学、现代新儒学）的观点，认为这是儒学发展最为重要的三期，并认为第三期的任务尚未完成。这一观点在马一浮（1883—1967）、熊十力（1885—1968）、唐君毅（1909—1978）、牟宗三（1909—1995）等现代新儒家的著作中已有较明确的表述，这些表述被当代的儒家学者作出了系统的阐论。具体的内容可参见杜维明：《儒学第三期发展的前景问题》，生活·读书·新知三联书店2013年；刘述先：《论儒家哲学的三个大时代》，香港中文大学出版社2008年。

② 关于对孔子性论之研究，笔者赞同唐君毅的观点，唐氏认为孔子关于"性"的观点，尚在先秦"以生为性""生之谓性"（按：此"生之谓性"与后来告子"生之谓性"论并不完全相同，后者对前者赋予了自然主义的界定）的传统下，孔子尚未将性与仁心关联起来，而形成自觉的性论。参见唐君毅：《中国哲学原论·原性篇》，《唐君毅全集》第18卷，九州出版社2016年，第1—12页。

③ 唐君毅将先秦诸子所论之理，归为"文理"；而将宋明理学所论之"理"，归为"性理"。"文理"指的是社会、伦理的应有、宜有的秩序与脉络；"性理"指的是在儒家仁的精神导向之下，自我心性蕴含着的具有当然性的形上之理。参见唐君毅：《中国哲学原论·导论篇》，《唐君毅全集》（第17卷），九州出版社2016年，第4—22、40—44页。

可见,儒学各种"开新"的根据,在于其能"返本"。这个"本"即是"仁"的精神。因此,仁具有超越性的意义,它能超越具体的时代与条件的限制,而不为其囿。① 同时,无论儒家如何"返本",其每一次返本的过程,都是反省儒家经典的局限性,并试图超越其局限的过程。而本文的主要取向,则是要在继承与反思现代新儒学的思考方向的基础上,进一步揭示出仁的精神可以超越血缘关系、权力关系乃至关系本身,并自仁的超越性进一步界定仁的普遍性问题,从而厘清仁的精神所在的位置与层面。

一、仁对血缘关系的超越

当代学者对儒学的一个重要批判,是认为传统儒学特别重视血缘关系以及由血缘关系为基础而形成的宗法伦理。许多学者甚至认为"血亲伦理"是传统儒学的关键性特色,同时也是儒学本身所不可避免的困境②,这种观点在某种意义上不无道理。因为在孔子所处的时代,乃至在整个中国传统社会中,血缘往往与社会、权力关系关联在一起,并形成互补的结构。同时,《论语》所强调的"孝弟"(即孝悌)之道,其实也约略是在强调血缘关系意义上的子女对于父母的爱敬之情③。这都是毋庸讳言的事实。而儒家对于血缘关系、宗法关系的重视与强调,则被后世君主制与官僚制所吸纳,成为维护君主统治、保障政权稳定的意识形态的工具。《孝经》所强调的"五等之

---

① 按:本文的"超越"之义,是采取了较为日常、朴素的理解。中文"超越"(transcendence)一词在这里就是"超出"(going beyond)、"超过……的范围"的意思。

② 当代中国大陆学界在这个问题上的关注,集中在讨论、辩论《论语》中的"亲亲相隐"思想。批评儒"亲亲相隐"说的学者,主要有邓晓芒等,参见邓晓芒:《儒家伦理新批判》,重庆大学出版社2010年版;回应上述批评以求维护孔子"亲亲相隐"说的学者,主要有郭齐勇等,参见郭齐勇主编:《儒家伦理争鸣集——以"亲亲互隐"为中心》,湖北教育出版社2004年;郭齐勇主编:《〈儒家伦理新批判〉之批判》,武汉大学出版社2011年。

③ 如《论语·子路篇》记孔子答子贡问"士"说:"宗族称孝焉,乡党称弟焉。"这句话多少指出了孝弟与"宗族""乡党"相关联在一起。

孝"①,以及中国历史上的各种"不孝之罪",都有维护君主制与等级制的意味;同时,古代朝廷通过对于尽孝的法律化与意识形态化,也使得其能顺利地维持对民众进行"高税收负福利"的管治,将老有所养的责任推给民众。这当然是值得我们反思和警惕的地方。

不过,这当中的问题,是否都要由《论语》和孔子来承担呢? 在笔者看来,这并不是简单的问题。这需要我们再次回到《论语》中去,以辨析"孝弟"在儒家的核心精神中具有怎样的位置。毋庸否认,《论语》论"孝",已经具有了与当时的君主制度相互结合的导向了。例如有子说:"其为人也孝弟,而好犯上者,鲜矣;不好犯上,而好作乱者,未之有也。"(《论语·学而》)在这里,有子以不"犯上作乱"作为劝人践行孝弟的理由,这明显有维护君主制与等级制的意味。虽然我们同情地理解到,有子这句话是有感而发的,因为当时"犯上作乱"之事过于频繁;但是要杜绝这种现象,劝人孝弟是否即为根本之法? 在笔者看来,这里体现出有子的局限性。应该说,"犯上作乱"之事主要体现为结构性的问题。所谓"结构性的问题",是指当时无论是西周的封建制,还是春秋战国时期诸侯国的君主制,都无法对权力本身作出客观性的制衡与疏导。而这种权力结构在社会关系和权力更迭急促变化的环境中,就必然催生"犯上作乱"之事。因此,要杜绝这个问题,并不是劝人孝弟就可以的,而是更要反思政治体制和权力结构的问题。这是《论语》中需要反思和超化的内容。

有子接下来的一句话,也需要作特别的辨析。有子说:"君子务本,本立而道生。孝弟也者,其为仁之本与!"(《论语·学而》)"本"意谓基本、源泉。"道"指的是仁道或人道。有子认为,如果君子自觉到道的源泉并从这个源泉开始流下去,那么仁道就自然生长出来了;而孝弟就是仁道生长出来的源

---

① 《孝经》从高到低,将孝依次分为"天子之孝""诸侯之孝""卿大夫之孝""士之孝""庶人之孝"五等。参见《十三经注疏》,中华书局1980年,第2545–2549页。

头。宋儒认为"为仁"是"行仁"之意①,其实我们在这里可以将"仁"字作泛解,"仁"可指仁道,亦可指仁事。从有子的这句话中,我们首先要思考的是仁与孝的关系问题。我们知道,仁是《论语》的核心精神,但在这里有子却认为孝弟乃是仁之本,这就有一个问题:究竟仁是核心精神还是孝是核心精神? 仁和孝的关系是怎样的? 这当中有许多解释的空间。根据笔者的理解,仁究竟是要较孝更为根本。而有子这句话的意思,则大概是:人之父母以至兄弟姐妹乃是人生之初最自然、初始、直接地接触到的他者,而这是人们获得仁的自觉并践行仁道的最初始、顺当、自然的道场。据此,则道场是道的生长之场,而非道本身;道场的主要目的与旨趣,乃是道而非场。当然,道如果没有场,道亦不能显发出来。那么有子说"孝弟为仁之本",是说孝弟是生出仁的自觉的最开始的道场。从这个意义上说,仁仍然且应该是《论语》最核心的精神。

另外,正因为孝弟是仁之最开始的道场,那么儒家的仁的精神,并不必然是和家庭关系(特别是血缘关系)捆绑在一起的。儒家伦理不能仅通过"血缘伦理"来作根本性的论定。儒家确实比较重视血缘关系,但其重视血缘关系的关键点,并不在于血缘本身,而在于人们通过血缘性的关系,而唤起了仁的自觉。据此,血缘关系也是一个道场,这个道场可以是很大乃至最大的道场,但它却不是唯一的道场,因此"血亲伦理"之说并不能切中儒家伦理的实质性义涵。道场之所以为道场,是指向道的。我之所以爱敬生我的亲父、亲母,是因为我因感受和理解到他们因生我而消耗了体力,并日渐衰老,从而心有感通,情有不忍,且由此生出回报的自觉。而这回报的自觉的生出,虽然与父母生我这种血缘性、生物性的传承关系有关,但更与我因感受和理解到父母在生我的过程中消耗了他们自己并成就了我,有着内在的

---

① 《二程遗书》记程颐与弟子的问答:"问:'孝弟为仁之本',此是由孝弟可以至仁否?"曰:"非也。谓行仁自孝弟始。盖孝弟是仁之一事,谓之行仁之本则可,谓之是仁之本则不可。盖仁是性(原注:一作本)也,孝弟是用也。性中只有仁义礼智四者,几曾有孝弟来?"《河南程氏遗书》,卷18,《二程集》,中华书局2004年,第183页。

关系。同时,"父母消耗了他们自己的身体而成就了我",比起"我与父母有生物学意义上的血缘关系",更是我会自然地爱敬我的父母的原因所在。后者是生物性的,而前者则是精神性的;前者是对后者的超越与升进。① 从这个意义上说,血缘关系是可以松动的。因此,当有人从小被父母遗弃,或从小就是孤儿,而跟着养父养母生活,那么他或她可能爱敬自己的养父养母,深于爱敬自己的亲生父母,这也是很自然的事,同时也是被儒家的义理所肯定的。因为儒家所肯定的地方,在于我们能够唤起不忍之心与自觉之仁,而不在于血缘关系本身。所以,《论语》也有"君子敬而无失,与人恭而有礼,四海之内皆兄弟也"(《论语·颜渊》)的说法,这揭示出儒家的仁的德性精神具有超越性的意义,而血缘关系本身则是可以被超越的。

仁对于血缘关系的超越,对于我们再思、重建儒家的哲学、精神、伦理具有重要的意义。前文通过讨论古代政治意识形态对儒家孝弟之道的利用,以及辨析仁孝关系,兼论血缘与孝弟意识的关系问题,从而揭示出孝弟之道是对血缘关系的超越,血缘是孝弟的道场之一;而仁之道则是对孝弟之道的超越,孝弟则是仁的道场之一。据此,则孔子的儒学思想中,最具超越性与普遍性的精神,当然是仁。

二、仁对权力关系的超越

《论语》对于当时的不对等的权力和权威关系,也是有所肯定的。在政治的层面上,孔子并不否定君主制度;或者说,孔子是赞成君主制的。正因为他赞成君主制,所以他也不否认政治权力上的尊卑、上下等各种等级性。如孔子说:"君子之德风,小人之德草,草上之风必偃。"(《论语·颜渊》)又说:"民可使由之,不可使知之。"(《论语·泰伯》)不管我们如何诠释孔子的

---

① 这一观点受启发自唐君毅的相关思考。参见唐君毅:《文化意识与道德理性》,《唐君毅全集》,第 12 卷,九州出版社 2016 年,第 36－46 页。

心意,孔子明显是认为政治上确有且应有、宜有尊卑、上下之分的。而在家庭、宗族的层面上,他也强调长辈对于晚辈、父母对于子女的权威性。他的"事父母幾谏,见志不从,又敬不违,劳而不怨"(《论语·里仁》),明显有着父母应属于权威一方的预设。这都体现了在孔子的思想中,一些尊卑、上下意义上的权力、权威关系,是被肯定的。当然,我们不能对孔子过于苛责,因为任何人都是具体的人,都与具体的现实环境形成关联,都可能受当时的现实环境所影响和制约。不过,我们在平情理解的基础上,还应有进一步的反思。我们的反思是:孔子和传统儒家所肯定的上下、尊卑等权力关系,以及在此权力关系基础上建立起来的君主制,是否和孔子的仁的精神相冲突?

在孔子看来,现实中这两者是会形成张力的,但掌权者可以通过其以修德、爱民为核心的仁政,消化两者的张力。这种导向,后来被孟子更系统地展示和申发出来。众所周知,后世将孔孟的这种仁政的思想概括为"民本思想"(people - oriented thoughts)。民本思想的实质性义涵应是:在肯定君主制度①的基础上,君主或统治者理应仁民、爱民,而不伤民、残民。可见,民本思想是孔子的仁爱思想和君主制度的结合。但是,这种结合会不会是糅合,而非真正的融合?

孔子本人是想将两者融合起来的。在他看来,君主在君主制度的脉络下,是可以施行仁政并达致一个理想性的社会的。首先,君主需要有仁德,能够感受和理解到君子爱人的道理;其次,君主本此仁德,让民众顺畅地生存、繁衍、富足;最后,君主本此仁德,还进一步对民众有所教育、教化,使得民众在衣食无忧、繁衍生息的基础上,提升品格,敬业乐群。这是孔子本着仁的精神,而延伸出来的民本思想及其措施。因此,在遇到统治者缺乏仁爱

---

① 按,君主制(monarchy)有多种形式,若按君主权力受限制的程度的不同,大致可以分为无限君主制(即君主专制)与有限君主制(如君主立宪制)。笔者认为,中国古代的君主制度,大体上皆可归为君主专制(autocratic monarchy),因为历史上中国的君主或统治者的权力基本上是不受限制的,即使其接受大臣的谏诤与建议而自我约束权力,这也只是说明他们自愿约束自己,而这种情况可以称作"开明专制"。另外的一种情况则是君主的权力受到大臣等各种力量制衡,而被迫放弃部分权力,但这只是君主专制脉络下的权力博弈,并非意味着这是另一套确定的政制。

之心,而做害民、残民之事时,孔子无一例外地批评君主,并期待君主能重获仁爱之心和落实仁政措施。这些例子在《论语》中比比皆是。现举一端,《论语·颜渊》记:"哀公问于有若曰:'年饥,用不足,如之何?'有若对曰:'盍彻乎!'曰:'二,吾犹不足,如之何其彻也?'对曰:'百姓足,君孰与不足?百姓不足,君孰与足?'"在这里,有若(即有子)的观点其实也代表了孔子的民本思想,这种思想要求君主有仁民之心,同时也要确保君主所推行的措施,是真正仁民、利民的。如果做到这一点,那么仁爱思想与君主制度就能得到融合,儒家的理想性社会就能得到落实;如果不能做到这一点,硬要通过横征暴敛的方式管治民众,那么君主制度本身也会受到动摇。孔子、有若这种以仁为核心和基础的民本思想,在孟子处得到了延伸。孟子说:"民为贵,社稷次之,君为轻。"(《孟子·尽心下》)这句话并不表明孟子要否定君主制度,而是要揭示,当仁爱的精神和极端恶劣的君主施政措施有不可调和的矛盾时,儒家就要变换现任的君主,而再立一个能够爱民的君主,使得两者重新协调。

但是无论是有子,还是孟子,抑或是孔子本人,他们所追求的协调,都是暂时、表面上的协调,而不能透视这当中存在着结构性的问题。而就是这个问题,使得传统儒家所追求的协调和融合,只能是在冲突性的结构中做出暂时的调和而已。明确地说,这个结构性的问题,是指君主体制与仁爱精神的不兼容性。传统的君主体制的特点,是君主或统治者掌握了超越法律的权力,而君主或统治者之外的人,不能拥有与君主同等的权力。据此,则君主制度以至君主专制的本身,就是"不仁"的,因为君主的权力凌驾在法律之上,可以为所欲为,这种权力结构的本身,意味着人与人之间是统治与被统治的关系,而仁的精神所呼唤的人与人关系,则是相感相通、将心比心、己所不欲勿施于人的关系。因此,如果我们要将仁的精神与君主制度结合,就是将仁与不仁结合,而最终的结果是不仁,而不是仁。而君主推行仁政,实质上也只是要掩盖其结构性的不仁,使得自己更好地统治民众而已。历史上所有欲"致君尧舜上"①的儒者,都不能摆脱其悲剧性的结果,就很能说明问题。对于这一点,传统儒者大皆缺乏自觉。

如前所论,《论语》对于君主制度下的上下、尊卑的等级之分,是尚有所肯定的。但正如前文所论,仁爱精神与君主制度的不兼容性,势必使自觉的儒者反思君主制度本身,而呼唤一种不同于君主制度的政制,使之与仁爱精神达到真正的融合。那么真正与仁爱精神相融的政制是怎样的政制呢?这当中又有怎样的标准?实际上,政制和权力结构息息相关。如果权力的运用得不到真实和客观的规范,那么这种权力结构永远是"不仁"的。在历史上看,人类大致经历了君主制(monarchy)、贵族制(aristocracy)、民主制(democracy)三种制度,民主制则又可分为古代民主制与现代民主制。而现代的民主制度,最能够将权力的运用客观化,并使得运用权力者受到法律的规范,接受民众的授权。而正因为权力的运用被规范了,因此无人能凌驾法律之上以滥用权力,这就促使人与人之间、有权者与无权者之间的关系,是平等、对等的关系。这种平等、对等的关系,肯定要较君主制下不平等、不对等的关系,更能与仁爱的精神相通。据此,我们要坚持以《论语》中仁的精神为本,而剥离当时的君主制度中所带有的尊卑、上下的观念,以推进儒学的返本开新。

三、仁对关系脉络的超越

很多学者认为儒家是以伦理关系为本位的学派,因此儒家的基本特色,就在于它的关系性。家庭是一种关系,国家是一种关系,天下也是一种关系。而儒家学说确实也重视和强调齐家、治国、平天下,所以有学者将儒家思想定位为"家庭本位",或进一步定位为"国家本位""社群本位""天下本位"。这些观点,笔者暂将之称作"关系本位论"(relation – based theories),

---

① 杜甫:《奉赠韦左丞丈二十二韵》,《杜诗详注》卷1,中华书局1979年,第74页。

这些观点都将关系性或某种具体的关系脉络作为儒家思想的基本规定。这些关系本位论的观点，往往从《论语》中寻找根据。诚然，孔子重视家庭，强调父母与子女的伦理性关系；孔子也重视"群"的作用，强调人不能无"群"①；孔子也有"天下"的视野②。这都是事实。但如果说仁爱精神是建立在这些关系性的脉络上的话，就会将"用"视作"体"，将"末"视作"本"。根据笔者的理解，我们不能将儒家的基本精神界定在家庭、伦理、国家、天下之类的关系脉络上，而应该界定在主体性（subjectivity）上。儒家的基本精神在于自我主体。自我主体是家庭、伦理、国家、天下的根。

以仁的精神为主体性的精神，而非关系性的脉络，其理据何在？我们可以设想"孤岛中的儒者"的哲学情景。如果说儒家以关系性、伦理性、角色性为根，则我们大可将一位真正的儒者请到孤岛上去，在那里，他或她静居独处，脱离了与他人、他者的互动。如果他或她在孤岛中绝对不能成为一位真正的儒者，那么我们就真可以说儒家是以伦理性、关系性为本的。但事实上，如果真正的儒者被请到孤岛上去之后，他或她并不会失去其作为儒者的根本，因为他或她仍保有仁心、仁性、仁德，只是其仁心、仁性、仁德此时或处于寂然不显的状态而已。或者我们亦可退一步说，在孤岛上独自生活，这对于真正的儒者来说或有所遗憾，但这种遗憾并不足以撼动其仁心、仁性、仁德，亦不足以使一个儒者不再是儒者。这就是儒家"独立不惧"③的精神所在。颜回在陋巷而"不改其乐"④，孔子欲"乘桴浮于海"⑤，这都体现出儒家以自我主体为根本的真精神。

在笔者看来，仁的精神源头，是自我主体及主体所具有的仁心仁德。所

① 《论语·微子》记孔子说："鸟兽不可以同群，吾非斯人之徒与而谁与？"
② 《论语》中记孔子论仁，往往与"天下"关联在一起。如"一日克己复礼，天下归仁焉"（《论语·颜渊》），"能行五者（引者按：即恭、宽、信、敏、惠）于天下，为仁矣"（《论语·阳货》），等等。
③ 《周易·大过》："象曰：'泽灭木，大过，君子以独立不惧，遁世无闷。'"
④ 《论语·雍也》："子曰：'贤哉，回也！一箪食，一瓢饮，在陋巷，人不堪其忧，回也不改其乐。贤哉，回也！'"
⑤ 《论语·公冶长》："子曰：'道不行，乘桴浮于海。从我者，其由与？'"

以孔子所揭示的仁道,扩充出来,与天地万物皆血脉相通;但亦可收归自己,独立不惧,遁世无闷。这就是宋儒所谓"放之则弥六合,卷之则退藏于密"①。仁道可收可放,"放"的一面并不是其最关键的特征,"收"的一面才是。换言之,关系因主体而有;没有主体性,就不会有关系性。所以孔子有"君子求诸己"(《论语·卫灵公》)、"为仁由己"(《论语·颜渊》)、"古之学者为己"(《论语·宪问》)、"己欲立而立人""己欲达而达人"(《论语·雍也》)之说,而孟子亦有"天下之本在国,国之本在家,家之本在身"(《孟子·离娄上》)之论。笔者理解并体会到,孟子通过扩发自我主体之心性的义涵,把握到孔子仁学的骨髓,并能有所推进。而我们如果能够透过孟子的心性论而反观孔子的仁学,则应可以把握其中的义理关键。因此宋儒将孔、孟并称,是有其理据的。

但是儒家这种以自我为根本的精神,为什么不为许多人所理解和接受呢?为什么人们往往认为重视家庭、伦理等关系是儒家的核心所在呢?这是因为人们对于儒学,往往是外在地看,而非内在地看。外在地看,就会将自我主体之仁心、仁德所体现出来的效验与表现,视作其核心所在;内在地看,就是要将仁的精神在家庭、国家、天下乃至整个天地上的体现,作自觉的反省,反省到如果缺乏主体心性中的仁的自觉,那么仁在关系性脉络中的表现,即是无源之水、无本之木。如果我们要真实、内在地看孔子的仁道,便会理解到通过修养工夫回到自我主体的仁心、仁德,才是最关键之事。所以,孔子特别强调"为己""修己"(《宪问》)的关键性意义,而系统发挥孔子仁学、仁政理念的《礼记·大学篇》,亦强调"壹是皆以修身为本"。切实的反己、修己工夫,是求仁而得仁的过程,亦是自我主体不断为仁心仁德之所充实、充润的过程。这个过程,是自我主体对于仁,由不自觉到自觉,由自觉勉力到不容自已的过程。孔子因此说:"知之者不如好之者,好之者不如乐之者"(《论语·雍也》)。从知之到好之,再到乐之,是仁的义理步步内化的过

① 参见宋《河南程氏遗书》(卷11),《二程集》,第130页。

程。只有这样，我们才会体认到，仁与主体自我，本是一体两面，仁的精神内在于自觉的主体自我。

如果我们理解到仁的精神本是主体自我的精神，就可更合理、更实质性地推进儒学的返本开新。关于仁的精神是主体性的，还是关系性的，这是争论较多的问题。[①] 而我们将仁的精神界定为主体性精神，视主体性为仁的首出性义涵，主体性先于并超越于关系性，这使得我们可以从根源上重读、重判、重构儒家的道德与伦理精神。既然仁的精神根于主体而非关系，那么不但传统的五伦关系(君臣、父子、兄弟、夫妇、朋友)将有松动的可能，而且在仁的主体性精神的省思下，我们亦有可能建立基于儒家理念的男女平等观与个体主义。

四、由仁的超越性进论仁的普遍性

由上可见，《论语》中仁的精神具有超越性的意义，它植根于自我主体，超越了血缘关系、权力关系以至关系脉络本身。这里，我们还要讨论仁的精神的位置问题。如要明确这个问题的意义，我们可以问：孔子所提倡的仁的精神，是否应该成为每个人都遵守的规范？ 如果答案为是，则仁是公共生活

---

① 现代新儒家特别强调仁的精神是主体心性之所发，因此仁的精神即是主体性的精神。(参见牟宗三、徐复观、张君劢、唐君毅：《为中国文化敬告世界人士宣言》，《唐君毅全集》第 9 卷，第 17、21 页。)相对于现代新儒家，许多学者则将仁的精神理解为关系性、综合性的精神。如方东美(1899—1977)接受怀特海的过程哲学，将包括仁的精神在内的整个中国哲学的精神界定为"旁通的系统"。(参见方东美：《原始儒家道家哲学》，黎明文化事业公司 1983 年版，第 22 – 23 页。)方氏弟子沈清松(1949—2018)更融合德性伦理学，将儒家的仁的精神与其伦理精神，界定为"本有能力的卓越化"与"良好关系的满全"。(参见沈清松：《德行伦理学与儒家思想的现代意义》，载《沈清松自选集》，济南：山东教育出版社 2004 年版，第 315 – 345 页。)另外，近年来中国大陆学者多以海德格尔的侧重关系性的存在论与现象学诠释儒家的仁的精神，其中较为突出的观点是张祥龙对于孔子仁学的诠释。(参见张祥龙：《孔子的现象学诠释九讲——礼乐人生与哲理》，华东师范大学出版社 2009 年版。)其次，英文学界以关系性视角解读孔子仁学的观点，较突出的是 Roger T. Ames(安乐哲)以"角色伦理学"(Role Ethics)解读儒学。(参见 Roger T. Ames, *Confucian Role Ethics*：*A Vocabulary*；David L. Hall & Roger T. Ames, *Thinking Through Confucius*. Albany.)笔者基于本文的理据，肯定现代新儒家的观点，不同意以关系性为仁的核心。

(public life)和公共理性(public reason)的基石;如果答案为非,则仁的位置何在? 它应在怎样的界限和位置内发生作用? 笔者之所以要追问这个问题,是因为笔者自觉到公与私、自我与他者之辨的问题,对于定位仁爱精神的位置有着重要意义。

传统儒者大多认为仁应该成为人人都遵守的规范,仁是公共生活的基石,因此他们大都主张"内圣外王""内圣开外王"。"内圣"指的是仁的精神及其心性根源,"外王"指的是仁在公共领域的体现。《礼记·大学》修身、齐家、治国、平天下的脉络,就是传统儒家"内圣外王"的理想性追求。不过,传统儒家的"外王"之义比较模糊。如前所言,传统儒家并不检讨君主制("外王")与仁的精神("内圣")的张力与冲突,因此其所期盼的"外王"也多半是君主制下贯彻开明专制的明君、圣君。毫无疑问,这种"外王"只不过是"打折扣"的"外王"。在这个问题上,现代新儒家显然要更进一层。唐君毅、牟宗三等已经理解到,现代民主制度,较之君主制与贵族制,更能将仁的精神作出客观化的疏导并形成客观的权利意识。[①] 据此,在现代新儒家处,一方面,"外王"被明确为现代的民主制度;另一方面,"外王"的基础在于"内圣",仁的精神及其心性论根据是现代民主制度、公共理性的基础。除了现代新儒家外,一些非新儒家学派的学者,亦根据仁的超越性意义,赞同仁是公共理性、公共生活普遍性的准则。例如黄裕生教授基于其"本原文化"的哲学思想,指出:

> 孔子对仁之发现与觉悟,在根本上意味着对普遍之人的发现与觉悟,而在更深层次上则指向了对普遍的个体之人的自觉。而就时代言,孔子仁学之确立,仁爱原则之奠定,则彻底突破了三代文化的特殊性诉求与特殊性局限:他以普遍的仁爱突破了人类沉迷了千年之久的血缘

---

① 参见牟宗三:《政道与治道》,《牟宗三先生全集》(第10卷),台北联合报系出版社2003年,第1-27页;唐君毅:《文化意识与道德理性》,《唐君毅全集》(第12卷),第122-222页。

亲情、等级关系、种族区隔与神话传说,借此克服了由种族、血缘、地域、等级与传统造成的分别和局限,为人间的一切正当关系确立了普遍性的基础。①

笔者赞同黄裕生教授认为仁的精神超越血缘、等级的观点,但并不赞同他将仁直接视作自己和他人要、应遵守的普遍性准则。这种观点无疑是新儒家内圣开外王说的一种强化版本。笔者对于这种强的观点,不能无疑。因为这种观点或有可能模糊了公与私、自与他的边界。我们知道,现代社会是多元性的社会。在现代社会中,只要不损害他人的基本权利,人们可以自由地选择自己的人生道路,以及自己在生活中的态度、判断、取舍、行动。因此,在保障基本权利的社会中,人们可以选择成为一位君子,也当然可以选择成为另一种人格——只要该种选择限定在他或她自己身上,而不去要求他人。因此,从公共性的角度看,只要不伤害他人权利,一些人的追求与选择,虽然"不仁"或不那么"仁"(自儒家角度看),但这些选择的权利却是被允许与保障的。从这种意义上说,我或许因为一些人"不仁"或不那么"仁"而不喜欢他们乃至讨厌他们,但我却没有任何理由,要求他们改变这"不仁"而成为仁人君子。我们提这个要求是没有理由的;或者说,我们不能这样去要求别人,除非别人真心愿意与我一样,以仁人君子作为自己的理想性人格。据此,儒家仁的精神并不能成为公共生活的基石,也不能成为人与人的正当关系的普遍性基础和准则。若真能如此,那么有人不想做一个仁人君子,就是不应该的,乃至错误的。但这样判定,则明显违反了现代社会的权利原则。在权利原则下,每个人都可以选择自己的活法,只要他不将这个活法强加于人。

据此,笔者认为,仁的精神并不能成为公共生活、公共理性的基石和普遍性法则,其基石和普遍法乃在于讲理(reason giving)。讲理的核心要义,在

---

① 黄裕生:《论华夏文化的本原性及其普遍主义精神》,《探索与争鸣》,2016 年第 1 期。

于给出理由。因此,以讲理为基石,并不会影响和左右每个人自己的个人选择。一个人给出理由,和他或她是否仁人君子,并没有直接的关系;和他或她是否透过道德自律而讲理,也没有必然的关系。至于这当中是否有间接性的关系,仍需要研究。但我们可以基本确定,讲理而非仁爱,是公共生活的普遍性原则。①

既然仁不能作为公领域的普遍性原则,那么仁是否具有普遍性的意义呢? 如果有,那么这种普遍性的意义,是哪个层面的普遍性意义呢? 就笔者的理解,仁确实具有普遍性的意义。这种普遍性的意义,既然不能放在"公领域"来说,那么就应该放在"私领域"来说。但是私领域既以"私"(private)为名,又有何普遍性意义呢? 实际上,如果我体会到仁的道理,而他人也体会到仁的道理,那么我与他人都体会到了仁的道理,仁就具有某种程度和意义上的"普遍性"。在私领域中,我们对于仁的这种普遍性意义当如何理解呢? 这就需要我们回到仁的义涵而作出考察。可以说,仁的自觉,乃向着君子的理想性境界而趋,这是一种人生意义、人格理想、心性境界上的追求。这一追求并不是公共生活、公共理性的普遍性原则,但却是有同样追求的人所可以共勉,并相互引以为"同道"的。但这种"同道"是相同或相近的私人性选择所聚合起来的"同道",而非公共领域的普遍、基础之道。据此可知,仁的普遍性属于私领域上的普遍性,而非公领域层面上的普遍性。这样一来,我们就可以区分出公与私层面的两种普遍性。公共层面的普遍性原则和规则,在于讲理;而仁则可以是私领域层面的其中一个普遍性原则。我们不排除这两种普遍性有着内在的关联性,但我们更需要先将这两种普遍性

---

① 为何讲理是公共生活、公共理性的核心与底线,这是需要严密深入论证的问题。对此,周志羿博士与陈晓旭博士分别从哲学论证及公共规范的角度,对"讲理"作出探索。笔者受到他们的启发,并明确了讲理应是公共层面的核心与底线。这里,我们大致可以通过一个朴素而较日常的直觉来说明这个问题:只要自我与他者形成关系,这就在某种意义上构成公共性的关系。如果我们无视他者的存在,或者认为他者可以被我所完全取代,则此公共性的关系受损或不复存在。这样的话,"他者性"是公共性之所以建立的核心性环节。如果一个人有他者性的自觉,那么他或她就不会将"以力服人""以威服人"乃至"以德服人",作为公共层面的底线,而会明确地坚持以"以理服人"为底线。

区分开来。①

　　本文通过重提、重探《论语》中仁的精神的超越性义涵,试图为儒学在现代背景下的返本开新之路提供更明确、深入的视角与观点。首先,本文辨析仁对于血缘关系的超越。笔者通过义理辨析,揭示出血缘关系是孝弟的道场,而孝弟则是仁的道场,因此仁的精神实超越血缘关系。其次,本文指出仁与君主制度有着不可化解的张力,仁的精神超越了上下、尊卑的权力关系,而现代的民主制度,能明确人与人在权利意义上的平等性关系,因此较之君主制度,更能与仁的精神相容。再次,本文进一步探明仁的精神对于关系脉络的超越,指出仁的核心在于主体性而非关系性。明确仁的主体性义涵,有助于儒家在道德与伦理上的返本开新。最后,本文自仁的超越性,进论仁的普遍性问题,据此辨析出公与私两个层面的普遍性,指出仁不能作为公共层面的普遍性准则,但可以成为私领域的其中一种普遍性。综上所述,如果我们通过上述几方面,对《论语》中的仁的超越性与普遍性意义作出界定,则我们对于儒学的现代性转进,将打开一个新的面向。

（作者为武汉大学哲学学院副教授）

---

　　① 一些学者会将"己所不欲,勿施于人"(《论语·颜渊》)的恕道,作为公共生活的准则与基石,但这是仁的消极性面向;而"己欲立而立人,己欲达而达人"(《论语·雍也》)则是仁的积极性面向。鉴于仁兼有积极与消极两个面向,因此仁难以成为公共层面的普遍性准则。但仁的精神,确实可以与公共性接通起来。具体的思考参见刘乐恒:《"内圣转外王":儒家政治哲学的新视野》,《齐鲁学刊》,2018年第4期。

中国传统思想中"道器"关系的现象学考察

马得林

[提　要]"道器"关系是包括道家在内的中国哲学的重要议题。在这"天下惟器"的时代，从中西比较视域，以现象学方法直观"道器"关系呈现为多重维度，为该问题"构成性"的探究提供了新的思路。从存在论视角审视，殷商甲骨、青铜文化及古天文历法之"尚象制器"是中国古代对天地自然领会的方式，并形成了"道器并重"的原初思想境域，"道"是天地演化的生生之道，"器"是载"道"之神器，二者是须臾不可离的缘构关系。从知识论视角，"道器"关系的世俗化、表象化则使二者关系沉沦，即"道"之隐匿"器"之出场，进而演变为"道器分离""朴散为器"的二元关系。从技艺实践视角考察，器为在手之物，技为解蔽之途，在匠人的技艺活动中，显现为"以技进道"的无蔽状态及"道通为一"的澄明之境，二者是对身体有限性的超越关系。从经验主义视角考察，道与器的生活化，使器物各具其生活性及有用性并构成了"以器显道"的生活世界图景，二者是"道在器中"的亲在关系。

[关键词]道　器　直观　现象学

中华文化重"道"，先秦诸子百家时代"道论"已是各家之共，此后不断演

216

变讨论之。中华文化也重"器",从陶器到甲骨、青铜器、漆器等,是"器具",也是艺术品。"道"之嬗变,"器"所随之,此过程中"道器"关系也伴随着变与通。中国古代的"道器"关系论述始见于《周易》,《周易·系辞上》有"形而上者谓之道,形而下者谓之器,化而裁之谓之变,推而行之谓之通,举而措之天下之民谓之事业"①。形上之道,是天地之道,也是生生之源。形下之器,包括各种人间百器,是对"道"的化而裁之、推而行之,形而上之"道"与形而下之"器"构成了古人的思想世界和生活境域。

由胡塞尔创立的现象学方法尝试避免传统西方哲学"现象与本质"二元对立的视角看待事物,其最重要的贡献是"本质的直观"方法。所谓"本质的直观",并非像传统西方哲学所认为的那样将本质看作是一种隐匿在现象背后的超验物,本质其实就是被我们直接"看"的东西,即"直接的看,不只是感性的经验的看,而是作为任何一种原初给予的意识的一般看(Sehen überhaupt),是一切合理判断的最终合法根源"②。这其中"看"与传统中国哲学强调直觉体悟的方法契合。本文尝试以现象学的"本质直观"来探究中国传统"道器关系"之构成性。

一、"道器并重":中国古代的原初思想境域

海德格尔说"所有的伟大事物都只能从伟大发端,甚至可以说其开端总是最伟大的"③,即起源是最伟大的。中华文明起源于从女娲、伏羲到三皇五帝的传说时代,在传说时代可谓能人辈出,他们以"仰观天文、俯察地理"的朴素直观领悟天地自然之"道",通过"造器"活动将"道"显现出来而开创了中华文明的起源,如有伏羲氏造网罟、巢氏造屋、燧人氏钻木取火、神农氏造医、炎帝造具、黄帝造舟车、仓颉造字、羲和造历等,他们是造器的巨匠,也是

---

① 周振甫:《周易译注》,中华书局 1991 年,第 249 页。
② 艾德蒙·胡塞尔:《纯粹现象学通论》,商务印书馆 1992 年,李幼蒸译,第 79 页。
③ 马丁·海德格尔:《形而上学导论》,商务印书馆 1994 年,熊伟译,第 17 页。

理性思想的英雄。他们的造器活动散发着人文与理性的色彩,是对"天地之道"的直观领悟,是古人原始地经验人与世界的根本视域。

古人以他们生活世界中的造器活动给予的原初经验为视域来理解人的存在和世界的构造。然而传说时期的"造器"活动难以实物考证,但与传说时代同时期的仰韶、马家窑文化则能通过对出土陶器及陶纹的还原而发现"尚象制器"的原初文化特色。"尚象"是"近取诸物,远取诸身"(《易·系辞》)的比照和效法,是直观意识活动或意识构造之法。张祥龙将之概括为"象思维",它是一种"让人能够跟随动态的生成过程,并可能在这跟随之中参与到此过程来……这样,它就在完整的、缘发意义上,不离世间地领会世间和参与世间的生成,这是概念思维达不到的,以为不可能的一个思想境界"①。仰韶、马家窑出土的陶器体现了中华先民对天地之道"尚象"的原初直观体验,彩陶纹饰以巫术礼仪、图腾歌舞为主要内容,散发着中华文明原初文化鲜活生动、生机勃勃、纯真自然的气象,"你不能藐视那已成陈迹的、僵硬了的图像轮廓……它们是具有神力魔法的舞蹈、歌唱、咒语的凝化了的代表。它们浓缩着、积淀着原始人们强烈的情感、思想、信仰和期望"②,是真正"思无邪"的境域。可以说陶器及其纹饰是中国人对"存在"的最早领悟,这种领悟是对自然的跳跃,从而把"为什么在者在"的问题凸显了出来。"通过这一跳跃(Sprung),人就从所有先前的,无论是真实的还是似是而非的他的此在之遮蔽状态中完成一次起跳(Absprung)。"③中国原初文化的这次跳跃历经夏、商、西周时代而依然对古代文化发挥着指示作用。

从中华原初文化到殷商时期不但有熟练高超的青铜技术,也孕育出成熟的文字体系,以甲骨文和青铜器为代表的殷墟文化是典型的"礼器"文化。甲骨文,又称"龟甲兽骨文"或"甲骨卜辞",是原初文化"尚象造器"活动中的最杰出的成就,正如沃尔特·翁所说,"文字改变人类意识的力量胜过其

① 张祥龙:《概念化思维与象思维》,《杭州师范大学学报》(社科版),2008 年第 5 期。
② 李泽厚:《美的历程》,生活·读书·新知三联书店 2009 年,第 11 页。
③ 马丁·海德格尔:《形而上学导论》,第 7 页。

他一切发明"①。殷商后期王室在兽骨或龟甲上契刻文字用于占卜吉凶记事,是用动物骨器刻字占筮而表达对"天道"的敬畏,甲骨卜辞显示当时对于农事、战争、祭祀、治病都要进行占卜,如果"龟筮共违于人",则不能进行任何活动。甲骨文上承骨器的原始刻绘符号,下启青铜器铭文,形体结构已由独立体趋向合体,且出现了大量的形声字,已经是一种相当成熟的文字,是中国已知最早的成体系的文字形式。海德格尔说"语言是存在之家"②,甲骨文使中华原初文化对"天道"的直观领悟进入到"可道"的时代,因为任何运思领会都需要语言文字载体,古人开始用语言文字表达他们对"天道"的理解,记载他们如何维持"天命"的生活世界,此时的"天道"不是被人格化、概念化的"神",而是依然具有自然化、现实化和境域化的特质,同于孔夫子所赞赏的"志于道,据于德,依于仁,游于艺"(《论语·述而》)的境域。张祥龙认为:"先秦时的中国人着迷的'天'既非形式的或主体中心的,亦非超现象界的,而是给予这个世界和人生以意义的剧中之极。"③

殷商时期的精美青铜器艺术品如后母戊大方鼎、四羊方尊等是"国之重器",海德格尔认为:"艺术作品是神明的居所,本源的存在、穷极宇宙造化的'真理',恰恰出神入化地体现在艺术作品里"④。青铜器是中国古人将"天道"和"礼器"结合在一起的重要尝试和创制,这些"礼器"与中国古人之生存息息相关,涉及祭祀、宴飨、征伐及丧葬等礼仪活动,青铜器的形状、纹路等比起彩陶之相关特征而言已具有鲜明的抽象色彩,"这些怪异形象的雄健线条,深沉凸出的铸造刻饰,恰到好处地体现了一种无限的、原始的、还不能用概念语言表达的原始宗教的情感、观念和理想"⑤。在中国古人看来,"礼器"是贯通天地的一项手段或法器。"礼"始终在"器"中,"礼"是作为宇宙

① 沃尔特·翁:《口语文化与书面文化》,何道宽译,北京大学出版社2008年,第59页。
② 马丁·海德格尔:《在通向语言的途中》,孙周兴译,商务印书馆2005年,第152页。
③ 张祥龙:《海德格尔思想与中国天道》,中国人民大学出版社2011年,第189页。
④ 马丁·海德格尔:《林中路》,孙周兴译,上海译文出版社2004年,第44-70页。
⑤ 李泽厚:《美的历程》,生活·读书·新知三联书店2009年,第38页。

本体的自为自在的原始生命活动的形式,是承天尽人之"道"。可见"礼器"是"道"与"器"合二为一,呈现为"道器并重"的原初文化特征。

以古天文历法为代表的"历器"是中华文明的又一源头,据《尚书·尧典》记载,尧时就有阴阳两种历,有"历象日月星辰"之语。《尚书·甘誓》有"威侮五行,怠弃三正"之说(即夏正、殷正、周正),《大戴礼记》中亦有《夏小正》一篇。由《夏小正》可以推知,夏历基本轮廓,一年分为十二个月,以晨见、夕伏来表示节候,在观象授时方面已经有了一定的经验。可见中国古历法的起源也是"尚象制器"的体现,正如《易传·系辞上》所透露出的,"圣人有以见天下之赜,而拟诸其形容,象其物宜,是故谓之象","象"以其一定的形式("形容")而适成其合适的目的("物宜")。海德格尔认为,"在者成为对象,或许是考察的对象(景象,图像),或许是制作的对象:成为制作品或小算盘。此原始地起世界作用者,此 φύσις ,此时成为摹本与摹仿的样本"[1]。基于对自然的摹仿与盘算,"中国古代在天文观测、星图、星表绘制、天文仪器等方面的成就在古代文明中也独占鳌头"[2]。中国的古天文历法不仅指导农事、战事等重要活动,也渗透到中医、建筑、工程、风水、音乐等生活的方方面面,构成了古人生生不息、道器合一的境域。刘明武认为:"从源头上看,中华民族与其他民族有两大重要差别,一是特别善于发明创造,二是在天地起源问题上没有造神。发明创造的哲理集中在一个'器'字上,天地万物演化的哲理集中在一个'道'字上。"[3]"道"是天地演化的生生之道,"器"是载"道"之神器,二者是境域化的缘构关系。

二、"朴散为器":"道器"关系的表象化、庸俗化

春秋战国之际是中国历史少有的大变动、大变革时期,百家争鸣、诸子

---

① 马丁·海德格尔:《形而上学导论》,第63页。

② 王士航、董自励著:《科学技术发展简史》,北京大学出版社1997年,第47页。

③ 刘明武:《科学与道器之学——两种文明背后的两种"学"》,《中华文化研究》2007(春),第143-152页。

并起。《庄子·天下》篇形象而深刻地将这一情况概括为"道术将为天下裂",实质上是殷商、西周时期"天道"由混沌构成性走向理论具体性,"道"的玄通天意被约束抹平,由天道之思向概念之学的转化。《天下》开篇回顾了周代《诗》以道志,《书》以道事,《礼》以道行,《乐》以道和,《易》以道阴阳,《春秋》以道名分"。"道"是对宇宙本原和自然变化规律的领悟,具有总体性和周遍咸的特征,而"术"是诸子各有一见,各执己端,但谁也不能包容全体,这也就是"道术将为天下裂","道"与"器"因天下分崩离析而分道扬镳。

这种"裂"是先秦诸子们理性而自觉地探讨天道人生、尝试独立创造思想体系的一个表现,也是将混沌整体的"天道"进一步概念化、现成化的必然结果。"裂"的结果是将整体的"天道"观打破,而强调各家之见,这种对"天道"分而化之的己见,用荀子的话来说就是各有所"蔽":"昔宾孟之蔽者,乱家是也。墨子蔽于用而不知文;宋子蔽于欲而不知得;慎子蔽于法而不知贤;申子蔽于埶而不知知;惠子蔽于辞而不知实;庄子蔽于天而不知人。……此数具者,皆道之一隅也。夫道者体常而尽变,一隅不足以举之。曲知之人,观于道之一隅,而未之能识也。故以为足而饰之,内以自乱,外以惑人,上以蔽下,下以蔽上,此蔽塞之祸也。"①诸子皆观于"道"之一隅,未能整体把握,这即是老子所担忧的"道器分离"的状况。老子很重视"道器"关系,《老子》一书共有十一章谈到了"器",其中大部分是负面的看法,如"不祥之器"(三十一章)、"国之利器"(三十六章)、"民多利器"(五十七章)、"什伯之器"(八十章)等,其说多是负面的看法,就在于人为之"器"失去了自然之本性,变得残缺不全,即"朴散为器""残朴为器"。老子说:"朴散则为器,圣人用之,则为官长,故大制不割。"②若非"圣人"用"器",则必导致"道"的分离变异,真朴本性消散,出现"国家滋昏""人多倚巧"等严重后果。

① 《荀子·解蔽篇》,方勇等译注,中华书局2011年,第196页。
② 楼宇烈:《王弼集校释·老子道德经注》,中华书局2008年,第74页。

魏晋时期王弼认为:"朴,真也。真散则百行出,殊类生,若器也。"①《黄帝内经·六微旨大论》则言:"故器者,生化之宇,器散则分之,生化息矣。"唐代的王冰注:"器谓天地及诸身也。"这些解释都认识到道散则器分。只有保持"朴"性的"大器""神器"才符合"道",是道器相合的。

因而对老子来说,"道"乃根本,"道"是生生之道,"道生一,一生二,二生三,三生万物"②。"生"是"道"的最重要的特点,"道生之,德畜之,物形之,势成之"③。"道生之"是从宇宙万物生成本源上来说的,由"道"而生各具其性,各循其然。这和海德格尔对"在"的解释所见颇通,海氏说:"在的最古老的本来词干是'es',梵文的'asus',生活、生者,由其自身来立于自身中又走又停者:本真常驻者。"④"德蓄之"是从养蓄、孕育的角度来说万物的变化和形成过程。对万物生长不加以干涉,不加主宰,顺其自然,呈现出各自的质朴本真形态,不失去本性。如果天地万物失去本性,就会出现"天无以清,将恐裂;地无以宁,将恐废;神无以灵,将恐歇;谷无以盈,将恐竭;万物无以生,将恐灭"⑤的糟糕局面,这显然不是老子所愿,因而老子强调"道"的微妙玄通,通过"涤除玄鉴""致虚极、守静笃"达到"知白守黑""知荣守辱""知雄守雌"的人生态度,持守"法天贵真"的原发生境域。

道家另一代表人物庄子也对"朴散为器"引发的"道器分离"持批判否定态度。"道器分离"的原因是"机心""机事"等对象化、工具化思维的出现,庄子认为"机心存于胸中,则纯白不备;纯白不备,则神生不定;神生不定者,道之所不载也,吾非不知,羞而不为也"。庄子反对各种违反"朴真"的"机事"及"机心",认为它们是对自然本性的干预和破坏。⑥ 庄子同样崇尚朴真

---

① 楼宇烈:《王弼集校释·老子道德经注》,第76页。
② 同上,第117页。
③ 同上,第137页。
④ 马丁·海德格尔:《形式上学导论》,第79页。
⑤ 楼宇烈:《王弼集校释·老子道德经注》,第106页。
⑥ 郭庆藩:《庄子集释》,中华书局2004年,第433页。

之美:"既雕既琢,复归于朴。"①唐初成玄英在《庄子注疏》中解释说:"雕琢华饰之务,悉皆弃除,直置任真,复于朴素之道者也。"这里的"朴素"是一切事物的自然状态,因而"朴素而天下莫能与之争"。

"道器分离"的另一个原因是在两汉之际对原发性"天道"观念的庸俗化、权术化,其"构成性"消失,代之以附会牵强之预言术和董仲舒"天人感应"论。西汉末年,由于社会动荡,谶纬、经学逐渐流行。谶纬是中国古代谶书和纬书的合称,"谶"是秦汉时期巫师、方士编造的预示吉凶的隐语,是一种神秘的预言术,常假托圣人神仙预决吉凶,向人们昭告吉凶祸福、治乱兴衰的图书符箓,又分为符谶、图谶等;"纬"是相对于"经"言的,是汉代附会儒家经义衍生出来的一类书,在东汉被称为内学,尊为秘经,而原本的经典反被称为"外学"。纬是用宗教迷信的观点对儒家经典所作的解释。《四库全书总目提要》说,"谶者诡为隐语,预决吉凶";"纬者经之支流,衍及旁义"。谶纬是一种庸俗经学和神学的混合物。谶纬之说主要以古代河图、洛书的神话、阴阳五行学说及西汉董仲舒的天人感应说为理论依据,将自然界的偶然现象神秘化,并将其视为社会安定的决定因素。这些书总的思想属于阴阳五行体系,其中虽包含天文、历法、地理知识和古史传说,但主要是穿凿附会之说。

经学指注解经书的学问,原本泛指各家学说要义的学问,但在中国汉代独尊儒术后为特指研究儒家经典,是一种解释其字面意义、阐明其蕴含义理的学问。《说文解字》将"经"训为"织",段玉裁注为"纵线",以此引申为穿订书册的线,进而指书籍。汉武帝即位后,为了适应大一统的政治局面和加强中央集权统治,实行了罢黜百家、独尊儒术的政策,改变博士原有制度,增设弟子员,有五经博士之说。从此儒学独尊,成为崇高的法定经典,也成为士子必读的经典。儒学经董仲舒的加工,脱离了"天道"构思阶段,成为阴阳五行化的、完全适合地主统治的西汉今文经学。两汉时期的谶纬之学和经

---

① 郭庆藩:《庄子集释》,第 677 页。

学已将先秦原发性"天道"观的混沌整体、充满生机丧失殆尽,已无思想的原发构成域,对此李泽厚先生有着贴切的判断,他形容谶纬之学和经学为"烦琐、迂腐、荒唐,既无学术效用又无理论价值"①,失去了存在之根。所以胡塞尔认为:"任何'存在'从根本上都与境域中的'生成'、'生活'、'体验'或'构成'不可分离。"②

造成"道器分离"的原因,除了两汉谶纬之学,还包括董仲舒"天人感应""三纲五常"的庸俗化、奴性化学术。董仲舒的哲学基础是"天人感应"学说。其以《公羊春秋》为依据,将先秦以来的天道观和阴阳五行学说结合起来,吸收道家、法家、阴阳家等思想,杂糅而成一个新的思想体系,成为汉代的官方统治哲学,表现出极强的政治依附性。他在"天人感应"论中提出的"人格神"将先秦具有存在论意义的"天道"构成洞见变成了"创世者"的"存在者"世俗理论,使中国古代具有原发性构成境域的"天道"观降格,使之现实化、庸俗化,并为皇帝统治服务。"由'道器并重'到'道器分离',体现在政治文化上,就是由'黄帝文化'到'皇帝文化'。"③董仲舒依据阴阳五行观而推论出的"三纲五常"思想是把一阴一阳之道变质为三纲五常之道。在这种"道器分离"的文化里,奴性、伪善、墨守成规、表里不一等都成了为世之道。其直接后果是阉割了"道器并重"观提倡的原发境域,使之僵化、硬化,失去了其内在的几微和灵性。

三、"以技进道"与"以道统器":"道器"关系的超越境域

古希腊人重视理论理性,轻视技术活动,这种态度使希腊人为纯粹知识而"存在"。古希腊认为以非功利的知识、真理为目标的理论追求,才是高尚的事业。正像胡塞尔所说,"在希腊人那里我们才发现一种普遍的('宇宙论

---

① 李泽厚:《美的历程》,第89页。
② 张祥龙:《从现象学到孔夫子》,商务印书馆2011年,第191页。
③ 黄晓军:《道器关系中的中华文化图景》,《西部学刊》,2014年第10期。

的')活生生的兴趣,它所感兴趣的是本质上创新的纯粹'理性论'态度的形式"①。在希腊人看来,以功利为目的的"操作"活动都是低贱的、卑微的,技术的功利性与古希腊的理性精神格格不入。而在中国古人那里,自古就有种对"操作"活动的执着与超越。在中国古人那里,当工匠对器具和技术的应用及领悟达到一定境界时,"操作"活动就不仅仅是"操作"活动本身,而是通过操作活动将"器""技"等形而下与"艺""道"等形而上串联起来,显现为"生生不息"和"游刃有余"的技艺境域,中国古代在制瓷、丝织、建筑、书法、绘画、诗歌等技艺方面的辉煌成就就是很好的例证,这是中国古人在技艺实践层次上对"大地""天道"的直觉体悟的结果,表现为"以技进道"至"以道统器"的双向缘构关系。

中国古代的技术首先表现为对"器""技"有用性的追求。海德格尔认为"有用性是一种基本特征,由于这种基本特征,这个存在者便凝视我们,亦即闪现在我们面前,并因而现身在场,从而成为这种存在者"。在海德格尔看来,服从有用性的存在者,总是这一制作过程的产品,"这种产品被制作为用于什么的器具(Zeug)"②,有用性只是体会"存在者"的一般认识,而要达到对"存在"的领悟,还要认识到器具与艺术作品的亲缘关系,即由技到艺。技借助器而用,器借助技而显,这是一种"道器合一"的追求与旨趣。由此,"以技悟道"成为中国古代工匠对"形而下之器"的超越之路,并最终达到"道通为一"的澄明之境。

因此,中国古代的百工巧匠无不以成为"得道者"而自在,"羿之道,非射也;造父之术,非驭也;奚仲之巧,非斫削也"③,后羿、造父、奚仲的绝技不在于器物和技术本身,而在于对"天道"的领悟。海德格尔在谈到梵·高油画中的鞋具时,有着精彩的描述:"在这鞋具里,回响着大地无声的召唤,显示着大地对成熟谷物的宁静馈赠,表征着大地在冬闲的荒芜田野里朦胧的冬

---

① E. 胡塞尔:《现象学与哲学的危机》,吕祥译,国际文化出版社 1989 年,第 148 页。
② 马丁·海德格尔:《林中路》,2004 年,第 13 页。
③ 黎翔凤撰,梁运华整理:《管子校注》,中华书局 2006 年,第 270 页。

眠……这器具属于大地(Erde),它在农妇的世界(Welt)里得以保持。"①这"大地"和"世界"就是原初的生活境域,就是农妇世界的"天道",梵·高之伟大就在于对这"天道"的察觉与领会。因此,邓晓芒认为:"从现象学的角度来看,并不是因为我们对一件艺术品进行了现象学的还原,它后面所隐藏的直观本质才呈现在我们面前;而是只要我们被它感动,所吸引,它的本质就在'在那里(da sein)'。"②

海德格尔不仅谈到了"器具"的有用性,他还非常强调"器具"的可靠性,且有用性在可靠性中漂浮。这"可靠"是器具本身的结实耐用,更是对器具的娴熟领悟。这正是《庄子·养生主》谈庖丁解牛的主旨所在:"今臣之刀十九年矣,所解数千牛矣,而刀刃若新发于硎。彼节者有闲,而刀刃者无厚;以无厚入有闲,恢恢乎其于游刃必有余地矣。"③庖丁在解牛过程中所表现出的游刃有余、出神入化的解牛绝技,是以"刀刃若新发于硎"为可靠性基础的。基于刀具的锋利和对牛之"道"的娴熟领会,使庖丁解牛的过程似乎不是放血割肉的血腥场面,而是"合于桑林之舞""乃中经首之会"的歌艺场面,在此过程中庖丁的身份与其说是一个杀牛的厨师,毋宁说是技艺高超的"艺术家",在他的解牛过程中真正贯通了"以技进道"与"道通为一",这与海德格尔对梵·高油画的理解如出一辙:"一个存在者,一双农鞋,在作品中走进了它的存在的光亮中。存在者之存在进入其闪耀的恒定中了。"④技艺的本性这种"闪耀的恒定"即是我们中国人所讲的"得道",这个存在者因"得道"而进入了它的无蔽之中。

在海德格尔看来,技艺的本性在于揭去遮蔽(aletheia),而让存在者显现,海氏认为 techne 在古希腊的原本含义是"带上前来"或"让其显现",庖丁的解牛过程首先是从对牛的肌肉、骨骼、自然纹理的直观显现,以此为基础

---

① 马丁·海德格尔:《林中路》,第 19 页。
② 邓晓芒:《论中国传统文化的现象学还原》,《哲学研究》,2016 年第 9 期。
③ 郭庆藩:《庄子集释》,第 119 页。
④ 马丁·海德格尔:《林中路》,第 21 页。

上升到"大地"与"天道"的直观显现,而让"技"与"器"、"艺"与"道"自然亲切的联系到一起。可见,在这点上,海德格尔与庄子对技艺的理解是高度契合的。庄子还在多处寓言故事里讲到了"技"与"艺"、"器"与"道"的玄妙关系,如在吕梁丈人蹈水、梓庆削木、轮扁斫轮、承蜩老人粘蝉等故事里谈到了同样的"技艺"的玄妙,而他们有"进道"的关键因素在于对"器"的熟悉并使之敞开,达到澄明之境。在《庄子·徐无鬼》里庄子还讲到"运斤成风"的故事,就同样表达了运用斧具的"技艺"与"存在者"显现的密切关系:"郢人垩漫其鼻端,若蝇翼,使匠石斫之。匠石运斤成风,尽垩而鼻不伤,郢人立不失容。"①用斧子砍掉别人鼻尖的灰尘而不使人受到伤害,除了匠石用斧技艺的出神入化,还有郢人的淡定、匠石与郢人的相互信任、常玩这个危险刺激的游戏等多种因素。然而,关键的原因却是匠石对"斧器"的熟悉及对运斧之"道"的直觉体悟,这种体悟具有明显的"时机性"和"缘构性",甚至无法用语言表达,是以匠石的生活世界为基础的"闪耀的恒定"。正如李约瑟所指出的:"由于从事手工艺的道家,对生产程序未加以科学的分析,所以就执着于那无法用言语来表达、无法由师徒相传的经验和手艺……他们必须借助于齐心和观想,以养成高度的情感和坚强的意志,才能有最高的造诣。"②"齐心""观想"是直观体悟的要求,"高度的情感""坚强的意志"无疑是要逐步养成的"功夫"。

直觉体悟的"时机性""缘构性"是中国古代各家都特别重视的"得道"方法。儒家孟子的开显"良知""求放心"等,道家的"涤除玄鉴""心斋""坐忘""守一"等,佛家的"不立文字""以心传心""明心见性""顿悟成佛"等皆以"时机性"为体会"天道"的不二法门。这些修养均在人之"心"上下工夫。在中国哲学看来,"心"是人精神之总枢纽,是"缘构境域"之关键处,所以孟子认为"操则存,舍则亡,出入无时,莫知其乡,惟心之谓与"③。出入无时,莫

---

① 郭庆藩:《庄子集释》,第 843 页。
② 李约瑟著,陈立夫等译:《中国古代科学思想史》,江西人民出版社 1999 年,第 141 页。
③ 杨伯峻:《孟子译注》,中华书局 2010 年,第 197 页。

知其乡,是因为"心"之玄妙超越。后儒朱熹进一步强调"心之神明不测"①,具有不测之"心"才能是达致精微玄妙之"道",才能在"形而下之器"与"形而上之道"之间游刃有余地来回徜徉与缘构。可见,古代的技艺之道的养成过程,是用器具解蔽的过程、让存在者显现的过程,也是对天道自然直观体悟的过程,最终达到"心合于道"的澄明之境。在此过程中,"技"升华为"艺","道"通达于"器",从而形成"以技进道""以道统器"的缘构发生境域。

四、"以器显道"与"道在器中":"道器"的亲在关系

古希腊哲学重视抽象理性的传统经柏拉图、亚里士多德等学院派哲学的规范,由此西方哲学逐步走向以逻辑为根底的"对象性"思维,"人"成为理性逻辑意义上的存在,"物"成为静观认识的对象,人和物的"存在"问题反而被遗忘,其生存论意义逐渐隐退。这种重逻辑、轻人生的传统最终导致西方近代哲学的"主体性困境"。海德格尔认为用逻辑来表达对思之本质是一件大成问题的事,因为在思中要起主要作用的逻辑一直是成问题的。"逻辑不是哲学家的发明,而是学院教师的发明。……自逻辑诞生之日起就从根本上附带规定着语法之文法结构从而附带规定着西方人对一般语言的基本态度。"②海氏认为"逻辑"是对"逻各斯"的降格,失去了其早期自由而思的灵性,而使西方哲学逐步陷入危机。如果不能只从"逻辑"来思考"在",就要追问思按其本质的相属关系的问题。海德格尔解释赫拉克利特的残篇时,道出了思的真相:你们不要死抠词句,而要听到逻各斯。海氏认为真正的听话和耳朵、动嘴皮没有关系,"面对 λóyos(逻各斯)所是的事情效劳:在者本身的集中"③。而一切在者之在,就是最显象者,最常驻于自身中者。这最常驻于自身者,就是人与物集中的"生活世界",是"在世之在"。

---

① 黎靖德:《朱子语录》,中华书局 1999 年,第 77 页。
② 马丁·海德格尔:《形式上学导论》,第 123 页。
③ 同上,第 133 页。

  胡塞尔提出的现象学"生活世界"是基于传统西方哲学的危机提出来的,实质是以思维方式的转变让理性重新具有活力,而克服传统西方哲学的表象性、现成性思维,预示着现代西方哲学向"生存论"的转变,"生活世界"理念试图纠正传统西方哲学之弊,主张以直接经验领会人的意义世界,这与强调经验直觉、重视"理在事中""道在器中"而领会生命本真的中国古代哲学相一致。中国古代并没有向西方哲学那样将人之理与情、物之道与器截然分开。中国古人笃信"道不远人""物中有道"。老子说:"道之为物,惟恍惟惚,惚兮恍兮;其中有象,恍兮惚兮;其中有物。"①道造而为物,物显而为道。老子言"埏埴以为器,当其无,有器之用"②,这里"无"就是器之"道"。这和海德格尔对"物"的理解有异曲同工之妙。海德格尔在其晚年作品《物》中谈到了壶之为物的问题:"壶通过陶匠而来的制成绝不构成壶之为壶之本己(eignet)的那个东西,壶之为器皿,并不是被制造出来;相反它是(ist)这一器皿,所以它一定会被制造出来。"③壶之为壶是因为它"是"壶,"是"即物之为"道"。不论是"鞋"还是"壶",推而广之,造物有"道","道"在器中。

  王夫之就曾指出:"天下唯器而已矣。道者器之道,器者不可谓之道之器也。无其道则无其器,人类能言之。虽然,苟有其器矣,岂患无道哉?……无其器则无其道,人鲜能言之,而因其诚然者也。"④车船、弓箭、建筑、堪舆、机械、水利等万类器具皆有道,道即在生活世界。"道"是比万物更根本的存在,又是万物须臾不可离的真实。庄子深谙"道不远人""道不远物",庄子应东郭子之问,曾以睿智而戏谑的态度指出"道"在"蝼蚁""稊稗""瓦甓""屎溺"⑤,这里庄子指称的几类每下愈况的物品,既有自然之物,也有人造之物。庄子隐喻的哲学思维巧妙指出了"道不远人""道在器中"的实质。

---

① 楼宇烈:《王弼集校释·老子道德经注》,第53页。
② 同上,第27页。
③ 马丁·海德格尔:《海德格尔选集》下,孙周兴选编,上海三联书店,1996年,第1168页。
④ 王夫之:《周易外传》,中华书局1977年,第203页。
⑤ 郭庆藩撰:《庄子集释》,中华书局2004年,第118页。

当今时代更是"天下惟器"的时代,从生产到生活,从手工到机械,从原始到智能,各类器具不一而足。人们愈发处于技术的"座架"之中或身不由己或不自知,但人与器早已结成了须臾不可离的"亲在"关系,器物既是现成观视对象,也是作为在世之在中上手之物的共在,"它们是以作为人的生存活动的亲在为指归(worumwillen)或者以亲在为之'从其而来'的起点与'向之而去'的目标的"①。因此海德格尔认为:"惟当亲在存在而只有亲在存在,才有真理。惟当亲在存在,存在者才被揭示,并且得意展开。"②"亲在"是解蔽,也是遮蔽。

面对这种无处不在的"亲在"关系,人的"在世之在"也有进一步沦落的危险,甚至可能成为"在器之在""缸中之脑"。也许崇尚自然、敬畏自然,倡导"道法自然""返朴归真"的中国哲学为解决"天下惟器"的现代性危机提供了可资借鉴的思想资源。

(作者为西安电子科技大学人文学院教授)

---

① 马丁·海德格尔:《存在于时间》,陈嘉映、王庆节合译,第76页。
② 同上,第237页。

何谓"俄罗斯理念"①

——一种批判性解读

马寅卯

[提　要]在俄罗斯思想史上,俄罗斯理念是个无法回避的话题。传统意义上的俄罗斯理念的核心是俄罗斯的精神独特性及其弥赛亚使命。本文对"俄罗斯理念"这个术语的合法性进行了重新审理,并通过对俄罗斯的一些重要思想家思想的挖掘和梳理赋予了俄罗斯理念新的含义。这种被重新界定的俄罗斯理念试图把个人而不是国家确立为主要的价值,放弃了民族弥赛亚主义的诉求,承认一切民族而不仅仅是俄罗斯的独特价值,强调自由个体的发展而不是鼓励对集体的服从。

[关键词]俄罗斯理念　弥赛亚主义　普遍性　个体

俄罗斯理念早已不是一个新鲜的话题,无论在中国还是在俄罗斯或西

---

① 俄罗斯理念对应的俄文是 Русская идея,本文并没有采用国内对这一术语的通行翻译——俄罗斯思想,是为了避免与表达俄罗斯思想的另一个更为宽泛的术语 Русская мысль 发生混淆,前者含有较强的意识形态色彩,后者更为中性些,相当于英文中的 Russian Thought。顺便需要指出的是,Русская идея 对应的英文是 the Russian Idea,国内的一些英文目录中把它译为 Russian Idea、Russian Ideology 或 Russian Thought,应该说都是不准确的。

方,关于这个问题的讨论甚至已经有些让人厌倦。① 但是这并不意味着有关俄罗斯理念的一切已经变得眉目清晰。相反,有关它的含义、它的历史、它的评价,仍然迷雾重重,仍有重新检讨的必要。

一、俄罗斯理念的提出及其历史分期

究竟谁是第一个把"俄罗斯理念"引入俄罗斯哲学的人? Вл. С. 索洛维约夫,还是 Ф. М. 陀思妥耶夫斯基? 这似乎是个并不困难的问题,但是研究者却并未在这个问题上达成一致。如果完全从字面上来说,这项功劳无疑应该记在索洛维约夫的名下。1888 年,在巴黎的一次讲座中,索洛维约夫以"俄罗斯理念"为题发表了他的著名演讲,旨在回答"俄罗斯在世界历史中存在的意义"②这个问题,一些研究者据此把索洛维约夫看作第一个系统地将"俄罗斯理念"引入俄罗斯哲学的人。但是也有的研究者明确宣称陀思妥耶夫斯基才是第一个把"俄罗斯理念"这个术语引入俄罗斯哲学的人③,这种说法也有它的根据,在 1877 年的《作家日记》中,陀思妥耶夫斯基写道:"归根结底,俄罗斯民族理念只是全世界的、普遍的联合"④。陀思妥耶夫斯基在基督教普遍主义(即人们以基督的名义实现全世界的普遍的联合)中看到了俄罗斯民族理念的意义,它以一种"本土主义的"(почвеннический)和弥赛亚主义的口吻提出了他关于俄罗斯普遍呼召的主要思想。

无论是索洛维约夫还是陀思妥耶夫斯基第一个将"俄罗斯理念"引入俄

---

① 国内的讨论可参见贾泽林教授的《"俄罗斯思想"——对"立国"和"复兴"的精神支柱的寻求》(《俄罗斯思想》【索洛维约夫等著,浙江人民出版社,2000 年】的"中译本前言"),徐凤林的《俄罗斯思想及其现代境遇》(《浙江学刊》,1997 年第 4 期),白晓红的《"俄罗斯思想"的演变》(《俄罗斯中亚东欧研究》,2005 年第 1 期),等等。

② *Соловьёв Вл. С.* Руская идея//Руская идея, М. ,1992, С. 186.

③ Бойко П. Е. Этапы эволюции русской идеи в отечественной историософской мысли. Totum (философский журнал),2002, №1 // http://korfo. kubsu. ru/totum/rus/012002/boyko. html.

④ Достоевский Ф. М. Полное собрание сочинений : В 30 – т. Л. Наука Ленингр. , 1983. Т. 25. С. 20.

罗斯哲学,都不意味着作为一种历史存在的俄罗斯理念始于他们。在一些俄罗斯哲学家和当代的俄罗斯哲学研究者看来,"俄罗斯理念"史和"俄罗斯哲学史"一样"悠久",而俄罗斯的哲学史又差不多和其文明史一样悠久。库班国立大学的波伊科(П. Е. Бойко)就把"俄罗斯理念"的历史存在一直追溯到 11 世纪。他把俄罗斯理念划分为直觉的、分析的、综合的三个阶段:直觉的阶段从 11 世纪到 19 世纪下半叶,在这个阶段,天启 – 弥赛亚的主题具有绝对重要性,其主要代表人物是一些教会思想家,如伊拉里昂、聂斯托尔、修士菲洛修斯,以及 19 世纪的斯拉夫主义者 И. 基列耶夫斯基、А. 霍米亚科夫、К. 阿克萨科夫、Н. 丹尼列夫斯基、К. 列昂季耶夫,最重要的是 Ф. 陀思妥耶夫斯基。他们的共同之处是都相信上帝选择了俄罗斯民族在世界上实现最高的基督教使命。这种信仰表达在这样一些观念中,如罗斯是圣索菲亚的民族,基辅是第三个耶路撒冷(伊拉里昂、聂斯托尔),也表达在圣罗斯的理念中,这个理念与 14—15 世纪拉多聂日的谢尔盖和索尔斯克的尼琉斯的灵修相联系而广为传播,也表达在菲洛修斯的莫斯科是第三罗马理论,以及斯拉夫派的东正教 – 文化的罗斯主义(руссизм)和拜占庭主义原则。尽管在它们之间也存在差异,但上面提及的观念传达了从本质上来说同样的信息:俄罗斯在世界历史上有一个与对真正基督教的即东正教的原则的肯定相联系的特殊的使命。按照它的命运,俄罗斯必须通过它的神圣之光从精神上改变这个世界,并且成为基督教尘世道路的终端。第二个阶段的代表人物包括索洛维约夫、别尔嘉耶夫、伊万诺夫、弗罗连斯基和布尔加科夫。在索洛维约夫的万物统一哲学中,可以发现对"俄罗斯理念"较之先前的思想家更为连贯和全面的解释。索洛维约夫是第一个以专门的长篇论文讨论这个问题的人,如前所述,他的文章的题目就是"俄罗斯理念",他的这篇论文奠定了第二个阶段,也就是对俄罗斯历史命运进行反思的阶段的基础。索洛维约夫的历史哲学思想对于理解俄罗斯民族理念问题中的分析阶段特别重要,它是后来俄罗斯"万物统一的形而上学"中关于这个主题的著作的理论基础。在这种哲学的代表人物中,别尔嘉耶夫的名字具有特别的重要性。在索洛维约夫之后,也许没有其他人像别尔嘉耶夫一样以如此的连贯性和彻底性阐明俄罗斯理念的哲学。他的著作成了关于这个问题的哲学的经典,它们提供了 20 世纪上半叶俄罗斯思想家所进行的探究的总和。别尔嘉耶夫的贡献在于:在许多方面他试图拉近由恰达耶夫、陀思妥耶夫斯基和索洛维约夫所开始的解释俄罗斯理念的普遍主义传统。第三个阶段则只有两个代表人物:洛谢夫和索罗金,他们标志着俄罗斯历史哲学的综合时期,正是他们的著作以一种新的方式表达了俄罗斯理念的聚合性。

二、俄罗斯理念是什么

由于俄罗斯理念与宗教思想的某些关联,关于它的讨论在苏联的思想舞台上消失了几十年。20 世纪 80 年代后期特别是苏联解体以来,这个话题又重新变得热闹起来。因为"俄罗斯人民正面临着丧失其民族自我意识以及精神和文化自主性的危险"①,而"俄罗斯理念是俄罗斯历史哲学的主要范畴,因此对这个思想的充分解释就成了理解一系列当代俄罗斯精神问题的'逻辑钥匙'"②。

但是究竟什么是"俄罗斯理念"? 通常的说法是:"俄罗斯理念"坚信俄罗斯有其自己独立的、自足的、宝贵的文化和历史传统,这种传统既把它与西方区别开来,又保证它未来的繁荣。但是问题立即就来了,"俄罗斯理念"究竟是一种理念,还是现实,抑或关于现实的理念? 实际上,这个词的使用至少包含两个方面的含义:一是关于俄罗斯文化和制度的最独特的部分;二是基于这些因素以及从这些因素中推断出来的理想的社会模式。作为一种抽象的历史模式,作为一种文化理想,"俄罗斯理念"不可避免地存在一种紧张,然而这两种含义又是不可分割的。因为理想的模式被认为基于对俄罗

---

① Бойко П. Е. Этапы эволюции русской идеи в отечественной историософской мысли.
② Там же.

斯历史和制度的解释;而后者反过来又经常被看作体现了社会的理想模式。① 也可以从广义和狭义的角度对俄罗斯理念进行区分:广义上,它指俄罗斯文化中俄罗斯精神的独特的复合体;狭义上它指一种关系它的民族－历史存在之根本目的的俄罗斯的目的论。这样两种区分方式实际上并无根本不同,无非一个指向历史和现实,一个指向未来和理想。不过,这里只限于指出俄罗斯理念这一术语的多义性,而不打算对这种歧义做太多具体分析。我所感兴趣的是,"俄罗斯理念"这一术语本身的合法性,即它是否可以作为它意欲表达的东西的一个标识来准确和充分地传达通常归属于其名下的那些含义,简言之,是否名副其实? 事实上,Русская идея 或 the Russian Idea 这一表达已经给人们造成了一些误解,构成这一术语的每个词,甚至定冠词"the"都需要进行解释和限定。

首先应该指出的是,所谓的"俄罗斯"理念并不完全或绝对是俄罗斯的,因为它的许多因素事实上是从欧洲社会思想中拿来的,这些因素包括:自我本位的功利主义;对共同体的渴望;对私有财产的怀疑;对社会关系中形式主义特别是法律形式的敌视;渴望一个会保护公民、反对社会精英的国家;当然,还有一个独特的民族本质的思想。俄罗斯理念的这些关键因素可以在工业化早期的各种欧洲思想潮流中,尤其是浪漫的保守主义中发现。

其次,俄罗斯理念也不是唯一的,它也不是一种统一的思想流派,它是俄罗斯生活中许多文化倾向中的一种。俄罗斯理念被看作只是一种被知识分子当中的一个特定部分采纳的神话。这种称谓之所以不合适,还有一个原因是,它容易给人造成这样一种印象:独特俄罗斯道路的鼓吹者似乎抱持一种比实际上看起来更加统一的观点。

最后,俄罗斯理念不是俄罗斯独有的,或者在俄罗斯文化史中居于绝对统治地位的,在内容上也不是统一的;它实际上也远远不只是一种理念。俄罗斯理念不是某种纯粹和原封不动地嵌入社会生活中的超越历史的本质,

① See Tim McDaniel, *the Agony of the Russian Idea*, Princeton, 1996. p. 24.

它是社会实践、对这些社会实践的意识形态阐释,以及与这些实践相关的改造活动的交织。"社会实践、解释和活动一起构成了一个独特性的复合体,这些独特性相互联系,并且被看成关于俄罗斯社会和社会变化的某个一般观点的一部分。"①

不过,以上所作的批判性分析并不意味着俄罗斯理念这个术语被完全解构了,或者认为它的实际含义跟它的字面含义正好相反。事实上,通常包含在"俄罗斯理念"这个术语下的那些东西并不因此而被全部抽空,它也并不能被改造为一个无所不包或没有思想指向的大杂烩。这种分析只是提醒人们应该防范对"俄罗斯理念"作一种过分简单化或绝对化的理解。就这个词的肯定内容而言,可以概括为以下四个方面:

第一,一个基于终极价值的社会:俄罗斯理念的核心是把俄罗斯文化看作围绕着一些终极目标展开的,不管这些目标是宗教的还是社会主义的。它既是对俄罗斯现实的解释,又是对一个应当指导它的理想的宣告。俄罗斯人被宣称更需要一套根本的价值来指导他们的生活,按部就班的日常生活不足以满足他们更大的精神追求。在道德的天平上,好人应当受到信仰而不是快乐或个人利益的激励。

第二,一个高级形式的共同体:俄罗斯民族追求共同体生活的倾向贯穿于一切版本的俄罗斯理念中,基于契约或利益的抽象形式关系总是被认为低于在俄罗斯社会被更为珍视的情感关系,这种情感关系基于一种对家族或部落(род)的更为强烈的共同参与的感觉,它把个人与祖先、后辈、更大的社会统一起来。

第三,平等:长期以来,平等被看作俄罗斯社会的主要美德之一,是它比西方文化更具优越性的源泉之一。一方面,俄罗斯文化被认为比西方文化更重视平等,尤其反对其他一些可能的文化价值,诸如自由或个人主义;另一方面,俄罗斯社会经常被认为是高度平等主义的。人们普遍认为,好的社

---

① See Tim McDaniel, *the Agony of the Russian Idea*, Princeton, 1996. p. 31.

会从根本上说应当是平等主义的,国家应当保证它的国民的平等。

第四,好的国家:俄罗斯理念的诸因素不可避免地会在一种独特的国家观中得到反映。如果说对程序、多元主义、抽象的社会关系、个体和机会平等的强调只可能与西方的民主政治体制相联系的话,那么俄罗斯理念则在逻辑上注定了一种家长制的政府观。民主无力激励人们,它被看作是无关紧要的、卑鄙的。①

三、俄罗斯理念中被忽略的因素

俄罗斯理念很容易与俄罗斯民族主义或弥赛亚主义划上等号,这一点可以在许多俄罗斯思想家那里找到证据。在早期的斯拉夫主义者如基列耶夫斯基、霍米亚科夫和阿克萨科夫那里,尽管还没有明确提出"俄罗斯理念"这个术语,但已经有了对"俄罗斯理念"的强烈意识,他们把俄罗斯民族看作世界历史中的一个独有现象。他们强调的是民族的、国家的、普遍的利益重于个人的、个体的利益,以及直观的认识方式对各种形式的逻辑分析的优先性。这种思想以各种形式存在于整个 19 世纪和 20 世纪。但是俄罗斯理念不是一个静止和封闭的概念,它的内涵是不断变动着的,对它的理解也在不断出现分化。在不同的时期和不同的思想家那里,它的含义是很不相同的,甚至在同一个思想家那里,对它的理解也是不断变化的。我们经常习惯于强调俄罗斯理念中的民族因素、国家因素、集体因素、弥赛亚因素,而有意无意地忽视了另外一些与此不同甚至相对立的因素,在我看来,这些被忽略掉的因素对于今天的俄罗斯来说恰恰是更为重要的,它们在俄罗斯思想家那里同样有据可查。下面试着从三个方面对这些被忽视了的因素加以说明:

① See Tim McDaniel, *the Agony of the Russian Idea*, Princeton, 1996. pp.32–55.

(一)个人与国家(民族)的关系

并不是每个人都接受俄罗斯对西方有优越性这种观点,可以说,当另外一些思想家试图确立这种优越性时,对这种所谓优越性的怀疑和拒斥就开始了。例如,早在 1847 年,К. Д. 卡维林就写道:"俄罗斯－斯拉夫部落的历史使命和日耳曼部落不同。后者的任务是把历史性的人发展成为一种人性的人,而我们则不得不去创造人。对于他们和我们来说,问题的提出是如此不同,以致不可能进行比较。"[①]卡维林把国家看作个人解放和发展的条件,他清楚地看到了俄罗斯和西方的差异,并且不认为这种差异是俄国的优势。在他看来,在俄罗斯,人的发展尚未开始。几十年之后,索洛维约夫发展了卡维林的观点,认为"国家只是赋予一个民族以其自己的方式生活的可能性的一个必要手段"[②]。而到了 В. 伊万诺夫那里则更进一步:"我们并非通过国家才意识到我们的目的。"[③]"我们不应当在民族中去寻找上帝……而应当在我们的心中去寻找。"[④]比伊万诺夫略早的 В. И. 涅斯梅洛夫也说过类似的话,他把哲学称为"关于人的特殊科学",认为"真理的根据不应当从人之外去寻找"[⑤]。这里,个人的独立和自由——而不是民族——被提到了显要的位置。这种新的认识与对基督教的重新理解相关:"基督教给予外在的非自愿的统一以最后一击,它是真正自由的开端。"[⑥]民族国家不是应当被强化和顺从的对象,恰恰相反,"现在生活提出的问题是如何约束民族国家"[⑦]。

---

① Кавелин К. Д. Взгляд на юридический быт древней Руси// Наш умственный строй. М. , 1989. С. 23.

② Соловьёв В. С. Национальный вопрос в России//В. С. Соловьёв, Сочинения в двух томах. М. , 1989. Т. 1. С. 330.

③ Вячеслав Иванов родное и вселенское. М. , 1994. С. 364.

④ Там же. сс. 367 – 368.

⑤ Несмелов В. И. наука о человеке. Казань, 1994. Т. 2. С. 121.

⑥ Соловьёв В. С. Собрание сочинений. 2 - е изд. Спб. , 1911 – 1914. Т. 1. С. 267.

⑦ Федотоф Г. П. Судьба и грехи России. Спб. ,1992. Т. 2. С. 236.

（二）个人与社会的关系

Л. П. 卡尔萨文和 Г. П. 费多托夫是 20 世纪俄罗斯思想家当中强调个体因素的两个突出代表。在 1929 年出版的著作《论个性》(О Личности) 中，卡尔萨文强调了这样三个方面：①承认人是有机世界中的一个不寻常的现象；②这种不寻常性表现为个性；③正因为它是独一无二的和不能被普遍化的，这种个性不能被完全理解或界定。"人……是一个肉体 - 精神存在，是不可再生和独一无二的，它有多种面孔。没有其不同方面的多样性和在这些多样性之外，它就不存在，也不能存。"①在俄罗斯思想史上，人格、个体第一次被摆放到一个突出的位置。卡尔萨文旗帜鲜明地宣称："个体的'我'总是社会的'我'的实现者和担当者。"②在此之前，我们屡屡听到的是令人厌倦的民族、国家、祖国之类的陈词滥调，这种社会性几乎没有一点"我"的迹象，因此它们与其说是一种人的共同体不如说是自然的共同体。值得注意的是，卡尔萨文并非唯一发出这种声音的人，费多托夫也表达了大致相同的思想："19 世纪的俄国的斯拉夫人还没有把自己完全从地球母亲那里解放出来。他与自然的融合使得人格的存在变得困难和奇怪。"③在他看来，俄罗斯人仍然是"自然人"，他只是在成为一个人。如果说在西方是把人民归结为人的话，那么在俄罗斯这里，是把人归结为人民。

（三）民族弥赛亚主义和普遍主义

在赋予"俄罗斯理念"以新的含义方面，我们应特别提到 Е. Н. 特鲁别茨科伊，正是他宣布了俄罗斯理念中最重要的因素，即民族理念已走到穷途末路，民族理念"借以表达的各种旧形式令我们深感不满。旧的民族旋律已经

---

① Карсавин Л. П. религиозно - философские сочинения. М. ,1992. Т. 2. С. 19.
② Там же. Т. 1. С. 105.
③ Федотоф Г. П. Судьба и грехи России. С. 181 - 182.

销声匿迹,我们正在期待新的旋律取而代之"①。传统的"俄罗斯理念"本质上是一种民族弥赛亚主义,可以在犹太人那里、在《旧约》中找到这种民族弥赛亚主义的明显印记,它的特点是肯定一个民族与基督特别亲近,是特选的民族,只有它才是世界上唯一真正虔诚信奉基督教的民族,只有它对神的理解绝对正确。一句话,民族弥赛亚主义不仅相信某个民族是上帝的民族,也相信上帝是这个民族的上帝。但是《新约》的传统已经克服了这种古老的种族观,认为真理属于基督教而不是某个民族:"《新约》和《旧约》的根本区别在于,后者是民族的,而前者则是普遍的。"②

斯拉夫主义者最初是毫无保留地承认西方文化的优越性的,但是后来他们改变了自己的观点,相信西方文化已经开始没落,而俄罗斯则是人类的唯一救主。就连索洛维约夫也一度迷信作为"第三种力量"的俄罗斯的独特性和对人类肩负的使命,但是他的思想后来发生了变化,他写道:"俄罗斯也许有伟大的和独一无二的精神力量,但是为了让它们显现出来,无论如何需要接受和积极地吸收那些由西欧发展了的普遍的人类生活形式和知识。我们的超欧洲的或反欧洲的蓄意的和虚构的独特性一直不过是一种虚狂,放弃这种虚狂是我们取得任何进步的首要的和必要的条件。"③民族的独特性一直是民族弥赛亚主义的基础,但是在索洛维约夫的《民族问题》(1888)发表之后,这种观点不再是可以接受的了,因为如果我们同意索洛维约夫的看法,即每个民族必须被看作是独一无二的或特殊的,那么也就意味着不再有任何民族享有"独特性"的特权,因为尽管各有各的特殊性,但在具有"特殊性"这一点上各个民族具有相同的权利。对每个民族价值和任何民族特殊性的认可,是"俄罗斯理念"中的一个重要转变。"俄罗斯的东西并不等同于基督教的东西,而是它在基督教当中极端宝贵的和独有的民族特性,它无疑

---

① Трубецкой Е. Н. Старый и новый национальный мессианизм//Руская идея. М. ,1992. С. 242.

② Там же. С. 249.

③ Соловьёв В. С. Сочинения в двух томах. Т. 1. С. 262.

具有普世意义。"①可以看到,这里的特殊性和普遍性已经被赋予了完全不同的意义。特殊性不再是属于俄罗斯的专利,普遍性也不再靠俄罗斯去担当。"俄罗斯不再被视为唯一特选的民族,而是与其他民族共同承担上帝伟业的民族之一;它将用其他各兄弟民族的优秀品质,充实自己的宝贵特点。"②就是说,特殊性本身成了一种普遍性,一种被俄罗斯民族垄断了的特殊性消失了。作为基督教大家庭中的一员,"每个民族乃至每个人,都应当只想自己的责任,自己的工作,而不是想自己如何在其他民族面前享受特权……每个民族在上帝的王国里,都有自己的任务、自己的使命和自己的天职"③。如果说有一个"俄罗斯的基督"的话,那么同样可以说有一个希腊的基督、意大利的基督、日耳曼的基督,甚至中国的基督。

这样一种对所有民族而不是一个民族特点的肯定与确认,实际上从根本上颠覆了民族弥赛亚主义,取消了民族界限,它意味着在圣父的宫阙里,每个民族都有它的一席之地,也只能有一席之地。这样,特殊性既成了一种优势,又成了一种局限,每个民族既要担当起自己的积极使命,又要面对和承认自己的有限性。没有一种文化是完善的,没有一个民族是"完成了的",俄罗斯人也不过是具有某个种族和民族特点的人,而不是囊括了各民族特点的"完人"。即便像欧亚主义主张的那样,俄罗斯地跨欧亚大陆,是欧亚国家,兼有欧亚民族的特点和优势,也最多是一种"有限的普遍性",不能把它夸大为一种绝对的普遍性,因为毕竟世界上不只有欧洲和亚洲。俄罗斯的普遍意义在这里仅仅体现为没有俄罗斯的世界是不完整的世界,而不是把俄罗斯等同于世界本身;另一方面,把自身从世界的其余部分孤立出来的民族同样是不完整的,每个民族从自身来看都是有价值的,但是从宇宙总体看来,又都是有缺陷的。因此,每个民族,包括俄罗斯民族必须放弃民族弥赛亚主义的幻想,必须把宇宙的东西和俄罗斯的东西区分开来,俄罗斯民族必

---

① Трубецкой Е. Н. "Старый и новый национальный мессианизм". С. 256.

② Там же.

③ Там же. С. 251.

须同世界上所有民族一样,使自己对世界的其余部分保持一种开放状态,它可以固守自己的特点,但必须在同样的意义上,接纳(至少不排斥)别的民族的特点,这样它才能走向一种更大程度上的普遍性和完整性,但是即便如此,它的特权也并不会因此而增加,因为别的民族在这种开放性中同样会"成全"自己。既然任何民族自身都是不完满的,那么它就必须通过其他民族和文化的因素来补充自己。用别尔嘉耶夫的话来说,就是"俄罗斯性格的再教育。即便我们仍然要保持为俄罗斯人,我们也不得不吸收某些西方的优点"[1]。"再教育"意味着接受新的养分,也意味着放弃自己身上某些不合时宜的因素,在别尔嘉耶夫看来,宗教民族主义,顽固、欠发达的自我意识,个体对集体的屈从、对一切独一无二的事物的吸收和对一切不同的事物的敌视就是有可能是对我们构成侵害的因素。[2] 要放弃和改变这些因素,最重要的是要培育个体的创造性,或者说培育个体性本身。

四、今天的评价

众所周知,1996 年,俄罗斯首任总统向知识界呼吁为俄罗斯制定新民族理念,自那以来,俄罗斯理念这个问题就从学术界转向政治领域,成为一个公共话题,更具有了实践层面的意义。在这种语境中,它引发了相互对立的评价。俄罗斯科学院院士利哈乔夫在给雅布罗科党代表大会的一封信中写道:"把一个全民族的理念作为包治百病的灵丹妙药不仅是愚蠢的,而且是极端危险的。"属于自由民主阵营的几个其他文化和政治人物也以同样的精神表明了自己的观点。对他们来说,民族理念实际上是新兴的俄罗斯民族主义的同义语,它把俄罗斯置于与其他民族特别是西方对立的进程中。但是还有另一种与此截然不同的声音也时常在俄罗斯大地回响:"如果没有一

---

① Бердяев Н. А. Судьба России. Опыты по психологии войны и национальности. М. ,1990. С. xiv.

② Там же. С. 33 ,47.

个最高的理念,无论是一个人还是一个国家都不能存在。"陀思妥耶夫斯基讲过这样的话,而且被后来的许多思想家重复了无数次,而这些思想家在任何意义上都不能被怀疑为一种狭义上的民族主义者。究竟哪一方是正确的? 在给出一个确定的答案之前,也许不得不问,俄罗斯理念是什么样的? 历史上的俄罗斯理念与今天的俄罗斯有何相关性? 如何理解俄罗斯的现实处境和俄罗斯理念的关系?

也许我们需要重新确认俄罗斯的民族身份。在 B. M. 梅茹耶夫看来,俄罗斯是一个正在寻求其民族理念的尚未完成的民族,它不确定自己属于哪个民族,它相信要成为一个完成了的民族并在世界历史中扮演角色,就必须达到自我意识的水平,这个自我意识就在一个民族理念中表达。迄今为止,对俄罗斯理念 9 到 10 个世纪的寻求已经产生了这样的结果:源于东正教传统的俄罗斯使命是构建一个基于精神价值而不是物质价值的社会,这个社会将确保各民族间的和谐及人与自然的和谐。在他看来,俄罗斯面临的任务不是否定西方的文明或创造某种全新的东西,而是把由西方开始的工程继续下去,建立一种普遍的文明,只不过是沿着与人类存在的文化和自然基础和解的方向。[①]

И. Б. 丘拜斯同梅茹耶夫一样,认为俄罗斯理念是一种客观的东西,即是一种应当从俄罗斯文化中发现的理念,而不是由某个思想家或者政权规定的。在他看来,现在是重新审视和更新俄罗斯理念的时候了,应该用精神(道德)价值的优先性来代替东正教,用民主和内在发展来代替扩张领土的帝国主义目标。但丘拜斯也反对西方毫无节制的自由以及非自然地把一切层次拉到一个平面的做法,在他看来,这是对社会和文化的毁灭,他呼吁一种新的全球宗教来作为真正共同体的一个基础。[②]

A. M. 库兹涅茨也认为俄罗斯理念不是一个由国家发明和强加在民族

---

① Межуев В. М. О национальной идее// вопросы философии. 1997, № 12. C. 3 – 14.

② Чубайс И. Б. Россия и Европа: идейно – идентификационный анализ. (Заметки консерватора) // Вопросы философии. 2002. №10. C. 29 – 44.

身上的意识形态,毋宁说它是一种基于对俄罗斯历史的痛苦分析而获得的一定水平的自我理解。但是他并未把任何特定的价值归于这个理念,也并不指望把它作为俄罗斯社会发展的指南。在他看来,追逐俄罗斯理念这种幻想实际上意味着浪费俄罗斯民族的精力和资源,俄罗斯公民需要获得一种真正意义上的自身价值,把自己既从宏大的妄想中又从自卑情结中解放出来。①

许多俄罗斯思想家曾赞扬俄罗斯吸收其他国家贡献的能力并认为它的文化是更为普遍的,如陀思妥耶夫斯基就讲过,一个俄罗斯人,只有当他同时是一个欧洲人时,他才是俄罗斯人。但事实上,俄罗斯理念并未通过综合而发展,它未能有效整合其他民族解决社会和文化问题的理性和经验。俄罗斯理念尽管在某些方面基于俄罗斯社会和文化的真正特点,但它以一种教条主义的方式抗拒被视作西方的东西,从而具有了意识形态的色彩。俄罗斯理念必定不是综合的,它也不是从俄罗斯传统中自然生长出来的;从一开始,它就主要是被消极地界定为一种对西方的反对。

在一些西方的研究者看来,俄罗斯理念中的信仰、共同体、平等和政治因素结合为一种国家政策,对这个国家向现代性的过渡尤其具有坏的影响。政府对一个正统的信仰体系的支持,对其他选择的审查,强化了这样一种理念:真理是一元的,制度和政府应当根据这个一元真理的标准来评判。通过这种政策,沙皇和共产主义者都复制和强化了社会中的分裂:我们-他们,朋友-敌人,纯粹-不纯。统治者因此瓦解了他们自己权威的文化基础,部分是通过他们所创造的毫不妥协的对立,部分是因为他们自己永远不能践履他们不断鼓吹的道德标准。②

传统意义上的俄罗斯理念鼓吹的不仅是俄罗斯性,而且是俄罗斯的民族-国家,使个人利益完全淹没于群体利益。这样一种民族理念要想获得

---

① See Кузнец А. М. Россия в поисках национальной идеи// Вопросы философии. 2002, №1. C. 177 – 179.

② See Tim McDaniel, the Agony of the Russian Idea, pp. 54 – 55.

新生,就必须进行改造和更新,放弃其弥赛亚主义的诉求,承认一切民族而不仅仅是俄罗斯的独特价值,强调自由个体的发展而不是鼓励对集体的服从。俄罗斯理念如果不被重新界定,极权主义的威胁就不会消除,这种被重新界定了的俄罗斯理念把个人而不是国家确立为主要的价值,决定性地推翻了俄罗斯意识中旧理念的残余。

在不丧失俄罗斯人所珍视的民族特性的同时又避免作茧自缚,也许是今天的俄罗斯理念面临的紧迫的任务。在这个问题上,俄裔美籍学者米哈伊尔·爱普施坦的跨文化理论给我们提出了一个新的思路,在他看来,置身于跨文化之中的个人发现他们处于任何特定的文化之外,处于其民族的、种族的、性的、意识形态的和其他的限度之外,"这种跨文化的维度产生于全球文化网络的潜能中,可以看作人类既从自然环境又从文化环境的机械决定论中解放出来的下一个历史阶段"①。按照这种观点,天然的民族属性就不应该是俄罗斯理念中强调的因素,而是应该努力超越或摆脱的因素。这里要摆脱的不是民族性本身,而是单一的民族身份,是对自己原初的、与生俱来的民族或文化身份的超越,因为置身于单一的民族或文化境遇中无异于置身于牢笼中,对自己生存状态将构成一种威胁和束缚,这本质上是一种不自由的状态。

——原载于《浙江学刊》2007 年第 5 期,略有改动。

（作者为中国社会科学院哲学研究所副研究员）

---

① Mikhai Epstein,Transcultural Experiments:Russian and American Models of Creative Communication. New York:St. Martin's Press (Scholarly and Reference Division), 1999, p. 25 (Chapter 1).

出土文献《性自命出》:哲学认识论之结构体系的再认识①

顺 真

[提 要]1993 年 10 月,郭店楚墓竹简所含的《性自命出》等儒家经典横空出世,不仅再一次展示了子思学派哲学体系的难得文献,而且为深度梳理先秦儒家哲学发展脉络的缺环提供了最为重要的文献依据。2001 年《上海博物馆藏战国楚竹书》(一)出版,其第三种即《性情》与《性自命出》,虽章节结构不尽相同,但内容基本一致,更加确认了其在子思学派中的文献地位。经过古文字学家、古典文献专家、古代哲学思想史专家们二十多年的努力,关于此篇的文字释读已经基本完成,对其篇章大意及思想史、哲学史之意蕴亦多有梳理。虽然,关涉其内在结构体系的深邃性似仍有进一步阐发的可能性。本文严格遵从文献学意蕴层面关于原文本之章句结构的本来面貌,但欲从文本的深层逻辑构造出发,通过"道术""心术""教术"的内在梳理与展开,目的在于更进一步深度揭示先秦儒家哲学认识论与逻辑学的深层结构和义理内涵,以期推

---

① 本文为贵州省 2017 年度哲学社会科学规划文化单列课题(重大课题)项目"黔学研究论纲"(18GZWH01)的阶段性成果。

动关于思孟学派之相关研究的跨越式进展。

[**关键词**] 天命　心志　性情　物　道术

一、作为人类认知结构体系总纲的"道术"

从文本结构来看，郭店本《性自命出》并不分章而只划分为上、下两篇，但上博简相应文本《性情》却具体划分为六章而不分篇，故学界多依据这种划分而具体阐释其内容大意虽然是可行的，但未必就能够真正揭示其本然所蕴含的结构体系之真髓。正如李零先生所言："我们感觉，此篇也许是尚在形成中的本子。它们的前半部分虽大体相同，似已趋向稳定；而后半部分，则还在调整之中。当然也有另一种可能，就是它们的后半部分，在传授上仍多分歧，所以有章句结构的不同。"①笔者以为，依据原文章句更多说明其文本段落的大致内容与前后脉络，这是基于文献学向度的必然要求，但未必就能必然揭示其深层次的义理构造，故若对其作哲学径路之深度阐释的时候，可以不必然依据其文本的编排顺序而只是依据文本深层次的内容结构进而提炼出其真正的结构骨架方为逻辑性的充足。

通观《性自命出》全文，可以认为其根本宗旨在于深刻建构儒家哲学认识论的完满体系，除了"心"这一基底性的概念之外，其体系性展开的最高概括亦即构成文本结构体系的最上位概念乃是"道术"。一如其在郭店竹简本，即李零依据"二十凡"所勒定的篇《上》第八章的开篇之所言：

> 凡道，心术为主。道四术，唯人道为可道也。其三术者，道之而已。②

---

① 李零：《郭店楚简校读记》（增订本），北京大学出版社2002年，第115页。
② 同上，第106页。

依此可知,道之术即道术共计有四种,一是心术,二是紧随之后文"'诗''书''礼''乐',其始出皆生于人"①一大段所言及的诗术、书术、礼乐术之"三术"。对此,子思又将这四种道术再严格地勒分为两类,即心术为独立一类,诗术、书术、礼乐术三术共同构成一类。可以认为,这一分类乃是子思哲学认识论体系之所以得以建构起核心骨架之所在。不过,既然心术为独立一类,而其他三术为一类,照理而言,由诗术、书术、礼乐术所构成的"三术"也应该有一个作为上位概念的总名,这样不单单在理解方面,而且在研习传述方面亦可方便得多,可惜的是子思并未给出这一总名。为了后文论述及表达的便利和清晰,我们理应给其一个命名。从第八章的前后文来看,子思在论述完诗、书、礼、乐皆依"有为"而被编订成书之后,紧接着曰:"然后复以教。教,所以生德于中者也。"②再加上第四章所曰"四海之内,其性一也,其用心各异,教使然也"③来看,可将由诗术、书术、礼乐术所构成的"三术"进一步统名曰"教术"。由是,子思哲学认识论的基本骨架可以图示如下:

为什么子思要作这样的划分呢?这恰恰源于子思对人类认知类型在逻辑理性方面的深度思考和严密划分。就此有如下问题要给予详细阐释:

第一,什么是道?道在《性自命出》中共出现20余次,其意涵不尽相同,若从哲学认识论的向度来看,子思确曾对其作有特别的界定,第一章曰"道始于情"④,第六章曰"长性者,道也"⑤,第七章曰"道者,群物之道"⑥,第八

---

① ② ⑤ ⑥　李零:《郭店楚简校读记》(增订本),第106页。
③ ④　同上,第105页。

章曰"凡道，心术为主"①。这四处的道其意涵是一个，皆是"群物之道"的意思，即统摄把握亦即全面认识一切"物"之方法的意思②，同时，所言术（術）者乃"邑中道也"③之义。由是可知，所谓道术就是全面把握认识"物"之"道"，亦即大全式把握认识"物"之方法与理论体系，具体而言就是一方面其为认识"物"的根本方法，即"心术"；另一方面乃是建立在"心术"之基础上作为辅助性的间接方法即"教术"。由生命个体之"心"到社会群体之"教"，构成了道术的内在等级与必然性次第，亦即人类认识"物"即认识存在之方法的终极划分，只有"心术"与"教术"两种，别无它矣！

第二，什么是物？对此，子思亦有明确的界定。第一章曰"待物而后作"④"物取之也"⑤"所好所恶，物也"⑥，第二章曰"物取之也"⑦，以上只是概念的使用而未作出界定。第六章曰"凡动性者，物也"⑧，第七章曰"凡见者之为物"⑨，则已然对"物"的内涵作出了深刻的阐释，即所谓"物"者，必须同时具备两方面的意涵：一方面物是"见者"，即物必须是一种呈现，亦即"物"是"像"性质的存在，唯这种所呈现出来的"像"，才能够是主体"性心"所真正能够认识的认知对象；同时，这一"物"之"像"，又必须使主体的认识能力从"寂然不动"的状态生起"感而遂通"的活生生的认知活动，即其必须具备能够使主体"性心"活动起来的功能，若不同时符合以上两项要求，即非子思发生认识论所说的"物"。就中，关于"物"乃能使作为能知的主体"性心"活动起来亦即"动性"的界定在学界并无异议，但关于物作为"见者"的确切意指到底为何，却在理解上大相径庭。综观各家观点，一般认为此"物"是独立于主体之外的客体即客观事物亦即"外物"，如梁涛先生释前引"待物

①⑧⑨　李零：《郭店楚简校读记》（增订本），第106页。

②　群，多解为形容词，义为众、众多，然《荀子·非十二子》曰："若夫总方略，齐言行，一统类，而群天下之英杰而告之……"，王先谦释曰，"群，会合也"（见于：[清]王先谦撰，沈啸寰、王星贤点校：《荀子集解·上》，中华书局1988年，第112页），则群可为动词，有会集、统领等义。简文又有"义者，众善之蕴也"，若以动词，则其"所言义这一概念，乃为统摄把握能善者之标识"之义。

③　[东汉]许慎：《说文解字》，中华书局2015年，第38页。

④⑤⑥⑦　李零：《郭店楚简校读记》（增订本），第105页。

而后作"一段曰:"这是说人虽然有性,但心没有固定的志向,需要待与外物交接而后起,遇欢悦之事而后行,靡渐积习而后定。"①而学界论定其为"外物"的逻辑原因,在于此"物"乃所见(jiàn)之物,如郭沂先生曰,"大凡能看见的叫作物"②,刘钊先生曰,"凡人所见皆谓之'物'"③,郭齐勇先生曰,"对于人之秉性来说,感应、激荡它的是外在事物"④。同时,对第一章"及其见于外,则物取之也"⑤的解释更是如此,如郭沂曰,"等它见于外,那是客观事物把它取出来的缘故"⑥,刘钊曰,"这些天性呈露于外,则被客观世界所浸化"⑦。依此,则是将原文"见者"之见解释为"所见",而且当且仅当乃是独立于"能见"之"性心"之外的存在。这种解释似有可商榷之处,一是原文并非明确曰"凡所见者之为物",故有增字解经之嫌,二是第一章所曰"及其见于外,则物取之也",此见绝非所见之义,其应读为"现",即"现露""呈现"之义⑧。在过往研究中,李零的解释是最具启发性的,他说,"'物'是直观可见,能够影响和改变人之本性的东西"⑨,既然是直观可见之物,则其绝非外物而是内物,绝非客体之客体唯是主体之"客体",亦即其为能知之"性心"自身所呈现者,且同时能够使寂然"性心"刹那间生起鲜活认知者,实质即是西方哲学家如笛卡尔、布伦塔诺所说的心灵表象。⑩ 篇《下》第十三章曰:"[不]过十举,其心必在焉。察其见者,情焉失哉?"⑪所言"见者"之"见"即是"现"

---

① 梁涛:《郭店竹简与思孟学派》,中国人民大学出版社 2008 年,第 149 页。

② 郭沂:《郭店竹简与先秦学术思想》,上海教育出版社社 2001 年,第 239 页。

③ 刘钊:《郭店楚简校释》,福建人民出版社 2003 年,第 95 页。

④ 郭齐勇:《郭店楚简〈性自命出〉〈五行〉发微》,见于丁四新主编:《楚地出土简帛文献思想研究》一,湖北教育出版社 2002 年,第 2 页。

⑤ 李零:《郭店楚简校读记》(增订本),第 105 页。

⑥ 郭沂:《郭店竹简与先秦学术思想》,第 231 页。

⑦ 刘钊:《郭店楚简校释》,第 92 页。

⑧ 参见武汉大学简帛研究中心、荆门市博物馆编著:《楚地出土战国简册合集》(一),文物出版社 2011 年,第 102 页。

⑨ 李零:《郭店楚简校读记》(增订本),第 117 页。

⑩ 参见顺真:《陈那、法称"量－现量说"与笛卡尔、布伦塔诺"悟性－知觉论"之比较研究——兼论老树的"象思维"》,《杭州师范大学学报》2009 年第 6 期。

⑪ 李零:《郭店楚简校读记》(增订本),第 107 页。

义，如刘钊释曰："人的举动超不过十次，其用心自然暴露无遗。观察其显现者，则其实情也就逃不掉了。"①亦即"物"唯是生命个体内在性心层面的"像"性显现。

二、作为直接认识之根基与根本的"心术"

构成"道术"的第一项内容即是"心术"。心术是春秋末，特别是战国早期非常重要的哲学概念②，虽各家界定不同，但其核心是讨论认识论问题则大致相同，如《文子》《管子》皆有对心术的讨论。综观道、儒二家心术论，其核心是道家以本体之"道"为本，儒家以本体之"天"为根，而子思心术论是儒家心术学的原创者。

子思的心术论，集中在郭店楚简《性自命出》的前八段，上博简《性情》的前八段在内容上亦与此相同。③ 这八段文辞的内容非常艰深、不易领会，原因在于，子思是将心术的经验内容与心术的超验来源交叉论述，并不像《中庸》用"天命之谓性，率性之谓道，修道之谓教"三句那样将心术的形上义与形下义一气贯通，但也正因为如此，我们反倒可以打破原文的章句顺序，按照其深层次的义理结构而重新梳理其心术的内涵。

（一）心术的经验展开

如前所述，心术是道术的下位概念，是故可知，若从经验立场出发来看，则子思的心术确然是关于如何认识经验之"物"的方法。《性自命出》《性情》开篇即曰：

---

① 刘钊：《郭店楚简校释》，第 100 页。
② 参见颜昌峣曰："《心术》篇言静虚因应之旨，纯是老子之学，春秋前已萌芽矣。"见于颜昌峣：《管子校释》，岳麓书社 1996 年，第 323 页。
③ 参见李零：《上博楚简三篇校读记》，中国人民大学出版社 2009 年，第 163－164、155－156 页。

凡人虽有性,心无定志,待物而后作,待悦而后行,待习而后定。喜怒哀悲之气,性也。及其见于外,则物取之也。①

如何从认知结构上理解这段话,将是真正破解子思心术论的关键。从认识论的一般构造而言,无非就是能与所的关系,即如何理解能够去认识的心与所被认识的物,就此而言,引文中的"性""气""心""志"属于能知范畴,而"物""悦""习"则属于所知范畴,两者间的互动结果就是"见于外"的认识结果,即"定"(确认)。这三者的关系可以图示如下:

首先,从能知方面来看,构成能知之根基者乃是人内在的生命能量,即喜怒哀悲之气,喜之气、怒之气、哀之气、悲之气等的总名曰性。依此,则一方面如喜气能好(hào)物,如怒气能恶(wù)物,故下文所曰"好恶,性也"②之"好""恶"乃是"能好""能恶"之义,而其"所好、所恶,物也"③;进而"善不善,性也;所善所不善,势也"④亦复如是,即所言"善""不善"是"能善"与"能不善"之义,而"所善"即善的确认(定),"所不善"即恶的确认(定)。总之,其皆为能知心与所知物二者间"能"与"所"之关系。就此而论,则能知心只是认知能力动机层面的意欲而已,即喜怒哀悲之气的"性"只是作为能知之

---

①②③ 李零:《郭店楚简校读记》(增订本),第105页。
④ 李零:《上博楚简三篇校读记》,第155页。

"能性"的认知功能，其本身并无善、恶之分，善恶要待能知之"性"与所知之"物"二者互动，进而生起"悦"及进而生起"习"之后，即进入到选择性的确认之时，才能够真正确立到底是善或到底是恶，亦即只有在"知果"之"定"的层面才能够真正确立其为善或其为恶，由是可知子思对人类认识发生过程的把握是极为精微的。

其次，从所知方面来看，构成所知之根基的乃是如前节所述同时具有"物象"和作用"功能"之二者的"物"，即心象，并且"凡物无不异也"①，即"物象"，亦即"心象"的一一存在，乃是存在的一一自体，甲为甲、乙为乙，岿然独显，非关它物，皆是认识发生过程中刹那新生的自体存在，正因如此，故曰"刚之树也，刚取之也。柔之约也，柔取之也"②，亦即能刚（阳）之"心""气"的外拓，乃是所刚（阳）之"物"的触动，而能柔（阴）之"心""气"的内敛，乃是所柔（阴）之"物"的触动，此即孔子所说"同声相应，同气相求。水流湿，火就燥。云从龙，风从虎……各从其类也"③之义。继而，或阳刚或阴柔之"物"已然生起之后，对生起之"物"的认可与否要"待悦而后行"④，亦即要通过"快于己者之为悦"⑤的"悦"，亦即随顺于能知之心所自然而生的情感，且唯依此情感而对"物"作出"好"或"恶"的选择。以上由"物"到"悦"是一属于无为性质的无分别且直观性的内在生起过程，即先有"物"之"像"的生起，而后乃有"悦"之"情"的生起，最后才进而对其作进一步的确认，至此，才已然可以生起或"所善"即善或"所不善"即恶的知果（定）。不过，子思进一步认为，或善或恶的确认还要经过"有以习其性"⑥的"习"，亦即经过属于潜在性有为性质的有分别且间接性的因素才能够最终使其确定下来，这一间接性的因素就是相对独立于"心术"之外以"诗术""书术""礼乐术"为具体内容的"教术"所呈现出来的认知功能。不难看出，从"物"到"悦"，从

① 李零：《郭店楚简校读记》（增订本），第105页。
② 李零：《上博楚简三篇校读记》，第155页。
③ 《易传·乾文言》。
④⑤⑥ 李零：《郭店楚简校读记》（增订本），第106页。

"悦"到"习",一方面其由前至后之际,具有次第性的因果关系,另一方面,作为所知的"物""悦""习",皆具有触动能知心一步步走向确认性"知果"之"定"的最终形成的功能,进而从整个所知的向度来看,人类认识的发生乃是从直观("物"→"悦")到理性("习")的展开过程。

最后,从能知与所知二者间的关系来看,是"凡性为主,物取之也"[①],亦即作为能知的"性"(气)、"心""志"是根本性的,而尽管作为所知的"物""悦""习"居于次要地位,但如果没有"物"的作用,则"性"也就不能达成具体的认识过程及最后形成认识结果。对此,子思给了一个确然的同类性比喻:"金石之有声,[弗扣不][鸣。人之]虽有性心,弗取不出。"[②]即虽然编钟、编磬之类的礼乐器,其本身固然含有音乐的可能性,但如果不被人拿去演奏,则其当然是处于寂然无声的状态,由此可知,人虽然具有喜怒哀悲之气的性心,但设若没有"物"这一内在性的所知对象之触动,则就必然不能进入感而遂通的认识之流。故子思认为:"凡心有志也,无与不[可]。"[③]所言"与"者,即作为所知的"物"。

从寂然不动的性之心,到感而遂通的情之境,就能知心而言,乃以性心本具而必有所往的"志"之能知能力作为最后的环节。志,战国文字作𢖻等形[④],从心从之,之者往也,可知志为会意字,其本义为心有所往之义,一如古人所曰:"诗者,志之所之也。在心为志,发言为诗。"[⑤]"性""心"以"志"为端口,在"物"的直接作用下形成活态的认识,对这一具体过程的具体构成因素,子思作了详尽的分析,曰:

> 凡性,或动之,或逆之,或交之,或厉之,或绌之,或养之,或长之。
> 凡动性者物也;逆性者,悦也;交性者,故也;厉性者,义也;绌性者,势也;养性者,习也;长性者,道也。

---

① ② ③ 李零:《郭店楚简校读记》(增订本),第105页。
④ 字形截自徐中舒主编:《汉语古文字字形表》,中华书局2010年,第407页。
⑤ 《毛诗序》。

凡见者之谓物，快于己者之谓悦，物之势者之谓势，有为也者之谓故。

义也者，群善之蕝也。习也者，有以习其性也。道者，群物之道。①

以上即是《性自命出》篇《上》的第5章至第7章的内容。对性而言，真正使之形成具体的所之之志者即"动之"者的唯是"物"，随"物"而出，进而使"性"具体呈现为情之存在的所知功能计有六种可能，即逆与交、厉与绌、养与长。细细体味，这六种绝非任意的排列，有其内在的认知与逻辑的深邃结构，可以将其细分为三类，图示如下：

$$
\text{性} \to \text{心} \to \text{志} \to \text{物（动）}
\begin{cases}
\text{甲} \begin{cases} ①\text{逆} \\ ②\text{交} \end{cases} \\
\text{乙} \begin{cases} ③\text{厉} \\ ④\text{绌} \end{cases} \\
\text{丙} \begin{cases} ⑤\text{养} \\ ⑥\text{长} \end{cases}
\end{cases}
$$

第一，逆者迎也，交者合也，此为一类。即在"物"使"性"发动起来后，"物"首先使心生起一种走向它的"逆"之态势，并紧接着通过进一步的真正走进它的有为性的"故"的作用，最终使能知之性与所知之物融为一体即"交"，由是形成认识的结果即确然性的"定"，这是心正向接受"物"的认知态度（如好好色）。

第二，厉者拒绝也，绌者排除也，此为一类。即在"物"使"性"发动起来后，"物"首先使心生起一种拒斥接受此"物"的"义"的态势，并紧接着通过进一步果决性的排除此物的"势"的作用，最终使能知之性与所知之物决然分离，由是形成认识的结果即确然性的"定"，这是心逆向拒绝物的认知态度

---

① 李零：《郭店楚简校读记》（增订本），第105－106页。

（如恶恶臭）。

第三，养者涵养也，长者使之长也，此为一类。即在前两类心已然对"物"或正向接近并相融接受或逆向远离并拒绝排斥的认知态势形成之后，"物"首先使心通过"教术"之"习"的践履功能使"性"接受"物"或使"性"排斥"物"的认知结果得到进一步的涵养，并紧接着通过进一步的作为整体认识之大全的"道"，即子思所言由"心术"到"教术"的"道术"体系，使已然被涵养的心对"物"的或亲近"如好好色"、或远离"如恶恶臭"的认识结果得到进一步的扩充，由是使"性""物"一体的确实性知果（定）得到恒定性的持存。至此，任何一类的经验认知过程由是得以全部完成，不言而喻，即其从"心无定志"的寂然不动到感而遂通的"心有定志"的具体确认与确定的过程。由是可知子思对经验认知之洞悟的深邃与精微。

（二）心术的超验来源

以上，基于《性自命出》前八章，基本梳理清楚了子思基于一般经验立场之心术论的逻辑构造和体系内涵，其核心是由"性"到"物"，最后到"定"的认知发动与最终确认的具体过程，就中知其确实是"凡性为主"[1]，虽然如此，则有一个更加本原性的问题即"性由何来"？ 如是，子思心术体系就必然地由形下的经验论域拓展到形上的超验论域，子思认为：

性自命出，命自天降。[2]

虽文辞简约，但其义理向度，展示着心术结构的一个独立层次，而且内含着儒家形上哲学的深微构造。依据子思的陈述，形下喜怒哀悲之气的"性"，首先来源于形上的命，而命又源自于天，其内在逻辑次第如下：

---

①② 李零：《郭店楚简校读记》（增订本），第105页。

天→命→性

　　甚为可惜的是，子思并未像给"性""物""悦"等概念那样亦给"天""命"作出确切的逻辑界定，故有必要对其作出具体的阐释。首先，必须从古文字的向度准确阐释天的含义。天字在甲骨文作🧍🧍🧍等形，而在金文作🧍、🧍、🧍等形①，其基础构件乃人正面站立之象形，具体字义有二：一是通过凸显脑袋而特指人整个身体的最上部位即头，二是通过把脑袋画成圆圈且中间为空，或特加一横划作为指示符号单指人头部的最上端即脑囟处，故许慎用声训的方式界定曰"页天：颠也。至高无上。从一从大"②。不过，若单纯依据第一项字义实难必然得出"至高无上"的界定，因为在天、地、人之三才中，人的头部再高也高不过天空，故许慎并未将天界定为"头"，而将其界定为"颠"。《说文·页部》曰："颠，顶也。"③依此可说地之顶、人之顶、天之顶，但即使如庄子所曰"天之苍苍，其正色耶？其远而无所至极邪"④的天之顶，亦未必就是"至高无上"者，如是则"至高无上"者究竟意指什么呢？对此，我们唯借助年代更为久远的史前考古材料才可以更加真切地理解天字的本义及其深邃的文化内涵。

图1　　　　　图2　　　　　　　　图3

① 字形截自季旭升：《说文新证》，福建人民出版社 2010 年，第 37 页。
② ［东汉］许慎：《说文解字》，中华书局 2015 年，第 1 页。
③ 同上，第 179 页。
④ 《庄子·逍遥游》。

　　图 1 是距今约 7300—7100 年安徽蚌埠双墩遗址的泥塑人面头像①,专家认为:"陶塑像头顶的'双圆圈'及戳刺点表明这不是一般的雕塑品。黄德宽师从汉字形体构造及内涵这一角度对其进行了解读。甲骨文'天'有的作 👤 合 20975,上部作圆形。《说文解字》:'天,颠也','颠,顶也'。陶塑上的'双圆圈'正位于'颠'上,昭示着'天'正是其内涵所在。"②图 2 是距今约 4500—4300 年甘肃临洮马家窑文化半山类型的彩陶图像③。图 3 是距今 4200—4000 年青海柳湾马家窑文化马厂类型彩陶纹展开图④。这些图谱表明,天之确切本义乃指人头部顶端脑囟之处,圆形图即表征其是头顶,同时表征头顶之空无处,那只能指脑囟部位,特别是图三用一 × 形的指示符号表示头部颠顶之处最为明了。那这些图谱到底要表明什么意义呢? 对此,已故考古学家张光直先生所介绍的彼得·佛斯特关于研究史前巫教文化的"亚美巫教"理论体系可以给我们以一定的启迪,其体系精要的第六条曰:"人类和动物的灵魂或其根本的生命力一般居住在骨骼里面,尤其是头骨里面,人类和动物都自他们的骨骼再生。与这些观念联系在一起的还有巫师的骨骼化,即巫师从他的骨骼状态进入神志昏迷的出师仪式中的死亡与再生,有时用绝食到骨瘦如柴的状况来演出,而且常在巫师的法器上和他的艺术里面作象征性的表现。"⑤不难看出,史前文化认为人的灵魂可以是一种独立的存在,其寓居于骨骼特别是头骨之中,并通过巫师的仪式使灵魂从头部的"颠顶"之处离开肉体而获得永生。因此,天绝非一般而言的经验世界,而是超验世界的存在。一如孔子所曰"形而上者谓之道,形而下者谓之器"⑥,即天乃是形而上的本体世界,它是子思所言人之"性"的终极根源。

---

　　① 图片截自于安徽省文物考古研究所、蚌埠市博物馆编著:《蚌埠双墩——新石器时代遗址发掘报告(下)》,科学出版社 2008 年,彩版二。

　　② 牛清波:《中国早期刻画符号整理与研究》,安徽大学博士学位论文 2013 年,第 513 页。

　　③ 图片截自中国国家博物馆编:《文物中国史 1》,山西教育出版社 2003 年,第 171 页。

　　④ 图片截自谢端琚、张文彬:《甘青地区史前考古》,文物出版社 2002 年,第 92 页。

　　⑤ 张光直:《中国考古学论文集》,生活·读书·新知三联书店 2013 年,第 354 页。

　　⑥ 《易传·系辞》。

其次，必须准确阐释命的含义。命字并不见于甲骨文，而金文作 𡇯、𠇷 等形①，许慎《说文》曰："命：使也。从口从令。"②而"命"乃"令"之分化字。"令"在甲骨文作 𠄎、𠂤 等形而在金文作 𠄎、𠇋 等形③，《说文》曰："令：发号也。从亼卩。"④其中亼为倒口之形，卩为人跪踞之形，即某物之口向跪踞之人施发号令之义。就此而言，所谓"天命"，实是"天令"之义，亦即超验的形上之道向人发出神秘之令，以此神秘之令为因，进而生起生命个体喜怒哀悲之气的"性""心"。因此，将"性自命出，命自天降"理解为"性自命出，令自天降"或许更能体会子思的本义，一如若将《诗经·文王》所曰"有命自天，命此文王"读为"有令自天，命此文王"，则更合诗之本义。如是，则子思"心术"由超验到经验的展开可以图示如下：

天→令→命→性（气）→心→志→物→悦→习

三、作为间接认识之根基与根本的"教术"

如前所述，子思通过《性自命出》的前七章，基于从经验到超验的立场，建立起自家的哲学认识论，即"道术"最为根基的部分——"心术"，所言"心术"即是关于从经验到超验的直接认识之理论；接着的第八章前半部分则以"心术"为来源进而建立儒家哲学认识论关于间接认识之理论体系即"教术"。

---

① 字形截自徐中舒主编：《汉语古文字字形表》，第 41 页。
② ［东汉］许慎：《说文解字》，第 26 页。
③ 字形截自徐中舒主编：《汉语古文字字形表》，第 359 页。
④ ［东汉］许慎：《说文解字》，第 184 页。

(一)"教术""心术"之关系

既然"道术"由"心术"与"教术"两者而构成,若基于逻辑的立场,则必须首先回答后二者之间的逻辑关系到底是什么。第八章开篇即曰:

> 凡道,心术为主。道四术,唯人道为可道也。其三术者,道之而已。①

子思认为,在构成"道术"之四种具体的"术"中,唯第一种即"心术"为主,亦即"心术"是根基性的,亦可曰若无"心术"则根本就不会有由"诗术""书术""礼乐术"所构成的"教术"。原因在于,唯有"心术"才是直接性的关乎生命——个体的"人道",且唯此"人道"是"可道"的;而构成"教术"的诗、书、礼、乐乃是基于"六经"的间接性的关乎人类认识第二符号系统的"教道",因此对于"其三术"的"教道",只能是"道之"而已。由是可知,就认知层次的价值性而言,"心术"是高于"教术"的,原因在于"可道"是高于"道之"的。

不过"可道"之"道"与"道之"之"道"虽皆是"道",皆读为 dào,但其内在区别到底为何呢? 道,金文作𧘂、𢓊等形②,《说文》曰:"道:所行道也。从辵从首。一达之谓道。"③郭店楚简的道有𧗟、𨒡、𠆌等三种写法④,或与金文同,或从辵从首从人,或从行从人,均为会意字,而《性自命出》的道字均写作𠆌形。就此可知,道字之义是人站立于十字路口中间,先要通过眼睛的观察作出到底走向何方的选择,之后就开始实行这一选择,即道是作为生命行

---

① 李零:《郭店楚简校读记》(增订本),第 106 页。
② 字形截自徐中舒主编:《汉语古文字字形表》,第 68 页。
③ [东汉]许慎:《说文解字》,第 36 页。
④ 字形截自张守中等撰集:《郭店楚简文字编》,中华书局 2000 年,第 27、26、34 页。

为的结果；与这种确实性决定之结果相反的是"疑"，甲骨文"疑"作 等形①，许慎《说文》曰："疑，惑也。"②专家以为："像一人拄杖于路左顾右盼游移不定之形"③，即疑尚处于抉择犹豫的原因阶段。依此，则文中"可道"之"道"其义即为对人的生命而言，作为"人道"的"心术"是人的一种选择而且是可以直接地付诸践履行为、实践行为的认知方式，亦即"心术"乃是直接性的生命实践、生命体验的方法；而"道之"之"道"用的是假借义，即言说之义④，一如《老子》所说："道，可道，非常道也"中的"可道"之"道"，亦即所谓"教术"只是文化传习，唯是一种基于"群"之向度的间接性的知识传达层面的认识方法而已。

（二）"教术"的产生及其分类

那"教术"是如何产生的呢？第八章曰：

> "诗""书""礼""乐"，其始出皆生于人。
>
> 《诗》，有为为之也。《书》，有为言之也。《礼》、《乐》，有为举之也。圣人比其类而论会之，观其先后而逆顺之，体其义而节文之。理其情而出入之，然后复以教。教，所以生德于中者也。⑤

从言语与文字的对应关系来看，当我们口说 shī、shū、lǐ、yuè 时有两种意蕴之不同，一是意指原发性的那首诗（如《关雎》）、那篇书（如《大诰》）、那种礼（如《冠礼》）、那部乐（如《韶》），即指诗、书、礼、乐本原性被创作之当下的

---

① 字形截自徐中舒主编：《甲骨文字典》，四川辞书出版社 2989 年，第 911 页。

② ［东汉］许慎：《说文解字》，第 311 页。

③ 董莲池：《说文解字考正》，作家出版社 2005 年，第 584 页。

④ 过往研究多解道为导，详见武汉大学简帛研究中心、荆门市博物馆编著：《楚地出土战国简册合集》（一），文物出版社 2011 年，第 106 页。

⑤ 李零：《郭店楚简校读记》（增订本），第 106 页。

活态呈现,故曰:"'诗''书''礼''乐',其始出皆生于人",这是从"述而不作"的"作"之向度来回答"诗""书""礼""乐"产生的来源。按照子思的理解,"诗""书""礼""乐"其创作之初始"皆生于人",亦即皆由生命个体在"心术"状态亦即在直接性的认知方式中被活生生地创作出来,这实际在阐明"心术"乃是"教术"的来源,亦即若无生命个体"心术"状态的"作",就不会有"诗""书""礼""乐"四种经教传授活动的"述","作"为本、"述"为末,"作"为源、"述"为流。亦即作为直接性的"心术"永远是第一位的,它是人类认识的源头活水,而作为间接性的"教术"则是第二位的,它只是人类认识的一种跟进、一种补充。不过,就 shī、shū、lǐ、yuè"作"与"述"两种呈现形态而言,其内在差别的形成原因到底为何呢?通观上引前后文,可知子思是以"无为"与"有为"而作区别。所谓"无为",是指"心术"的直接性;而"有为",是指"教术"的间接性。尽管子思并未直接说出"心术"之"无为"的直接性,但通过其对"教术"之"有为"性的阐释是完全可以确实地反推出这一点的。

子思以为,作为"诗术""书术""礼乐术"之文献依据的《诗经》《书经》《礼经》《乐经》,从"心术"的独立创作过渡到圣人在"教术"层面的编撰整理与研究阐释,皆是依据"有为",即依据分别性的刻意而"为之"、而"言之"、而"举之"。具体来说,对于《诗经》而言,圣人是合并其内容的不同类别进而讨论它、会通它,实质即是依据《风》《雅》《颂》的已有分类而讨论它、会通它,故曰"为之";从《尚书》来看,圣人是考察从《虞书》到《夏书》《商书》《周书》的先后次序进而明了自今到古、从古至今的历史演变,故曰"言之";从《礼经》来看,圣人是深刻体味种种古礼的内在不同,进而揭示其结构、阐释其意涵,故曰"举之";从《乐经》来看,圣人是深刻梳理种种乐的不同情感表达,进而揭示其之所以能够被创作出来,以及之所以能够被人所接受的道理,故曰"举之"。圣人在做了这一系列基于自我理解的艰辛劳作之后才"复以[之]教",即以经授徒,进而形成文化传承的不同学派。文中所言"圣人"当然是指孔子,但子思只是以孔子儒家为例,而欲建立具有普遍意义的儒家认识论,其对"经"的态度,晚于子思的庄子亦有类似的阐释,庄子曰:"……

其在于《诗》《书》《礼》《乐》者，邹鲁之士、缙绅先生，多能明之。《诗》以道志，《书》以道事，《礼》以道行，《乐》以道和，《易》以道阴阳，《春秋》以道名分。其数散于天下而设于中国者，百家之学时或称道之。"①孔子整理六经确实是历史事实："子曰：'吾自卫反于鲁，然后乐正，《雅》《颂》各得其所。'"②皇侃《义疏》曰："孔子去鲁后而鲁礼乐崩坏，孔子以鲁哀公十一年从卫还鲁，而删《诗》《书》，定《礼》《乐》，故乐音得正。乐音得正，所以《雅》《颂》之诗各得其本所也。"③又如上博简《孔子诗论》载孔子语曰："诗无吝志，乐无吝情，文无吝言。"④"《颂》，平德也，多言后，其乐安而遲，其歌紳而遜，其思深而远至矣。《大雅》，盛德也，多言也，多言难，而怨懟者也衰矣少矣。《邦风》，其纳物也，博观人欲焉，大敛材焉，其言文，其声善。"⑤这可以看作是对子思所言"《诗》，有为为之也""圣人比其类而论会之"等的绝佳说明。

四、知识的根本目的及其确实性的标准

以上是子思哲学认识论构成的两大论域即"心术""教术"所成"道术"的内在构造及其两者之间的关系，紧接着子思要阐释其自家知识论的最后一个问题，即知识的目的与标准，这两个问题的展开，占了《性自命出》过半的篇幅。

（一）凡一切知识的目的

对此，子思只用了一句概括而言之。一如前引，其在阐释完三种"教术"之后，曰"然后复以教"，即以圣人（如孔子）先对诗、书、礼、乐作出自家的深

① 《庄子·天下》。
② 《论语·子罕》。
③ ［梁］皇侃撰、高尚榘校点：《论语义疏》，中华书局2013年，第223页。
④ 李零：《上博楚简三篇校读记》，第147页。
⑤ 详见李零：《上博楚简三篇校读记》，第150页。

刻体会与解读,之后形成文化教育的经典系列,之后再以由自我向他者的传达方式进入具体的教育、教化阶段。随后,子思对教的目的也就是知识的目的作了最为精要的概括:

> 教,所以生德于中者也。①

《说文》曰:"𡥄:上所施下所效也。"②即教的根本方法是以先知教后知,即以先觉觉后觉,其目的只在于形成生命个体对存在的觉悟亦即确实性的认知,具体而言即是"生德于中",那什么是德? 又什么是中呢? 由于子思在本篇并未详细界定,我们可以通过出土文献子中子思的另一部伟大作品《五行》来作阐释。《五行》开篇即曰:

> 五行:仁形于内谓之德之行,不形于内谓之行。义形于内谓之德之行,不形于内谓之行。礼形于内谓之德之行,不形于内谓之行。智形于内谓之德之行,不形于内谓之行。圣形于内谓之德之行,不形于内谓之行。德之行五和谓之德,四行和谓之善。善,人道也。德,天道也。③

就中可知,子思对行作了两个层面的严格界定,一是德行,一是行,二者间的本质区别在于仁、义、礼、智、圣五者是否"形于内",学界过往研究普遍解形为形成之义,细细分析并不符合原文本义。形字本作 𢽳、𢼄 等形④,实应隶定为型,"型于内"是"于内型"的意思,即仁等"在生命个体之内部(即心灵)显型显现出来"⑤的意思,亦即生命个体的五行并非思维层面的概念理

---

① 李零:《郭店楚简校读记》(增订本),第 106 页。
② 许慎:《说文解字》,第 64 页。
③ 李零:《郭店楚简校读记》(增订本),第 78 页。
④ 字形截自张守中等撰集:《郭店楚简文字编》,第 184 页。
⑤ 顺真:《西田哲学的儒学来源》,《吉首大学学报》,2006 年第 4 期。

解，而是于作为生命之"大体"心灵中的直接显现，这直接显现者即是《性自命出》所说的"物"，它唯确指基于认识达成向度的作为直接认识的知果即"定"。依此而言则"型于内"即"生于中"，所生之"德"即"德行"，亦即直接性的确实性知识。不仅如此，子思在《五行》篇的篇末提出了"四知成圣"的实践方法体系，其曰：

> 目而知之谓之进之，喻而知之谓之进之，譬而知之谓之进之，几而知之，天也。"上帝临汝，毋贰尔心"，此之谓也。①

亦即通过"目知""喻知""譬知"三种经验认知模式，确立起层层递进的经验认知的结果，最后在"几知"亦即超验认知模式层面最终成就最高的知识即圣智。不言而喻，"四知成圣"即是完成"道术"由"教术"到"心术"，而且由经验"心术"到超验"心术"的具体方法。通过对读研究，子思哲学认识论的目的性竟会是如此的清晰明了。

(二)确实性知识的标准

至此，子思哲学认识论的核心论域已经基本被阐释清楚，但即使如此，还有一个问题必须给出回答，那就是超越前述关于知识的分类与知识的目的之上，关于一切确实性知识的标准问题。对此，子思从《性自命出》第八章的下半段开始一直到全文结束，基本上用了全文四分之三的篇幅来阐释这一问题，其核心脉络关乎两个方面的论域：一是礼乐与情的关系问题，二是情与伪的问题。

在《性自命出》开篇，子思论述完"心术"的超验内容之后紧接着曰："道始于情，情生于性。始者近情，终者近义。知情者能出之，知义者能入之。"②提出了"情"与"义"的问题。结合郭店楚简《语丛二》所言，"情生于性，礼生

于情"①来看,子思认识论的内在次第如下:

$$天→令→命→性(气)→心→志→物→情→礼$$

由"性"到"情"完成了认识由内向外的转换过程,进而依情所生者即是礼,因此构成认识这一整个次第就有始与终的两个层面,一是作为"心术"之"道",它是与"情"最为接近的,亦即其为直接性知识,一是作为"教术"之"礼",它是与"义"最为接近的,亦即其为间接性的知识。因此,从"道术"的角度看,唯有深知具体之情的人,才能够将内在的"性"通过"物"而向外呈现出"礼",唯有深知具体之义的人,才能够将外在的礼,通过"物"而向内呈现出"性"。只有当这双向互动过程同时呈现时,认识才能够是确实性的认识。由是可见,从内到外的过程中,礼居于一个不可替代的地位,正因为如此,子思在论述完知识的目的之后,就紧接着论述礼,论述完礼以后,紧接着就论述乐。一如郭店楚简《尊德义》所曰:"由礼知乐,由乐知哀……德者,且莫大乎礼乐焉。"②不难看出,子思通过论述礼与乐,已经表明确实性的知识必须是"生于中"亦即《五行》所言"型于内"者。

那么"生于中"自然与"生于外"相对,"型于内"自然与"形于外"相背,则这一内外之别又到底意味着什么呢?这就是关于知识的标准问题。《性自命出》篇《下》开篇即曰:

> 凡学者求其心为难,从其所为,近得之矣,不如以乐之速也。虽能其事,不能其心,不贵。求其心有伪也,弗得之矣。人之不能以伪也,可知也。[不]过十举,其心必在焉。察其见者,情安失哉?③

---

① 李零:《郭店楚简校读记》(增订本),第 169 页。
② 同上,第 139 页。
③ 同上,第 107 页。

心这一概念非常关键，通观《性自命出》全文，可以认为"心"是子思基于逻辑理性建构自家认识论体系的基底性的概念，不论是静态之"性"还是动态之"情"，不论是构成"道术"的"心术"还是"教术"，皆依此"心"而成其是之为是，是故子思在论述完"道术""礼乐"之后，直接讨论"求心"问题，实质即是讨论确立知识的标准问题，它又关乎两个具体问题，一是身心关系，二是心心关系。结合郭店楚简《五行》所曰"耳目鼻口手足六者，心之役也。心曰唯，莫敢不唯；诺，莫敢不诺；进，莫敢不进；後，莫敢不後；深，莫敢不深；浅，莫敢不浅"①来看，心为大体，耳目等为小体，故"求心"当然是指求大体之"心"。子思以为，求心的方式或以身求心，或以心求心，但以身求心只是或然，而以心求心乃为必然，即身到心未必到，心到则心必然到，故"从其所为"乃以身求心，如是则只是"近得之矣"，亦即只是接近了知识的确认但未必就是必然性的确认；"以乐之速"为以心求心，亦即如是则可于心"见"（现）之当下，即刻形成确实性的认识，具体而言即是，作为"型于内"之"物"的"德音之为乐"②的乐（yuè），其本身就是"心"已然具有定"志"的乐（yào），其当下就是"待习而后定"的乐（lè），亦即从认识动机到认识过程再到认识结果，在身心二者之间，唯有心才是根本性的，由是可知《性自命出》之《下》结尾处所曰"君子身以为主心"③一句，恰恰是与此开篇一段遥相呼应，亦即关于确实性知识的标准，必须在身心关系的向度中给予讨论，故其真实意蕴乃为"以心主身之义"④是比较合理的。

既然心为身之主，则关于确实性知识的标准肯定不在身而唯在心，但以心求心又有以情求心与以伪求心的截然不同。情与伪对言为春秋习语，如曰："晋侯在外十九年矣……。险阻艰难，备尝之矣；民之情伪，尽知之矣。"⑤

① 李零：《郭店楚简校读记》（增订本），第80页。
② 《礼记·乐记》。
③ 李零：《郭店楚简校读记》（增订本），第108页。
④ 武汉大学简帛研究中心、荆门市博物馆编著：《楚地出土战国简册合集》（一），文物出版社2011年，第122页。
⑤ 《左传·僖公二十八年》。

或释曰:"情,实也;情伪犹今言真伪。"①从前文所引来看,子思完全肯定了作为"人的内心世界的真实反映"②的"情"且同时完全否定了作为人为矫作之假的"伪",亦即使"心"达于"定",即形成确实性认识的标准为唯情非伪的二值标准,若情则为真,若伪则为假,非此即彼!对此,子思给出了具有鲜明对照性质的两个不同命题及溯因论证的证因,其曰:

> 凡人伪为可恶也。伪斯吝矣,吝斯虑矣,虑斯莫与之结矣……
> 凡人情为可悦也。苟以其情,虽过不恶。不以其情,虽难不贵……③

亦即确实性知识的标准唯系于对伪与情的确认,这是确立一切知识的关键之所在。一方面,伪是对确实性知识的背离,原因在于,若人的生命认知处于伪的状态,则其心必为吝,即能知心必为非直观性之大全式的敞开,故其对认识对象的把握就必然陷在非全分而唯偏分的二边之"虑"之中,由是其能知心与所知物所成的认识结果,就必然与其人本身的生命存在不相统一,能知与所知分离,因此其认识结果必为非确实性的认识;另一方面,与此相反,情是确实性知识的当下呈现,原因在于,若人的生命认知处于情的状态,则其心必为直观性之大全式的完满敞开,其必为超越能、所二边对立状态之"物"的和谐呈现,故在这一"情"之"物"的认知结果的直接呈现中,即使所呈现者是负面的、消极的,如"怒"等,若从价值判断来说其为过错,但从认知角度来看其为真实,然其若为真实即非恶者,由是可知,真可摄善恶,而伪绝对是恶。总之,知识乃至确实性知识的真正标准唯是作为真实的"情",而达到"情"则必须去除"伪",而且这不仅是一般知识的标准,更是儒家所倡导的道德知识的标准。

---

① 杨伯峻编著:《春秋左传注》(第一册),中华书局1981年,第456页。
② 濮茅左:《性情论·说明》,见马承源主编:《上海博物馆藏战国楚竹书》(一),上海古籍出版社2001年,第217页。
③ 李零:《郭店楚简校读记》(增订本),第107页。

结　语

　　子思以其恢弘的气势、深邃的体验、精微的思考，基于儒家文化的传统，建立起儒家认识论的完备体系，这一体系精准地概括了孔子一生之学的内在结构，并为孟子之学提供了直接的义理来源，若进一步而言，子思的"道术"乃是陆象山与王阳明心学所承续的先秦儒家内在生命的一滴骨血，其与程朱有着本质的不同，这些更广泛的问题，将在后续研究中给予阐释。

　　　　　　　　　　（作者为贵州大学哲学与社会发展学院教授）

论坛召开

为了推进对世界本原文化的研讨,弘扬中国文化的世界使命,2019 年 12 月 28 日至 29 日,全国人文社科界三十多名资深学者和媒体代表齐聚西安外事学院,参加第三届世界本原文化高峰论坛。本次论坛由清华大学哲学系、复旦大学哲学学院、中国社会科学院哲学所现代外国哲学研究室、西安外事学院联合主办,世界本原文化研究院组织承办。

本届论坛以"超越与世俗:古典文化的多重维度"为主题,组织了六场主题发言。参会学者带着思想、学术、情怀及理解、信任,从不同专业角度聚焦世界本原文化,追问本原文化的意义与今天的使命。参加论坛的除专业学者外,还吸引了西安外事学院的师生与几十位校外"原点学社"成员前来聆听和交流,会场座无虚席。

世界本原文化研究院院长、清华大学黄裕生教授在开幕式致辞中说,"世界本原文化高峰论坛"自创办以来,立足于对华夏文化和希腊文化、希伯来文化、印度文化这四大人类最早的"本原文化"的研究,旨在交流会通各大本原文化,并寻求更具普遍性的精神之源和未来发展。每位参与论坛的专家都是对哲学和现实问题有着独立思考精神的学者,大家形成了同人式的学术共同体;大家所做的,既是探讨文化的本原之路,也是每个人通往自我解放和救赎的新生之旅,这条路必将行之久远。

西安外事学院董事长、世界本原文化研究院名誉院长黄藤表示,世界本原文化研究院自成立以来,在学者们的共同努力下,已成为集中展示哲学等相关领域研究成果的平台。到目前为止,研究院已举办九期"原点大讲堂",与西安外事学院师生和正蒙导师进行交流互动,探索一条将学术研究与通识教育结合起来的新路径。黄藤董事长强调指出,正蒙通识教育与世界本原文化研究是一体相通的,因此本原文化的研究也要探索一套有效的通识教育方法和体系,立足当下,走向超越,完成世界本原文化研究院的双重使命。

《原点》论辑主编、中国社科院罗传芳教授在闭幕式致辞中对《原点》论辑出版进行了说明。她指出,"原点"概念是对世界本原文化研究宗旨的凝练,本身即意味着一种返本开新的努力和问题意识,具有良好的生长性和凝聚力。通过本次论坛学者们的交流对话,这一理念也越来越清晰:"本原文化"研究是在哲学层面上探讨文化中最具价值最本质的部分,即超越性与普遍性的问题,而追求超越性本身,即是一种世界眼光和人类关怀。

论坛最后,世界本原文化研究院还举行了颁发证书仪式,北京师范大学哲学学院刘笑敢教授、中国社会科学院哲学研究所李存山教授等三十余名专家学者,成为研究院的首批学术委员或研究员。黄藤董事长对下一届本原文化论坛召开的内容、形式及如何提升品质、推进研究院工作的开展等提出了建议和展望。(曲经纬报道)

世界本原文化研究院举行颁发证书仪式

第三届世界本原文化论坛与会代表合影

论坛致辞

在寻找本原的路上，聚集更多同道

黄　藤

（世界本原文化研究院名誉院长）

各位学者，各位研究员，各位朋友：

我们又一次在西安外事学院举行世界本原文化高峰论坛。这个论坛去年是在这里举办，举办了以后，我们有了一个非常重要的进步和贡献，正式在外事学院成立了世界本原文化研究院。研究院的成立是一个标志性的事件，这意味着我们整个研究组织有了一个形式上的归宿，我们所有的研究工作者有了一个把自己的研究成果相对集中向社会展示和发声的平台。

一年来在我们很多主要学者，比如黄裕生教授和罗传芳教授的推动下，研究院做了很多工作，很多学者取得了重要的研

究成果,也有部分学者到我们学校来,为我们学校的正蒙导师进行系统性的讲座。

我们学校有一个特殊的管理机制,由400多名正蒙导师管理2万多名学生,我们把自己的观点春风化雨式地传递到我们的大学生中去。我们还创办了一个"原点"学社,今天学社成员也在后排入座,我想我们的专家来了,可以把我们的思想通过另外一个群体传递,而不仅仅是由外事学院的老师传递,我们要把思想向社会上关注学术和精神世界构建的人传递。

所以我们每一次讲座之后,会把一批关注者留下来,和讲座人员进行进一步的讨论,我们把他们也组织起来,就像我们的本原研究院一样,但是它是属于另外一个扩散性的群体,我们给它起了个名字,叫原点学社。我们希望通过这样一个形式,把外事学院以外的人吸引到我们本原文化研究院的群体中来。今天听说开会了,他们都非常感兴趣,还有些人过去并不是学社的成员,专门给我打电话说能不能来旁听会议,我说当然欢迎,只要大家有兴趣。

由于这样一个组织的形式,我们就不仅仅把本原文化的研究只作为学者本人思想研究的事业,而是通过一个机构既支持研究,同时又把大家的研究成果向社会传播,产生影响。我们第一个实验地就是外事学院本身,在这里让老师和学生全方位地参与感受。我们在概念上用了一个名字叫"通识教育"。

通识教育跟本原文化是什么关系?二者其实就是一回事儿,是专家和学者由于位置和角色的不同,所做的不同的工作。我们不是把自己放在书斋里,不是把研究成果放在论文里,关注点也不仅仅在于评职称和获奖,我们希望自己的研究、自己的思想能够在更广大的人群中发生影响,为人类的发展做出自己的贡献。这才是我们人生的意义。

经过一年的努力,我们已经形成了一个雏形,当然这仅仅是一个开始,我们能做的事情也非常的有限。但是只要有了这个开端,就有了一个大家能够期待看到的未来。我对我们的前途充满了信心,信心的主要来源就是我们在座的各位学者,我看到他们身上那些能够把人类的智慧凝聚起来,能够为人类未来奉献的一种精神力量。可能以后在这样一条道路上聚集的人还会越来越多。大家不一定都要有一模一样的看法和观点,我们也不一定要走得都一样快,也允许一部分人走着走着歇下来,或者向别的方向去进发。当然我们可能会聚集更多新的同道和朋友。这大概是我们将来所面临的一个局面,但是不管这个局面是什么样子,我们都应该充满信心。我们的道路是光明的,是正确的,是开阔的,是整个人类应该走的一个方向。我坚信研究院和我们这样一群人会越走越好。谢谢大家,希望大家在西安愉快!

回顾与展望

黄裕生

（世界本原文化研究院院长）

大家早上好！

首先请允许我代表世界本原文化研究院向所有到会的嘉宾朋友们表示热烈的欢迎！欢迎每一位到会的老师与同学！

同时，要表示诚挚的谢意！感谢每一个到会的嘉宾朋友！特别要感谢两位德高望重的刘笑敢教授、李存山教授！在场的每一位嘉宾朋友的到会，都会推动我们的主题的深入研讨，都会给会议增辉！你们穿越巨大空间，跨越不同专业来到这里，来到西安外事学院，不仅带着思想、带着学术，也带着情怀、带着理解、带着信任。感谢你们带来所有这些最珍贵的东西！

今天这次会议，是世界本原文化论坛的第三届会议。我想借此机会，作一个简要回望，以便大家对这个论坛与研究院有更多了解。

这个论坛的创办实际上与在座的许多学者、朋友相关。"本原文化"这个概念最初的提出与规定，是由在座的陈静教授引发的。21 世纪初，当时的中国哲学史界在热议中国哲学的合法性问题，大致在 2003 年，她问我对这个问题怎么看。在以西方哲学为专业的学者中，我属于主张中国有哲学的，并给出了我的理由。她鼓动我写一篇文章，这就是后来发在她和李存山老师实际负责主持的《中国哲学史研究》(2004 年第 3 期) 上的一篇论文《什么是哲学与为什么要研究哲学史？——兼谈中国哲学的合法性》。就是在这篇文章里，第一次在哲学层面上提出"本原文化"与"本原文化民族"概念。由于逻辑上只有绝对的一，也即超越了逻辑所能规定的那种"一"，才能够成为真正的本原，所以，当时就把本原文化理解为达到对"绝对的一"的觉悟或发现的文化。

这样一来，"一神教信仰"也自然被纳进了本原文化之内，这实际上进一步推动了我的一个工作，就是必须在哲学层面上对"一神教"给予深入理解，并给出恰当的定位。这个工作持续了十多年，几乎与我对第一哲学问题的研讨相伴随。在这个过程中，华夏文化、希腊文化与希伯来文化，不断被置于相互对质、相互参照的思考之中。在一次外在机缘的推动下，有关"本原文化"的思考与理念第一次在《论华夏文化的本原性及其普遍主义精神》(《探索与争鸣》2016 年第 1 期) 等专论里，以及长篇访谈《中国文化的普遍主义精神与普遍主义使命——专访黄裕生》(《江苏行政学院学报》2016 年第 2 期) 里，开始得到系统的论述。

不过，在这之前，这些论述已经在一些公开场合或作品里得到了不同程度的表达，引起了同道的好奇与兴趣。在参与崔茂新教授主持的"论语汇"解读《论语》的公益活动中，我对《论语》的解读实际上包含着对两希文化的观照，融入了有关世界本原文化理论的视野。这也是引起今天在场的崔茂新教授、徐治道先生，还有我的解读搭档何光顺教授兴趣的地方所在。

这里，我要特别介绍一下徐治道先生，因为这个论坛的举办与他有直接关系。他是一个特别的人——对文化事业(特别是中国传统文化)怀有浓厚的情怀。他可以为自己所热爱的文化事业放弃很多世俗的东西，包括改变他自己身上世俗的东西。为此,他不辞辛劳,广泛接触各界人士,为文化、思想事业的发展寻找各种可能机会。他在了解了有关世界本原文化的相关思考之后,特别是在看到《论华夏文化的本原性及其普遍主义精神》专论之后,他提议创办"世界本原文化论坛",并积极开始筹划。于是有在江西白鹿洞书院召开的第一届世界本原文化论坛的会议。

紧接着,第二届就在西安外事学院召开,在这里,我们与黄藤校长相遇,于是有了"世界本原文化研究院"的成立。

研究院的成立,于我们与黄藤校长来说,是一份相互的信任。什么是信任?信任是人与人之间(甚至也是人与神之间)一种特有的相互性关系,它本质上就是一种相互"质押":把自己最珍贵的东西质押在对方那里,甚至可以说,就是把自己质押在对方那里。因为我们每个人的真正自己都是带着理念、带着真诚、带着希望的自己。所以,这份信任是沉甸甸的。这种分量感促使我们更有勇气地走向承担,走向更密切的共在。

不管是对于论坛的最初创办,还是对于研究院的未来发展,至为关键的是学者团队。

第一届、第二届(以及今天和以后的每一届)会议之所以能召开,并有所推进,首先是与有一批真正的学者直接相关。这里,我要对参与第一届、第二届会议的学者们表示特别的感谢!感谢你们在思想与理念上的贡献!实际上,在有这样的论坛之前,由于对一些本原性问题,包括一些根本性的现实问题,已有一批学者做出了很多独立的讨论与思考,在无形当中形成了一个由理念、共识联系在一起的学术共同体。这是一批带着真诚与深度的学者,他们各自以自己的生命面对问题,各自以自己的理性思考问题,各自以自己的专业切入问题,并大胆做出自己的探索与判断。同时,他们能够以公共理性的方式展开讨论,进行相互质疑,在相互修正、相互印证中追寻并显明人类普遍性的真理与普遍性的价值原则。第一届、第二届以及这一届的与会者基本上都来自这样的学者队伍。我们的研究院,以及以后每一届会议的与会者也都将是这样的学者。

可以说,真正的学者团队是在每个学者的独立自主的工作中走在一起的。我们没有领队,也不需要领队,我们是每个人走好自己的学术之路而自然成队的。我们与黄藤校长走在一起,也是各自走了很多年之后走在了一起。这种相遇与同行,是一种理念的相遇、理念的同行。正因为如此,我们的相遇才是弥足珍贵的。

加缪有一个说法:请别走在我后面,因为我可能不会领队;请别走在我前面,因为我可能不会追随;请走在我旁边,做我朋友吧。

我们之间的相遇,我们与黄藤校长的相遇,就是这种朋友式的相遇。这种朋友式的共在,才是自由而稳固的共在,这种朋友式的共同体,才是能行之久远的理念共同体。这里将充满差异,也将尊重差异:在差异中揭示普遍,在差异中启开理念,在差异中追寻本原。我相信,我们的研究院,我们的学者团队,能够一起走出很远很远的路来。因为这是一条通往本原之路,也是通往自我解放、自我救赎的新生之路。

最后,预祝大家在西安外事学院度过美好的时光!谢谢!

寻找本原，守护原点

罗传芳

（世界本原文化研究院副院长）

各位朋友：

"世界本原文化论坛"这是第三次了，但这一次是以"世界本原文化研究院"的名义组织召开的，所以这是一个新的开端。

在今天名目繁多的研究院里，我们的研究院是个什么特点呢？简单说，一个是"本原"，一个是"世界"。一直以来都有一个"四大文明古国"的说法，但这只是描述性的，主要是以历史悠久、文化灿烂来讲的。

而我们的"本原"理念，是在哲学的层面上讨论文化中最有价值最本质的那个部分，即超越性与普遍性的问题。因为只有超越性才具有普遍意义，也只有坚持超越性才能摆脱一切外在束缚，回归人之为人的大本大原；而且追求超越性本身，就是一种世界眼光和人类关怀。所以我们这次论坛的题目和以后要做的工作都是开放的、不设壁垒和派系鸿沟的。

另外，研究院还有一个特点就是同道、同人性质。就像黄董在回答澎湃记者张博访谈时问"您为什么支持成立世界本原文化研究院"时说的："不能说是我支持他们,是他们一直在做我想做的事,只不过我发现我们是正好走在同一条路上的同行者,于是我就说:大家一起走吧。"所以从这个意义上说,我们都是黄董的朋友。

那么这个一致和共同是什么呢?就是对"本原"和"原点"的追寻和守护。

我们现在用的"本原""本原文化"这个概念虽然不是原创,在各大轴心文明那里都有追求(比如中国的太极、道;印度的梵天;希伯来的上帝、天主;哲学也是用形而上学的方式探究世界的本原),但是这几年是黄裕生教授一直在倡导的,通过我们的磨合、对话,好像越来越清晰了,特别是通过这次本原文化论坛更自觉了。就像曲经纬说的,一个理念的提出,它本身就是一个问题聚焦,特别是当这个理念是当下性带有一种问题意识和关怀时,它就有了生长性和凝聚力。从这次论坛的很多话题就可以看出,当中西、多学科、专业聚焦问题时,是相互呈现,而不是互相遮蔽。

我们现在正考虑设计一个 logo,表达"原点"理念,即用图形反映理念,这个工作并不轻松,甚至还在与设计师沟通。下面是我们对"原点"的认识:

——原点不是固定的具体的物,而是抽象的理念,是精神,是"道",是通向无限的过程。它本身不可言,却是一切可言之物的根据。

——原点包含一切可能性于其中,我们相信它存在,所以总要去说它、道它、亲近它、求助它、接近它,但又不可能占有它,或把它实体化、具象化。一旦实体化具象化,它就不是它了。

——周围暗、中间亮,表达显从暗中来,也表达原点希望(亮)与神秘(隐藏、未知、空余)并存。

——原点与太极形象有近似处,但更混沌,有可望不可及的感觉,而且它的运动轨迹也是若隐若现的,意味在追求中的挫折、困顿甚至反复。

总之,原点是一个开放、动态、具有无限意义和可能、没有终点的大哉象。

从理念上解读原点可能比较抽象,不好把握,但是如果我们从具体生活中去理解就比较容易。比如刚过去的圣诞节，我看到一张这样的照片：一战前线，在平安夜到来时，敌对双方的士兵停止进攻，在阵地上互道平安，还踢起了足球。还有一个二战时的真实故事，后来（2002 年）被拍成了电影《平安夜》。讲的是战争后期，德战区的一个森林小屋，风雪平安夜一对母子正等待男主人的归来。不想先后来了两拨与部队走散的美国兵和德国兵，请求留宿。在这狭路相逢的危情之下，女主人对后来的德国士兵说：欢迎一起共进晚餐，但是这屋里还有其他客人，他们不是你们的朋友，今天是圣诞之夜，希望你们能容纳他们，所以请把武器放在门外。起初气氛相当紧张，但是最终双方士兵接受了女主人的善意，大家围坐在餐桌前，分享了各自的食物，一起度过了一个不平凡的圣诞夜。期间，德国士兵还为受伤的美国兵包扎了伤口。第二天，双方在告别女主人后，也互相祝福，然后各自追赶部队去了。这一段感人的事迹说明，人性是相通的，也是可以相通的，如果能放下或超越外在的束缚，如族群、团体、小圈子及政治叙事的对立，回到人本身，就比较容易发现人与人之间那个共同的希求和关联——爱与友善，而对这个希求形上意义的追求，就是我们对"原点"的发现和回归。回归原点之路是人类的宿命，也需要一个特殊的时间点，一个契机、一种媒介、一种引导，比如这里的平安夜，这也许就是信仰的本旨所在。

最后，让我们一起寻找本原，守护原点。谢谢大家！

发言摘登（按发言顺序）

◆**李存山**（中国社会科学院哲学所研究员）

天地信仰与儒家的道德观

中华民族自古就是以农立国,而农业生产的生活方式就是以家庭为基本单位的聚族而居。重视家庭和家族是中国文化的一个重要特点,这个特点投射到中华民族对自然界的认识,就是形成了以"天地"为人与万物的"父母"的思想,整个自然界和人类社会就如同一个大家庭。这一思想具有天地信仰的宗教性,而且儒家学说的人性论、工夫论和道德的价值观也是以此为基础。因为中国文化对"天"的信仰是与"地"相对而言,所以"天"或"上帝"不是存在于超越的"彼岸"世界,而是就在人类的"此岸"世界中,或者说与人类的生活世界有着"存有的连续性"。

◆**陈静**（中国社会科学院哲学所研究员）

当身与别处——关于儒家一个世界和两个世界的思考

儒家思想的论说是基于一个世界还是两个世界？黄裕生谈到了这个问题,我很佩服黄裕生对儒家思想所作的超越性解说,但是他以"生活在别处"来表述儒家所展开的"普遍而绝对"的道德境界:普遍的仁爱,普遍的道理,在我看来,还需要进一步思考。儒家是一个世界的思路,没有别处,直到宋明理学说"本末一元,显微无间",坚持的还是一个世界。但是本末微显毕竟不同,如果在本末显隐的思路上思考绝对性原则和经验现实的条件性制约,用时间打开的方式来取代空间分立的指向,是否是更可取的理解思路？如果是这样,本末因贯通而为一,因不同而为二,这种一而二、二而一的论证就能够保证本原的绝对,给经验限定中受困之人以绝对的信心。

◆陈霞(中国社会科学院哲学所研究员)

试论先在与同在的道家"道物无际"关系

在先秦道家那里,"道"是无所不覆、自生自化、永恒存在、派生万物的形而上的宇宙本体。"物"是有形的、变化的、局部的、杂多的现象存在。"道"为"万物之宗",所以它决定并化生"物","道"对"物"具有决定作用,是一种先在;同时,"道"并不在彼岸,它与具体的万物同在。"道"与"物"同在,不仅与人们认为高尚的物同在,庄子提出"道"甚至"在蝼蚁""在秭稗""在瓦甓""在尿溺"中。"道物无际",一是没有把"道"混为"物",所谓"物物者非物";二是没有因"道"而贬低"物"、泯灭"物"、取消"物"。因为"物"一旦出现,便按照"自化"的生成原则取得了相对于"道"的独立性。"道"与"物"这种先在与同在并存的"道物无际"观,既高标了"道",又尊重了"物"。

◆萧诗美(武汉大学哲学学院教授)

马克思的唯物的、辩证的和历史的所有权概念

造成马克思所有权概念缺失的根本原因,不是因为马克思没有自己的所有权概念,而是因为马克思所有权概念具有与众不同的特点。一是马克思把传统法哲学中的所有权问题诉诸政治经济学批判,从现实的生产关系入手把握所有权问题,使其所有权概念具有历史唯物主义和实践唯物主义的性质。二是马克思通过考察所有权在近代世界的发展和演变,发现它具有自由和异化的双重本质,分别遵循主客同一律和主客对立律,使其所有权概念具有辩证矛盾的性质和现实批判的功能。三是马克思在考虑如何扬弃所有权异化时,发现所有权的整个历史发展过程遵循否定之否定规律,并以在社会化大生产基础上重建个人所有权为发展方向,从而使其所有权概念具有鲜明的历史性质。

◆刘笑敢(香港中文大学哲学系教授、北京师范大学哲学学院特聘教授)

家国认同:自发情感与极端状态

家国认同，是指一个人或一群人自觉或不自觉地认为自己归属于某地、某人群、某国的意识状态和感情状态。这里我们有必要先对家国二字做一些分析。"家国"不是"国家"（state），而是家和国二者构成的词组，大体对应于 country 一词。《大学》说修身、齐家、治国、平天下，家与国是排在从低到高、从近到远、从小到大的序列之中的，据此，我所说的家国是在身、家、国、天下之序列中的，而且在家和国之间还应该补充一个家乡的概念。家乡是家的扩大延伸，国是家乡的扩大延伸。因此，家国认同不是一个单一的理论概念，而是包括着由近及远、由小至大的自然而然的过程，是一个以现实世界的家国认同的心理现象为基础的模拟性概念，是"家→家乡→乡国→国权"的逐层扩大上升的序列。它是一种自然发生的共同的心理状态和情感依存，在最高层则有道德的、政治的含义，但不是一个单一含义的道德规范或政治原则。

◆ **徐凤林**（北京大学哲学系教授）

民族文化与人类共同文化——从丹尼列夫斯基到斯米尔诺夫的多元文化观

民族主义在俄国具有深厚的文化基础和丰富的思想资源。1869 年，俄国文化史家丹尼列夫斯基的名著《俄国与欧洲》讨论了民族文化与全人类文化的关系问题。150 年之后，2019 年，俄罗斯科学院哲学研究所长斯米尔诺夫的新书《全人类性 VS 普遍人类性》也围绕这一问题展开讨论，并对丹尼列夫斯基给予了高度评价。丹尼列夫斯基认为，不应按照普遍标准把世界历史划分为古代、中古和近现代，而应首先在世界历史中划分 10 种文化 - 历史类型，只有在同一种文化类型或同一种文明内部才能标示出古代、中古、近现代这样的历史运动形态。丹尼列夫斯基把"人类"这个词看作是没有任何现实内容的抽象概念，只具有形式逻辑的类的共性，"类是某种在现实中不可能的东西"，个别的种族和民族才是完满的现实存在。因此，"人类对民族（种族）来说，就像属概念对种概念一样"。"普遍人类性"是不存在的，而

"全人类性"概念则意味着"在所有时间和地点存在和应当存在的全部民族的总和"。斯米尔诺夫在自己的新书中重新定义"全人类性",认为实现全人类性不是意味着把文化的多样性归结为唯一的逻辑－意义方案,而意味着找到每种方案的合理性,即自己的意义逻辑,这种逻辑不同于以另一种逻辑-意义为基础的文化。他用俄罗斯思想资源(陀思妥耶夫斯基,古典欧亚主义)论证了全人类性。他提出了一种与普遍主义文化观、文明论文化观不同的文化观,即逻辑－意义论的文化观,从语言的意义生成方式角度看待不同文化,并以伊斯兰文化的"过程逻辑"不同于西方文化的"实体逻辑"为实例加以说明。

◆景凯旋(南京大学海外教育学院教授)

寻求失去的意义——捷克现象学简论

捷克现象学建立在个人良知的基础上,是对现代非人格化现象的哲学反思。这些哲学家将自身的处境视作是哲学的对抗,是意义与无意义的对抗。他们回溯前笛卡尔时代乃至希腊轴心时代的本原思想,重新审视哲学的使命。对于他们来说,如果日常生活就是全部,没有任何更高的意义,那就没有任何东西值得为之牺牲。正是由于自由、良心和德性根源于超验与绝对之物,具有高于日常生活的神圣性,那些关注人类命运的人才会主动承担起责任,坚信人的心灵对自由的追求是任何强权都无法禁锢的。当捷克现象学表明自己的核心关注是良知和责任时,也就表明了它是有关公共领域中言说和行动的哲学。可以说,捷克哲学家们恢复了欧洲古典哲学的精神,从而给陷于道德相对主义中的现代欧洲人提供了一条新的思路,那就是,对意义与责任的探寻就是对自由的追求。

◆李绍猛(北京师范大学哲学学院副教授)

合作、竞争与民主理论的两种模式——罗尔斯的民主观及其缺陷

有一种影响广泛的观点,说中国文化中缺乏西方文化的那种超越性,而西方的超越性来自他们的宗教信仰。需要追问的是,西方的超越性宗教信仰又来自哪里? 我认为要从他们的多元世界生活实践中去找。地中海文明的一个根本特点,就是他们必须时刻面对他者文化和他者政治体系的存在,而宗教就成了他们实现政治整合和文化融合的主要工具。相比而言,中国的融合工具一直是大一统的政治。韦伯说中国文化总有一种谜一般的对"统一性"的信念。我们自己也说,中国文化的核心就是"天人合一"。我想这就是因为,"仇必和而解"(张载)是我们的默认预期。我们把任何对立和对抗都看作是暂时的妥协,早晚要消除的。

西方文化则是一直强调现象和本体的张力结构。这一点,在希腊罗马的多神教世界和后来的基督教一神教世界,都是一脉相承的。这再一次表明,中西方的文化差异,首先不是宗教信仰造成的,而是秩序模式和秩序观念造成的。

中国人至今不能适应竞争,而仍然在很多问题上用斗争的眼光看世界。这就给中国人的精神面貌带来了一个令人困惑的自相矛盾:一方面温文尔雅、以和为贵,一方面又容易陷入你死我活的争斗。可以说,两千多年来,中国人就是这样理解冲突的,包括对内对外的冲突。

中国人需要在文化心理上适应来自外部世界的压力。在可以预见的将来,我们必须跟外部世界和平共处。这种多元外部世界的压力,我认为,最终将给中国人的世界观带来根本性的变化,从而也能最终改变我们对内部竞争的看法。

◆**罗传芳**(中国社会科学院哲学所《哲学研究》编审)

哲学与经学:两种范式及其张力

哲学是地地道道的舶来品,经学是中国传统学术的主干(经史子集)。哲学与经学在这一百年中的关系可以从多个角度考察,但是它们之间的张力即不相适应的一面(也是超越与世俗的一个角度),可能是更本质和内在的:哲学是以爱智求真为目标、以形而上学和逻各斯言说为特征的"科学之科学";经学的对象则是圣人之言,方法是以解经和诠释为中心的注疏之学。虽然体系化的经学早已解体,但是经学的这一传统却在或明或暗地延续。如果不正视这一点,现代学术的转型和发展就无从谈起,哲学与传统学术的张力也难以化解。比如,21世纪初关于中国哲学合法性问题的讨论,实际上是20世纪科玄之争、"哲学在中国"等焦点话题在新千年的继续,本质上仍然是全球化时代民族化与世界化的张力。今天寻求化解之途,一是要回归哲学的本质即爱智求真的精神和科学理性的方法,二是要改变以哲学史代哲学、回避反思和问题的既有路径。今天的中国哲学如果能对当下困境及人类面临的共同问题给出令人信服的回应和解释,像轴心期中国文明对世界的贡献一样,那么中国哲学挺立于世、完成自身转型也就可以期待了。

◆**丁为祥**(陕西师范大学哲学学院教授)

关于儒家精神现代性的三点阐发与儒学批评思潮中的三点商榷建议

关于儒家精神现代性的三点阐发:①每当面临人生绝境,"慎独"也就成为儒家的一种自我审判、自我反省的自我清理活动,当然同时也就是一种再出发。②以反省为主要内容的慎独主要就是针对儒者的立身之基而言的,当然也关涉儒家自我精神的确立。但确立精神性的自我,正是为了更好地面对世界,因而这就涉及儒家面对世界的基本态度,这就是诚意。③因为无论是儒学"进德修业"的传统还是据德以开业的历史实践,本身就包含着两层世界:所谓"据德",就是确立个体的内在世界,自然包含着人生的信仰,以及其私生活领域的各种习惯;而所谓"立业",则不仅包含着其面向社会的一面,而且立业本身也就同时代表着个体的社会职分,包括其贡献于社会的基本方式。关于对儒学批评思潮中的三点商榷性建议主要表现为以下三点:①对血缘的恐惧实际上是出于对丢失道德高地的恐惧。②对"无逻辑"的归因则是出于对主体价值逻辑的无视与自身雾里看花之对象性观解。③对抽象观念的推崇往往导致理解上的"裹挟"与实践生活中的"以理杀人"。

◆**崔茂新**(曲阜师范大学文学学院教授)

真儒政治精神的前现代突围——从黄宗羲回望孔子

从黄宗羲回望整个儒家政治思想发展史,回望孔子,从中体认、发掘真儒政治精神,以作为现代政治文明建设的精神资源,进而使中国的政治文化传统跨越古今对立之观念隔阻,实现一体贯通性的现代创造性发展。从黄宗羲回望孔子,学术性体认发掘真儒政治精神,需要特别注意以下三点:其一,黄书揭示出自私自利为人之自然性情,这一方面肯定了自私自利为人的基本权利,必须给予尊重而不能随意剥夺;另一方面意味着,若放纵和顺随这种自私自利的私欲膨胀而不加以限制和约束的话,则成为人君之人性根本恶的恶性发展的可乘之机。其二,作为真儒政治精神之人格载体的真儒道义人格,不仅通过从黄宗羲回望孔子得以凸显,更要看到其人文脉络在秦汉以降两千年专制极权之主流政治传统的重重围困中一直隐忍缓慢地发展着传承着。其三,针对某些学者动辄对传统文化与儒家伦理做笼络概括的不良倾向,任何学者如果离开自己的专业研究领域而要对传统文化或儒家思想发表议论,就必须以对两千年来重要的传统经典作贯通性阅读和系统性理解作立论的基础。

◆**高海波**(清华大学哲学系副教授)

论孔子仁学的实践特性

通过对《论语》"问仁"问题的分析,指出孔门"问仁"关注的不是"仁"的普遍定义,而是"仁"的表现及实践方法问题。这一点与以苏格拉底、柏拉图为代表的古希腊哲学追求事物普遍定义的特点形成鲜明对比。轴心时期,中西方哲学突破的不同方式造成了这一根本差别:以苏格拉底、柏拉图为代表的古希腊哲学突破更多采取了破旧立新的方式,而中国哲学的突破则采取了温和、渐进、连续的方式。受此影响,古希腊哲学家倾向于用理性怀疑传统,进而追求世界的本原和事物的普遍定义,以期重建伦理规范和价值原则,而中国哲学家则认为传统的伦理规范与价值原则总体而言仍具有自明性与有效性,因此他们更加关注如何将它们在现实中实践出来。这一点不同决定了西方哲学更加注重思辨,而中国哲学更加重视实践。

◆**马寅卯**(中国社会科学院哲学所副研究员)

费希特论作为本原民族的德意志民族

具有本原精神的人被视为一个民族的时候,他们就是一个本原民族。德意志民族就是这样的民族。凡是信仰精神和精神自由,并希望靠自由使这种精神永远得到发展的人,那么无论生在何方,操何种语言,都是德意志的类族。只有具有本原精神的人才能对自己的民族有真正的和合理的爱。自由是一个本原民族必需的东西,它既是这个民族坚持自己的本原性的保证,也使其在自己的延续中可以承受越来越多的自由,而不用担心有任何危险。那些被告知不需要自由的民族,其潜台词是它们根本承受不了这么多自由,而只配以非常严厉的手段来对待。如果接受这样一种断言,那么也就意味着这样的民族完全没有能力过本原生活,没有能力追求这样的生活。所谓德意志精神,就是对本原的东西和自由的信仰,是对我们族类的无限改善和永恒进步的信仰。

◆**方旭东**(华东师范大学哲学系教授)

当朱熹遇到传教士——从"理有偏全"说到"性之偏正"说

明末来华传教士利玛窦基于自身对"理"与"人性"的认识,在评述《孟子》"生之谓性"章的哲学意涵时,将朱熹的"理有偏全"说改编成了"性之偏正"说。作为天主教徒,利玛窦深信天主是主宰者与创造者,宋明理学所推崇的"太极"与"理"不能作为天地万物之源,它们只是两个依赖者。此外,最高原理应被赋予"灵觉",而"太极"与"理"并不具备这样的"灵觉"。朱熹的理论与传教士的相遇,本质上是强调实用理性的文化与追求超越性的文化之间的碰撞。

◆**李章印**（山东大学哲学学院教授）

对"天"的生存论字源学考察

有必要通过生存论字源学方法而从甲骨文中追溯"天"的原初含义。对于中国古人而言，"天"并不是近现代天文学意义上作为客观认识对象的"天体"，而是属于一种生存信仰。而中国古人对"天"的生存信仰，在其原初意义上，也不是一种对人格神的信仰，更不是一种愚昧和迷信，而是"与人的生存方式相关"。对中国古代之"天"的生存论字源学考察可以得出如下结论：在原初的生存论意义上，"天"乃人所仰视和守护的生存空间，这种生存空间既庇护和支配着人的生存，又是人生自身所开辟出来的，这种空间的空性使之成为万物之显示，显示之万象又构成"天"之"天文"，而显示之时间性则构成"天"之"天时"，"天文"和"天时"在本质上决定着人之生存活动的"到时"。

◆**詹文杰**（中国社会科学院哲学所副研究员）

古希腊哲学对我们的意义

如果把中国目前令人堪忧的道德状况归咎于启蒙理性、归咎于西方现代性本身，那么这是一种非常片面的看法。精神空虚和道德恶化的状况很可能与极端版本的唯物主义和享乐主义有关，从而与现代性的某个极端要素有关，但是不能据此全然否定现代性。我们不必像陈独秀和胡适那样把"科学"本身当作"人生观"和"信仰"，而且我们需要警惕和抵制"唯科学主义"这样一种人生观，但是我们肯定没有必要把"科学"本身视作洪水猛兽。当然，把科学仅仅理解为技术和工具理性，这种倾向也同样值得警惕。古代希腊哲学应该被看作"科学"的源头，或许在某种意义上，它也是"科学主义"的源头，不过，如果我们要克服这种科学主义，也很有必要对古希腊哲学进行更加全面和深入的研究，因为它很可能自身蕴含了更为丰富的内容，能够帮助我们既了解科学的开端，也了解科学的限度。

◆ **张连顺**（贵州大学哲学系教授）

贵州苗族鼓礼与中华古史重建

在古史研究领域,除文献研究、考古研究外,基于民族学－人类学的基本方法,作为研究对象之一的黔地贵州当代苗族所传承的几千年来基本是原生态类型的文化礼仪,将能够使古史研究从静态的呈现进而转入动态的呈现。

第一,"礼失而求诸野"! 于野而求,其最为具体的方面在于仪式过程,尤其是仪式所用种种"礼器"方面。"器以藏礼",深刻揭示了如"壴"之"器"与行"祭"之"丰"间的内在联系。

第二,苗族鼓礼节在每年年末的最后一天举行,一般在晚上六点开始,由专门的巫师主持。念诵在两三个小时左右。

第三,通过祈请,祖先的魂灵经由屋顶已被揭开的两片瓦处降到宗族之家,享受后代子孙的供祭,并从一对祭鼓的两个"神源"之处进入鼓中安顿,和子孙共渡新年。

第四,依据牛角与壴而成的"壴礼",乃是以礼的客观形态为本位向度而形成的祭祀模式;以羽葆与鼓而成的"丰礼",乃是以礼的主持者即巫师的特殊服饰为本位向度而形成的祭祀之禮。但"壴礼"与"丰礼"乃是同一个礼仪的一体两面,而以牛角与鼓为核心的祭礼,乃是苗族对文化共祖蚩尤的永恒纪念。

第五,依据牛角与玉珏而成的"豐礼",乃是黄帝打败蚩尤后通过"绝地天通"的宗教整顿而对苗族"壴礼""丰礼"的改造与融合。故从苗族"宗鼓节"("壴礼""丰礼")到黄帝"玉礼节"("丰礼")的转变,标志着从蚩尤巫教到黄帝宗教的历史转换,实质即是从以"牛角"为表征到以"玉龙"为表征之不同信仰类型的深刻转变。

◆ **赵法生**（中国社会科学院宗教所研究员）

华夏轴心突破与儒家中道超越的诞生

　　儒家超越精神是华夏轴心突破期的代表性成果,它既非港台新儒家所说的内在超越,也不是基督教式的外在超越;不是古希腊式的知识论,也不是印度古代的梵我一如,而是以孔子为代表的中道超越。中道超越包括上下、内外和左右三重向度,分别指向天人之际、身心之间和人人之际。中道超越本质是一种工夫实践,其中的三维六度通过工夫实践融合为一,以"极高明而道中庸"的精神,达成即凡而圣的修养目标,成为轴心文明中独树一帜的超越形态,对于中华民族的人生信仰的形成发挥了关键作用。

◆**杨春梅**(曲阜师范大学《齐鲁学刊》编审)

"一体之仁"的超越性与宗法等级制度下"博爱"的困境

　　孔子讲"孝悌",也讲"爱人""爱众";孟子讲"亲亲",也讲"仁民爱物"。仁的普遍性和爱的等差性在孔孟这里是统一的。宋明儒家更从"理一分殊"的超越层面对"一体之仁"和"爱有差等"间的统一性做出解释,理论上可以说是很成功的。但是,普遍超越且又为人人生而固有的"一体之仁",现实中何以很难超越亲缘关系去博施广济,这确实令人费解。究其原因当非一端,宗法等级制度的约束和禁锢应是其中主要之点。宗法等级制度下,以伦常名分确立爱的对象、范围、性质、方式和程度,爱之所及成为一种权力界限,构成"别异"之礼的主要内涵。"一体之仁"必须时时"克己复礼",严格按照每一个体在伦常秩序中的名分角色,称名随分以施其爱,不容稍有僭越。如此则"一体之仁"虽在超越层面是普遍的,但在世俗层面却只能是特殊的,理论上只有一个人可以绝对地实现它,即儒家心目中的圣王,其他人虽然也禀有"一体之仁"的天性,但现实生活中却只能"安分守己",一旦爱非其分,就悖礼越权,这是礼乐秩序绝对不允许的。"一体之仁"天性广博,张载所谓"民胞物与",爱兼天下,韩愈所谓"博爱之谓仁",正道尽此意。但绝大多数人却终其一生受名分限制不能发挥这一天性,宗法制度没有在伦常名分之外提供其他发挥天性的空间,"博爱"遭遇外向发挥的严重困境。更严重的是,经由一套礼乐刑政制度正反两面长期的导向规训,"一体之仁"的普遍性在"安分守己"中因得不到合理畅发而渐至于萎缩,乃至于麻木,终至于俗话所谓"事不关己高高挂起"、"各人自扫门前雪,哪管他人瓦上霜"的冷漠,甚至残忍。"爱有差等"本来是以"亲亲"为本,但被等级名分规训到最后,实际上连"亲亲"也维持不住了,而是流于"爱我身于吾亲"的极端自私。儒家可能会把自私归因于麻木不仁,但麻木的原因何在?似不能全归咎于个人道德人格,而需要从制度上加以反省。

◆**何依工**(陕西师范大学文学院教授)

柳永"俗词"研究

综观自古及今对柳永"俗词"的分析或评价,有这样一种总体倾向:根据阐释者当下的动机、观念和美学趣味,对柳词进行阐释和价值判断。这些研究共同存在的问题在于,未能将柳词文本的历史环境及意识形态歪曲还给文本,所以不仅没有对柳词作出充分的理解,而且对柳永俗词的形式特征本身也没有达到充分探讨的程度。这种反省,无异于从否定角度规定了历史主义研究的主张和期待:一方面,通过阐释,重构出柳永"俗词"的社会历史语境和意识形态歪曲,把柳词的社会历史语境和意识形态歪曲视为充分理解柳词的阐释框架。另一方面,坚持文学文本在形式方面的半自治特征,并且把它视为社会历史内容经过积淀之后所形成的痕迹,在这种形式特征与特定历史内容之间寻找一种分析"中介",以便对形式与内容辩证转化,把形式看作是某种"意识形态策略",从形式批评入手,最终穿越形式分析,与社会历史语境遇合。

◆**郭萍**(山东大学高等儒学研究院副研究员)

个体觉醒与儒学现代转向

个体是现代性的根基,以个体觉醒为基点考察儒学的现代转向,可以发现儒学的现代化是传统儒学从两宋开始渐变积累的必然结果。两宋兴起的市民生活,本源性地孕育着个体的觉醒;产生于其中的两宋儒学是当时生活观念的反映,故呈现出一种"开新"面相。两宋儒家通过天人关系的重建,提出了"人极"观念并不断推进,从本体层面感召着个体的觉醒;同时通过工夫论的创建,提供了一套自知自行的修身方法,从现实的知行活动中指引着个体的觉醒。正是这种"开新"面相迈出了儒学现代转向的第一步。

◆ **曲经纬**(西安外事学院正蒙书院副院长)

显现的"道"与超绝的"梵"——由本体观理解中印文化差异

中印两大本原文化在古典时代曾以佛教输入为中介进行深层融通。但由于本原文化意识的缺失,当下汉语学界对印度学研究成果的吸纳,往往以佛教为本位而疏于对印度哲学的整体把握和中西印哲学比较的问题意识。从中印哲学本体观角度进行比较研究,可以通过异己的文化系统为参照,完成对自我文化结构的深层剖析。作为印度哲学本体的"梵"不能够在经验世界显现的超绝性,异质于中国古典哲学力图将"道体"在人心灵世界中体验的显现性,由此本体观差异能够呈现出华夏文化与印度文化不同的精神气质和文化特性。

◆ **黄裕生**(清华大学哲学系教授)

自由与对绝对源头的信仰

艺术、科学、思想(哲学)、伦理、宗教是人类特有的五种基本活动,它们也构成了人类生活世界的五个基本领域。从历史学角度看,宗教、艺术与伦理甚至是最古代的现象。艺术、科学、思想与伦理将永远伴随人类生活,应没有疑问,那么宗教呢? 宗教是否会随着科学、思想、伦理的发展而消失呢? 特别是人工智能的发展,是否会消灭宗教? 这一直是一个充满疑虑的问题。对这个问题的回答取决于对这样一个问题的回答,那就是:宗教是否基于人性? 基于什么层面的人性? 宗教在根本上乃出于深度的人性:时间性、被抛性、共居性,而终究则是出自于人的自由存在。就这种自由存在使人能跳出自然本性(die menschliche Natur)而言,自由是一种超自然的人性;而就这种自由使人能不断自我超越而朝向绝对域而言,自由是一种"超人性"的位格性(personalitaet)。就此而言,宗教不会消失,也不可被取代,尽管具体的宗教形态会不断变化。

◆**马得林**(西安电子科技大学人文学院教授)

从"法天贵真"到"归真反璞"——道家"真"思想的形而上考察

在中西哲学比较视域下,对道家"真"思想的形而上考察。"真"是道家思想的重要概念之一,具有多重思想维度。首先,道家哲学认为"真"是"道"的本然属性,"甚真""贵真"澄明了"道"是究竟真实;其次,道家反对"伪学"而主张"真知",道家提倡"真其实知"的致思之路;再次,道家看重"抱朴含真"而"天人合一"的生存取向,提倡由"抱朴"显"道",由"含真"达"道";同时,道家哲学之"真"也具有淳厚的人性关怀,道家认为人人具有"真"性,人的"存在""活着"应保持"全真""质真"的自然本性。在现代性宰制的当今时代,道家"归真"的价值取向蕴含深厚的人文情怀,其为现代人重新领会"道法自然"而切近"真"人提供了思想资源。

◆**赵卫国**(陕西师范大学政治经济学院教授)

海德格尔的怨恨、内疚与禁欲主义理想

后面的哲学家可以解读、评判甚至利用他的前辈,而前面的哲学家对其晚辈就没有这样的机会。海德格尔尽其所能地解读尼采,将之说成是最后一个形而上学家、颠倒过来的柏拉图主义。对此,尼采无语。而我们再后来的人又有天然的打抱不平之特权,比如可以从尼采的视角去评判一下海德格尔。这样做并不是要为尼采"伸冤",而是因为这两位哲人的思想及思想品格有时难以分辨,在对抗西方传统形而上学方面,海德格尔在很大程度上继承了尼采的"基本内核",只是他长于哲学专业术语,就像披上厚重的铠甲,而尼采非科班出身,赤膊上阵。然而,表面上相近的事物,往往有些方面相去甚远,如果我们能分辨出这些差异,对于理解双方的思想无疑是有益的。我们就来设想一下尼采眼中的海德格尔,看一看他有没有尼采所批判的那种没落气质,话题限定在《论道德的谱系》中批判的基督教式的"道德",即海德格尔是否有"怨恨"和"内疚"的情结,并被"禁欲主义理想"所左右,甚至是某种升级版,由此阐发其思想或思维方式的限度,从而进一步印证尼采思想的独特价值。

◆**何光顺**(广东外语外贸大学中文学院教授)

至善的时空化与非时空化的争执——孔子"中庸"、佛陀"中观"、亚里士多德"中道"思想的互训

在世界思想史上,中国孔子的"中庸"、印度佛陀的"中观"、古希腊亚里士多德的"中道"都是具有家族相似性的概念,但又在其各自所属文化中有着发生境域、问题重心、历史嬗变的差异。从作为本原文化的奠基性的思想概念的相似性来说,孔子、佛陀、亚里士多德的"中道"或"中庸"思想,都代表着一种伦理学的实践或突破。从其差异性来说,孔子的"中庸"在中国思想史上备受推崇,并成为理解中国传统思想的主导性线索,但它也经历了不断被庸俗化的过程,并在近代的启蒙运动中被贬低,这实际是一种现代思想对于本原性思想的误读。印度释伽牟尼的"中观"思想贯穿佛教各派别,而尤其为大乘佛教中观学派所发挥,但随着佛教在印度的消失,"中观"思想在印度也逐渐走向衰落,它开始更多地和中国文化的思想产生了契合与共鸣。古希腊亚里士多德的"中道"思想其重心主要在于处理现实中的各种具体问题,但它与古希腊理性神学的至善论有着不可调和的矛盾,并在其后的历史中又遭遇了与另一种本原文化犹太-基督教的将生命问题推向极端语境的一神教神学思想相悖,从而逐渐隐没而不再被重视。从孔子"中庸"、佛陀"中观"、亚里士多德"中道"思想来比较几种本原文化在伦理学奠基时代及其此后历史中的相通与差异,也将有助于当代人借鉴其精义而进一步有创造性地发扬。

◆**尤西林**（陕西师范大学文学院教授）

超越性的现代性 – 世俗性结构及其当代困境

"超越"与"世俗"这一对概念，是对改变现状这一人类学行为的精神结构抽象。其功能是为人类行为确定方向以赋予意义。它在基督教中有着典型而极端的表达。与基于哲学思辨的柏拉图理型世界的超越性不同，基督教的超越性直接就是改造现实的社会运动。原始儒学大同理想是改善而不是颠覆血缘社会的超越尺度，因而中国文明拒绝两个世界的分裂而保持着一个世界。基督教的超越性则不仅要激进得多，而且只有在基督教所确立的天国与尘世两个绝然对立的世界结构中，才会产生出宗教意味的世俗概念。

拜占庭帝国将基督教国教化后不久的公元 5 世纪，同时诞生了两个以拉丁词命名的流行的时代标志性概念，那就是"现代性"（modernus）与"世俗的"（saecularis）。这一对概念使基督教的社会运动获得了超越性结构。

"现代性"是基督徒面向未来天国前进而超越现实的新型人类标志。现代性就是超越性。但是现代性需要基督教判定的超越对象，以构成基督教的运动动力机制。那就是"世俗的"。世俗的与现代性一样，其价值意义的核心都首先是依据一种时间 – 历史观。现代性是面向未来的永恒时间，世俗的则是转瞬即逝的短暂性，即除基督之外，不承认任何人间事物（乃至圣事礼仪）的持存性。

这种历史神学观念在同一时期发生的罗马城被毁事件之后，在奥古斯丁的《上帝之城》中获得了表达。奥古斯丁把罗马城所代表的现实人间称作"世俗之城"，而把基督教天国所代表的未来的新天新地称作"上帝之城"。一方面，基督徒必须以一种客居旅行的态度超越世俗现实；另一方面，肉身所属的世俗世界必需经历现代性的洗礼而重生。因此，现代性的超越性包含着世俗世界自身的转变。如洛维特所概括，整个近现代历史哲学由此发端。对超越性与世俗性的辩证处理，成为包括马克思在内的现代思想家深层结构。

　　迄今人类仍处于现代性所支撑的现代化文明运动进程中。马克思以社会存在将世俗性纳入文明范畴以来,超越性则转化为文化范畴。未来天国理想不仅加入了过去时态的古代文化,而且开始注重当下时刻的体验。现代文明已经开始寻求更丰富的文化意义定位。黄藤老师说,走向未来与返回故乡走的是一条路。这令人想起与之相近的康有为的三世说——据乱世、升平世(小康)、太平世(大同)的超越进程,以古代理想取代未来天国,表面上以颠倒的时序重复着基督教的历史神学结构,却由于将过去时态的古代文明文化化,这种返本开新模式实质提出了现代与古代结合的更高合题。

　　然而,真正的困难是:当世俗世界已经开始成为人工智能所支撑的民族国家、市场经济、与消费大众所缠绕的实体时,如何超越? 只要世俗世界还存在需要改变的问题,它就会召唤超越性。马克思的如下命题是超越性获得真实力量的入口:"哲学家们只是用不同的方式解释世界,而问题在于改变世界。"它要求从封闭的哲学观念史转向直接反思现实的本时代哲学,以世俗问题激活哲学史;同时,现代社会的专业化结构已超出了个体的感性直观,它要求哲学与社会科学乃至自然科学的结合。